贵州省中国特色社会主义理论体系研究中心成果

贵州师范大学全国重点马克思主义学院科研经费和贵州师范大学
马克思主义理论学科建设经费资助出版

MINZU CHUANTONG JIERI SHEHUI GONGNENG YANJIU
WENHUA CHUANGXIN DE SHIJIAO

民族传统节日社会功能研究

——文化创新的视角

李银兵◎著

人民出版社

序

在社会系统的诸多要素中，文化是唯一能够渗透进任何领域、联结国家实力的关键要素。传统节日文化作为集中反映民众日常生活、生活世界及行为方式的一种民俗事象，不仅是人类文化的重要组成部分、社会文化的重要分支，也是人们观察民族文化的一个窗口、研究地域文化的一把钥匙。基于此，本书把西部少数民族传统节日文化作为研究对象，以文化创新为分析视角，着重探析了文化创新视域下西部少数民族传统节日的社会功能，属于对区域性传统节日文化创新的整体性研究，凸显了区域性传统节日文化创新所带来的整体性功能。

本书主要属于社会文化学或文化社会学的研究类型，在研究过程中，充分运用了社会学、人类学、民族学、政治学、经济学、民俗学、生态学等多学科理论及方法，理论和实践有机结合，聚焦于文化创新与传统节日文化及其社会功能间的良性互动，全面呈现了文化创新视域下西部少数民族传统节日的社会功能的整体图景。在研究进程中，借助文献研究法、田野调查法、参与观察法以及理论分析法等多种研究方法，紧紧围绕着“西部少数民族传统节日文化为什么要创新”“西部少数民族传统节日文化是如何创新”“西部少数民族传统节日文化创新所产生的社会功能”三大主题，逐步明晰了节日文化创新研究中的相关核心概念，梳理了节日文化创新中的各种关系，设定了节日文化创新功能的总体结构，抓住了节日文化创新及其社会功能实现中的主体性因素，解决了节日文化创新及其社会功能实现中遭遇的问题，最终实现了把文化创新与节日文化及其社会功能有机结合起来探析的目的。

当然，选择这一选题去开展研究，有来自学术兴趣的感性冲动，但更多的则是理性思考的结果和产物。因此，本书具有一定的研究意义。在理论上，通过对多学科多层次的理论进行解释和分析，推动了多学科和跨学科的理论研究创新；立足于对传统节日文化发展现状去探析节日文化创新所带来的整体性、全面性功能，为学界提供了一个研究文化的描述分析范例；从关系主义、主体性理论、结构功能理论等具体方法和视角入手去探析文化创新与社会功能之间的互动关系，提升了本领域研究的理论品质和理论层次；把中国特色社会主义建设总体布局与节日文化创新功能有机结合，提升了文化创新理论和节日文化研究的理论素养和实践范围。在实践上，把相关文化理论解释和节日文化功能的实现有机结合，不仅能对节日文化创新中的相关概念进行澄清和明确，也能为提升节日文化的社会功能提供现实帮助；把西部少数民族传统节日文化创新、节日文化功能的实现与中华民族伟大复兴的中国梦有机结合，彰显了节日文化创新在新时代的重大现实意义；对西部少数民族传统节日文化及其社会功能进行整体性、全面性的分析，能对西部少数民族传统节日文化的保护与发展、国家非物质文化遗产的保护、节日文化发展中的相关问题的解决提供启示和帮助；紧紧抓住节日文化创新中的主体性因素和实践性特点，不仅对提升西部地区各民族的主体自觉、促进西部地区各民族的幸福生活，也为推进西部地区精准扶贫、实现西部地区社会进步等现实工作起到十分重要的现实指导意义。

具体来说，本书主要有十一部分。绪论部分较为详细地描述和归纳了中外学界在与本研究相关领域中的研究现状，并指出学界需要进一步研究的方向；第一章着重对西部少数民族传统节日及其发展现状进行较为客观而又翔实的描述和探析，为本书打下坚实的文化基础；第二章主要在对文化创新与社会功能关系梳理基础上，着重从文化创新的背景、原则两方面去探析西部少数民族传统节日文化创新的一些理论性问题；第三章则从文化创新目标、内容及策略三方面入手，对西部少数民族传统节日文化创新进行分析；第四章主要是从实践性层面入手去具体探析西部少数民族传统节日文化创新标准、路径及模式；第五章到第九章则在梳理文化与其他社会要素间关系的基础上，对文化创新视域下西部少数民族传统节日的经济、政治、文化、社会及生态功能进行全面、整体、系统的研究；结语部分主要从文化创新推动节日文化功能的实现，文化功能的实现推进中国梦的实现，中国梦的实现促进人民幸福生活的实现三个层面逐层推进，对本书价值和意义进行归纳和提升。

通过研究，笔者紧紧抓住了西部地区特有的地域、文化、民族及社会等特点，有的放矢，看到了其节日文化创新及其社会功能实现的重大意义；理论和实践相结合，做到了对西部少数民族传统节日文化及其创新功能的全方位多层次的探析；明确了文化创新的理论性基础和实践性逻辑，为学界对文化及其创新研究奠定了坚实的理论基础；抓住了文化创新本质上是文化主体在继承与发展传统文化过程中的文化再生产这一本质内涵，强化了主体在文化创新实践中的核心地位和作用；看到了文化创新视域下西部少数民族传统节日的社会功能和中国特色社会主义建设总体布局之间的有机联系，并从整体性视角入手对节日文化创新所能实现的经济、政治、文化、社会及生态五个具体功能进行了较为详细的分析；在分析文化与社会其他因素间关系的基础上，透过现象看本质，抓住了节日文化创新及其社会功能的本质意蕴，特别是拓展了节日文化创新的生态功能；以马克思主义理论为指导，立足于西部少数民族传统节日文化的发展现状，把中国特色社会主义建设这个当前中国社会最大的实际和节日文化创新及其社会功能紧紧相连，彰显了节日文化创新及其社会功能在中国梦实现中的重要价值和意义。此外，在行文中，我们对文化创新的评价标准，社会主义核心价值观的教育与传播，文化生态与生态文明的建设，文化的经济性、政治性、社会性等方面的认定等，都具有一定程度上的创新。因此，以上这些都成为了本书在研究理论、视角、方法及观点上的创新之处。

总之，文化是人的文化，人是文化的人，在文化创新的推动下，人与文化的完美结合，定能产生巨大的社会功能。

目　　录

绪　论

党的十九大报告指出："文化是一个国家、一个民族的灵魂。文化兴国运兴，文化强民族强。没有高度的文化自信，没有文化的繁荣兴盛，就没有中华民族伟大复兴。要坚持中国特色社会主义文化发展道路，激发全民族文化创新创造活力，建设社会主义文化强国。"① 建设具有中国特色的社会主义新文化，是国家、民族及最广大人民群众在文化建设上孜孜以求的奋斗目标。激发全民族文化创新创造活力，则是新时代文化建设的动力和源泉。因此，文化建设与发展，作为国之"精神大器"，历来受到党和国家、人民的重视。

在新中国成立之初，毛泽东同志提出文化要为人民服务、为社会主义服务的"二为"方向和文化建设要百花齐放、百家争鸣的"双百"方针，一直以来都是我国建设社会主义文化的重要指导思想。党的十一届三中全会以来，邓小平同志提出大力发展生产力，在抓物质文明的同时，也要抓精神文明建设，要真正做到"两手抓，两手都要硬"，把对文化建设及其重要作用的认识提高到了新的高度。21 世纪以来，随着我国改革开放及社会主义建设的不断深入，党和国家对文化建设的认识得以进一步深化。党的十七届六中全会明确提出："坚持社会主义先进文化前进方向，以科学发展为主题，以建设社会主义核心价值体系为根本任务，以满足人民精神文化需求为出发点和落脚点，以改革创新为动力，发展面向现代化、面

① 习近平：《决胜全面建成小康社会　夺取新时代中国特色社会主义伟大胜利——在中国共产党第十九次全国代表大会上的报告》，人民出版社 2017 年版，第 40—41 页。

向世界、面向未来的，民族的科学的大众的社会主义文化，培养高度的文化自觉和文化自信，提高全民族文明素质，增强国家文化软实力，弘扬中华文化，努力建设社会主义文化强国。”①

党的十八大以来，以习近平同志为核心的党中央，充分看到了文化建设对于实现中华民族伟大复兴中国梦的重要作用。习近平总书记在不同场合，就中国的文化建设提出了很多真知灼见的认识和主张，发表了许多引起世人关注的报告和讲话。这些报告和讲话，不仅为新时代中国特色社会主义文化建设提供了指导原则、方针及目标，更从操作层面指示了当前中国文化建设的创新发展之路。党的十九大报告中对于新时代文化建设的论述，则是这些报告和讲话精神的集中体现，必将成为当前及其今后很长一段时间，中国特色社会主义文化建设的主旋律和奋斗源：“中国特色社会主义文化，源自于中华民族五千多年文明历史所孕育的中华优秀传统文化，熔铸于党领导人民在革命、建设、改革中创造的革命文化和社会主义先进文化，植根于中国特色社会主义伟大实践。发展中国特色社会主义文化，就是以马克思主义为指导，坚守中华文化立场，立足当代中国现实，结合当今时代条件，发展面向现代化、面向世界、面向未来的，民族的科学的大众的社会主义文化，推动社会主义精神文明和物质文明协调发展。要坚持为人民服务、为社会主义服务，坚持百花齐放、百家争鸣，坚持创造性转化、创新性发展，不断铸就中华文化新辉煌。”②

邓小平同志在改革开放之初明确指出：“改革是中国的第二次革命。”改革作为一次新的革命，不是也不允许否定和抛弃我们建立起来的社会主义基本制度，它是社会主义制度的自我完善和发展。江泽民同志在1995年全国科学技术大会上提出：“创新是一个民族进步的灵魂，是国家兴旺

① 《中共中央关于深化文化体制改革推动社会主义文化大发展大繁荣若干重大问题的决定》，《人民日报》2011年10月26日。

② 习近平：《决胜全面建成小康社会　夺取新时代中国特色社会主义伟大胜利——在中国共产党第十九次全国代表大会上的报告》，人民出版社2017年版，第41页。

发达的不竭动力，如果自主创新能力上不去，一味靠技术引进，就永远难以摆脱技术落后的局面。一个没有创新能力的民族，难以屹立于世界先进民族之林。”① 胡锦涛同志在党的十八大报告中强调：“建设社会主义文化强国，关键是增强全民族文化创造活力。”② 习近平总书记在党的十九大报告中进一步指出：“坚持创造性转化、创新性发展，不断铸就中华文化新辉煌。”③ 创造性转化与创新性发展的文化“两创”方针与“二为”方向、“双百”方针，各有侧重，但又相辅相成，形成了当前文化建设中必须遵循的总的原则和方针。其中，“二为”指出了文化建设的目标方向，“双百”和“两创”则指明了文化建设的路径与方法。这三者都是文化建设中根本性和事关全局的因素，都是党和人民群众对文化建设规律不断认识和深化的结果。

总之，“人类从未停止过创造文化，因为它本质上就是一个文化的、而不是纯粹自然的存在”④。因此，社会科学的基本任务就是要去“揭示构成社会宇宙的各种不同的社会世界中那些掩藏最深的结构，同时揭示那些确保这些结构得以再生产或转化的‘机制’”⑤。“少数民族节日是多元文化的表征，它所体现的核心价值是我国现代化建设的原动力，也是全球化的语境中，建立多元化的文化对话机制的象征资源。”⑥ 有鉴于此，文化创新视域下西部少数民族传统节日的社会功能研究，不仅是三大文化建设方针指引和指导下的产物，也是对建设方针最大的表征，必将会对文化保护与发展、国家的文化建设起到十分重要的作用。

---

① 《江泽民文选》第一卷，人民出版社 2006 年版，第 432 页。

② 《胡锦涛文选》第三卷，人民出版社 2016 年版，第 637 页。

③ 习近平：《决胜全面建成小康社会　夺取新时代中国特色社会主义伟大胜利——在中国共产党第十九次全国代表大会上的报告》，人民出版社 2017 年版，第 41 页。

④ ［意］巴蒂斯塔·莫迪恩：《哲学人类学》，李树琴、段素革译，黑龙江人民出版社 2005 年版，第 111 页。

⑤ ［法］皮埃尔·布迪厄、华康德：《实践与反思：反思社会学导论》，李猛、李康译，中央编译出版社 1998 年版，第 6 页。

⑥ 邢莉：《中国少数民族重大节日调查研究》，民族出版社 2011 年版，第 1—2 页。

一、问题缘起与研究意义

（一）问题缘起

当前，在全球化、消费主义、世俗文化及“商品拜物教”的影响和冲击下，传统文化内部出现了诸多的矛盾冲突，比如：整体性与碎片化、大众化与族群性、生产与消费、经济与人文等复杂关系和矛盾，这些矛盾冲突在一定程度上导致了传统节日的现代性危机出现。随之而来的“节日文化的深度感缺失、历史感浅薄及‘光晕效应’弱化，导致节日文化在深度、厚度及广度上出现全面危机。在危机下，节日文化真实性存疑、意义淡薄、复制品流行及文化主体失落等危害随之出现，这给传统节日文化发展带来了诸多桎梏”①。但“文化在我们探询如何去理解它时随之消失，接着又会以我们从未想象过的方式重新出来了”②。传统节日文化在传统与现代的不断转换间，为我们呈现出了当前中国文化建设面临的一幅整体“图景”。近年来，有着民众“文化丛”和集中体现民众生活方式的一部分传统节日文化，在政府、媒体、企业、游客及文化主体等多方面力量的推动下，为我们展演了一部“起死回生”、荡气回肠的大戏，一跃成为了提升地方经济和知名度的主力军，在市场经济大潮中的作用愈加显得重要。诚然，也就是在传统节日文化危机与繁荣的矛盾交织中，引发出了我们的诸多思索。节日文化现代性转换的阈限是什么？节日文化的本生态应该如何坚守和保持？节日文化创新的重要作用有哪些？作为文化产业发展资源的节日和作为民众生活的节日之间，该如何区隔和交融？节日文化的真正主体是谁？节日文化中不同的公共性如何区别？节日文化创新发展与国家建设的关系如何？……带着如此众多的问题出发，力图通过研究去发现节日文化创新背后的各种“隐秘”，则成为本研究的重点和难点。求

---

① 黄治国：《传统节日的现代性危机与日常生活批判》，《文化遗产》2018 年第 3 期。

② ［美］萨林斯：《甜蜜的悲哀》，王铭铭、胡宗泽译，生活 · 读书 · 新知三联书店 2002 年版，第 141 页。

知是人类的天性，也是人类生生不息、不断进步的桥梁和纽带。但要正确把握事物及其发展规律，则需我们对研究的相关实践活动及其内容进行清晰的把握。

为了达到研究目标，本书是有一些理论前设和基础的。也就是说，研究是建立在一定前提基础上的产物。首先，文化不是先天自生的，文化是后天形塑而来的，文化是人们在后天实践活动中形塑而成的产物。其次，文化是动态发展的，而不是静态僵化的。没有所谓的纯粹的原生态文化，而只有文化“本生态”之说。第三，文化的功能不是固定的，而是随着特定经济基础、政治制度的变迁而变迁，并最终受经济基础所决定。在阶级社会中，特定文化在一定程度上具有很强的意识形态性。第四，文化创新是内外因素综合而成的产物，而不是单纯靠主体或客体单方面推动而产生的。第五，文化是特定族群独有的，具有一定的私人性，但文化又具有一定公共性，因而可以为私人固守，也可为大众共享。特别是一些进入世界、国家及各个省的非物质文化遗传名录代表作的文化，不仅是彰显其民族文化特色的最大代表，也是世界人民共享的文化精品。第六，文化创新不仅是推动文化发展的动力，也和中国梦的实现有着不可切分的密切关系。

正如高丙中教授所说：“以民族为例，过去的认识是文化差异造就了不同民族，文化差异是特定民族的标志，但是，非遗保护的代表作名录制度把这种认识往前推进了一大步，不同的文化是特定民族的代表作，这个代表作的意义是人类大家庭共享的标志，文化差异因为被特定民族自认是自己的代表性文化从而有资格成为国际社会共享的文化遗产。”① 民族的，就是世界的；世界的，就是民族的。民众“私有”文化中具有公共性意义，公共性意义保护“私有”文化的独特性。在这些研究思想前提下，本书的主旨逐渐彰显。那就是：探讨在创新驱动视域下的西部少数民族传

① 高丙中：《〈保护非物质文化遗产公约〉的精神构成与中国实践》，《中南民族大学学报》2017 年第 4 期。

统节日文化，在实践中所能发挥出的社会功能，并对这些功能的形成机制、主要表现、保障体系及文化价值进行分析，以期为节日文化创新提供一些理论支持、为文化与社会发展提供一些智力帮助，最终实现为中国非物质文化遗产保护与发展提供一些有益的启示。

马克思明确指出："不是人们的意识决定人们的存在，相反，是人们的社会存在决定人们的意识。"① 社会存在决定社会意识，社会意识反作用于社会存在。相应地，本研究是把西部少数民族传统节日文化创新及其社会功能放在特定社会场域下去考察的结果。

首先，特殊的时代背景。随着哈佛大学约瑟夫·S. 奈（Joseph S. Nye）首提"软实力"肇始，以文化及其中的价值观为核心的"软实力"得到了世人的关注，并引起各国政府和学者们的重视，"文化热"俨然是20 世纪末以来，知识界、政界最为流行和时髦的一个词。就中国社会而言，随着中国特色社会主义理论和实践的不断深入，特别是社会主义核心价值体系和价值观的确立和传播，为实现中华民族伟大复兴的中国梦的战略目标提供了坚实的理论基础。但另一方面，面对着来自西方意识形态上的侵袭和攻击，我国当前的意识形态工作极端重要，文化建设工作随之也变得极其紧迫。而随着全球化在范围和影响力上的不断扩大，西部少数民族传统节日文化在保持自身文化独特性的前提下，如何才能得到保护与发展，这不仅是一个理论问题，也是一个实践问题。因此，特殊的时代背景是本研究的前提和出发点。

第二，特殊的社会背景。党的十九大报告明确指出，当前中国继续处于并长期处于社会主义初级阶段。特殊的国情决定了我们在实现中华民族伟大复兴的征程中，必将面临很多的困难和挑战。比如，社会主要矛盾的变化，预示着人们对于美好生活的追求，和以往相比，来得更为急切；要把我国建设成为富强、民主、文明、和谐、美丽的社会主义国家，则需要

① 《马克思恩格斯文集》第 2 卷，人民出版社 2009 年版，第 591—592 页。

我们每个人摒弃传统陋俗和观念，在多元价值观冲突中去坚定社会主义主流价值观。国家富强、人们幸福、社会和谐的中国梦的实现，要求我们每个人“撸起袖子加油干”。这一切都和西部少数民族传统节日文化的创新，有着直接或者间接的关系。社会的大环境与节日文化创新的小环境必须保持一致，才能推动节日文化创新向纵深发展。因此，特殊的社会背景是本研究的基石和立足点。

第三，特殊的文化背景。在当前中国文化建设领域中，传统的和现代的、主流的和非主流的、先进的和落后的、现实的和未来的文化，都充斥其中，形成了一个文化的“万花筒”。就节日文化民俗创新来说，多元文化并存的现实既是好事，因为它预示了节日文化发展可以向着多样性方向发展，展示着节日文化发展的无限可能性。但多元文化并存的现状又是坏事，因为这就要求节日文化创新必须找准自己的发展方向、道路和目标，才能在“扬弃”中实现自我的现代转型。文化虽是多样的，但人们对文化中的价值观的追求则是有一定要求的。就价值观的发展来看，代表先进生产力、符合时代发展以及满足最大多数人民群众需求的，才是当前我们文化创新过程中必须遵循的价值导向。因此，在多元文化并存的大背景下，要进行文化创新，则必须要认清节日文化本质、抓住节日文化创新的原则和方法、确立节日文化创新的目标等相关议题。因此，特殊的文化背景是本研究的焦点和核心。

第四，特殊的体制环境。当前中国的文化体制改革正在如火如荼地开展，虽然改革取得了一定的成果，但总的来说，要在短时期内打破中国历来的“大一统”传统，推进文化的自主创新，还是比较困难的。比如，在文化事业和文化产业的创新发展中，侧重于公益性的文化事业的创新发展，往往就比侧重于获利性的文化产业的创新发展更为复杂，因为文化事业在一定程度上对于国家及相关政府的支持的依赖性就更强。因此，这就导致在具体的文化创新实践中，不同体制内外中的人对于文化创新的目标和方向往往会产生矛盾，甚至是冲突，这就对文化创新主体的能力要求极高。体制决定机制，只有协调好不同体制下的目标诉求，才能推动文化创新的顺利进行。

最后，选择本选题的主观缘由。面对当前学术界“文化研究热”的事实，笔者选择此选题去开展研究，是理性思考的结果。比如，虽然学界对于文化研究的广度和深度在不断拓展，单就传统节日文化的相关研究，成果也十分丰富。但把传统节日文化和文化创新结合起来，特别是去关注文化创新视域下西部少数传统节日的社会功能的研究，则是少之又少。同时，从整体视角，把理论和实践有机结合起来的中层研究则更为稀少。又如，笔者来自西部地区、且有民族学、社会学和人类学等学科背景，在对文化研究，特别是少数民族文化研究上取得了一定的成绩，积累了一定的前期成果和研究经验。除此之外，对少数民族文化的热爱和关切、对国家非物质文化遗产保护现状的忧思、对当前中国文化建设的关照，所有这一切都促使了本书的诞生。

总之，在新时代新形势新要求下，“任何文化的人们都需要不断地重新定位，以期在这样一个变动的社会里获得新的生存空间，重构自身。适应的含义已不再是习惯的简单吸收和借鉴，更包含了发展和创新的含义”①。因此，本书揭示的是在特定时空中，西部少数民族传统节日文化创新的逻辑与机制，并在此基础上，着重关注文化创新所产生的巨大的社会功能。

（二）研究意义

在国家大力倡导建设创新型国家和传统节日文化现代性转型的时代背景下，笔者去开展基于创新视角的民族传统文化的社会功能研究，不仅是必要的，而且是可能的。因此，研究定将产生一定的理论和现实意义。

具体来说，理论意义主要体现在以下四个方面：（1）通过系统而详尽的文献综述，为节日文化研究提供新的学术起点，尤其是通过对文化创

① 庄孔韶：《人类学概论》，中国人民大学出版社 2006 年版，第 27 页。

新过程中涉及的不同学科理论解释的梳理和研究方法的推介，以推动多学科和跨学科的研究创新。（2）对西部少数民族传统节日文化创新状况、创新功能进行多层次与多指标的描述和分析，总结西部少数民族传统节日文化创新的基本特征与发现创新功能实现中所存在的主要问题，为学界的后续相关研究提供一个关于描述分析的范例。（3）结合文化创新视角的理论建构，重点把节日文化创新与其社会功能有机结合，加强对两者关系的解释，进而提升本领域研究的理论品质和理论档次。（4）从整体视角入手，充分抓住节日文化创新中涉及的各种关系，能拓宽关系主义、结构功能理论、主体性理论等相关理论的运用范围，澄清和提升文化创新理论的理论素养和实践范围。文化创新作为当代中国社会主义文化建设中的重大举措，以往的民族学人类学社会学界关注较少。因此，本研究从选题视野和范围、理论解析和运用、功能认定和展现等方面都具有较为突出的价值。

本书具有以下四个方面的现实意义：（1）通过对中西方国家经验与做法的借鉴，在原因分析、模型建构的基础上，把过去泛泛而谈的对策分析转变为与解释分析紧密衔接的、具有较强针对性与操作性的对策思考与设计。这对于解决当前节日文化创新中的相关问题，提升文化创新的社会功能，能提供强有力的现实帮助。（2）文化软实力的提出凸显了提升少数民族文化创造力的紧迫性，而西部少数民族传统节日文化创新能提高少数民族的文化自信和文化自觉，有利于对少数民族传统节日文化创新路径的发掘、创新机制内在规律性的认识。这对于少数民族地区的精准扶贫、文化发展、民族团结、社会进步具有十分重要的现实指导意义。（3）节日创新能拓宽节日研究范围和层次，提高节日的内涵和外延，必将产生更多更大的社会价值。传统节日文化中蕴含着丰富的内容和精神实质，借助创新的方式，如何使这些内容和社会发展，特别是和中国梦的实现有机结合起来，这就不仅仅是一个理论问题，更是一个不可或缺的实践问题。（4）本研究对于文化创新及社会功能等文化研究的核心概念及其相关运用的分析，对解决当前创新实践中出现的各种问题，推动中国社会文化创新具有一定的借鉴意义和启示。基于现实的理论需要和实践需要，节日文化创新的社会功能研究能对节日文化发展、民族地区社会和谐、中国社会进步等现实问题起到一定的指导和促进作用。

总之，正如德国当代著名社会学家哈贝马斯（Jürgen Habermas）所指出的那样："我们正在经历一个文化的时代，一个文化比以往任何时候都更为重要的时期。这种重要性一方面体现在文化已经成为促进世界新一轮经济增长的引擎，另一方面文化所表现出的内在凝聚力和外在影响力在国家发展战略和国际竞争战略中起到越来越重要的作用。"① 这就很好地指出了在全球化的今天，研究文化创新视域下西部少数民族传统节日的社会功能这个研究选题的重大意义之所在。

二、相关研究动态

马克思说："每一时代的理论思维，从而我们时代的理论思维，都是一种历史的产物，在不同的时代具有非常不同的形式，并因而具有非常不同的内容。"② 的确，任何一种理论创新都是建立在前人研究基础上的产物。作为文化创新视域下西部少数民族传统节日的社会功能研究来说，与其研究相关的领域众多。比如，学界对于文化的相关研究动态、民俗学的发展状态、创新的相关内容、社会功能的突出表现、西部少数民族文化发展现状以及传统节日研究等方面。但就本研究来看，虽然涉及的关键词是文化创新、传统节日及社会功能，但这三个关键词都由"文化"来统率。因此，本书需要关注的关键领域主要有以下三个：文化创新、节日文化及文化功能的研究综述和动态。

（一）文化创新研究梳理

人创造了文化，文化塑造了人。人是文化的人，文化是人的文化，因

① 转引张骥：《中国文化安全与意识形态战略》，人民出版社 2010 年版，第 2 页。

② 《马克思恩格斯选集》第 4 卷，人民出版社 1995 年版，第 284 页。

而人是文化的存在。著名的哲学人类学家兰德曼（Michael Landann）说过："文化创造比我们迄今为止所相信的有更加广阔和更加深刻的内涵。人类生活的基础不是自然的安排，而是文化形成的形式和习惯。正如我们历史地探究的，没有自然的人，甚至最早的人也是生存于文化之中。"① 具体来看，"创新"一般和"创造"通用，"一般指人类（包括集体和个人）有目的地改造世界，推动社会进步的开拓性活动，也常指首创前所未有的事物，常与创新通用，属于人的活动范畴，是人的活动的本质特征"②。文化创新实践活动是与人类历史发展相伴随，且随人类历史发展而发展。而对于文化创新实践活动的研究，学界也从未中断过，研究是对于文化创新实践活动不断反思的结果。

当然，在认识西方文化创新研究现状之前，我们有必要对西方文化发展作一个简要的概述。早在基督教产生以前，古希腊人就在追求知识和智慧中，创造了辉煌的古希腊文化，这一文化后来成为整个西方文化的源头。而对于这一文化的产生，学界普遍认为理性精神对于古希腊文化创新发展起到了十分重要的作用。在基督教"一统天下"的西方中世纪，文化发展往往是借助于神的力量，上帝成为了一切创新力量的源泉。"神创说""神授说"成为了中世纪文化的主要精神及其文化发展的基本原则。直到今日，基督教文化一直是整个西方文化的核心和基础。到了近代，由于大学教育的进一步普及和市民社会发展的不断推动，西方科学文化和资本主义文化得以飞速发展。特别是在文艺复兴、宗教改革及启蒙运动时期，伟大的艺术家、科学家、文学家、思想家层出不穷。19 世纪末 20 世纪初，随着自由资本主义向垄断资本主义（帝国主义）过渡，其内部矛盾得以不断彰显，特别是经历第一次世界大战之后，西方一些学者发起了对资本主义文化及科学技术文化的不断批判与反思。比如，以法兰克福学

---

① ［德］米切尔·兰德曼：《哲学人类学》，彭富春译，工人出版社 1988 年版，第 260—261 页。

② 金炳华：《马克思主义哲学大辞典》，上海辞书出版社 2003 年版，第 225 页。

派为代表的西方马克思主义学派的兴起和不断壮大，其对资本主义的批判在一定程度上引发了西方学界对资本主义思想文化的全面审视。时至今日，西方文化界虽然出现了“百家争鸣、百花齐放”的发展局面，但不外乎的是，在这些文化研究者中，主要有着资本主义文化坚定的拥护者和资本主义文化坚定的反对者的派别之分。

具体来看，西方学界对于文化创新的研究主要表现在以下几个方面：文化创新的动力和源泉、文化创新的进程与路径、文化创新的功能、文化创新主体创造力等。

首先，关于文化创新的动力和源泉的研究。对于文化创新的动力和源泉，西方学界主要存在内驱力和外动力之说。内驱力主要是指文化创新的动力和源泉来自于文化本身，或者是来自于人的本质属性。比如，《西方的没落》的作者斯宾格勒（Oswald Spengler）就认为，文化是一种活生生的有机体，它是具有内在的生命力的。它通过自己内部的有机生长和盛衰来展示人的丰富性，来不断超越以往给定的文化形态，推动历史的不断发展。文化具有内在的自由和创新性这一观点，同样得到了哲学人类学家兰德曼的赞同。他说：“所有这些以及作为宗教、艺术、科学等较高层次的领域，在人类天性中并没有强制性的标准。所有这些就是‘文化’，而文化这一概念的定义就是由人类自身的自由创造性加以创造的。”① 外驱力则强调外部条件推动了文化的不断变迁和发展。比如，以马克思和恩格斯为首的社会冲突理论派就认为，正是由于社会上各种相关因素的不断冲突，才会导致人们思想文化上的不断变迁。特别是先进阶级掌握政权以后，必将推动先进文化的发展。此后，这种观点在马克思主义唯物史观中得到了充分的印证。美国社会学家奥格本（William F. Ogburn）则认为，正是由于物质物化超前发展，才会引起价值观、各种规范以及意义等各种非物质文化的变迁。因此，他认为“物质文化是现代社会变迁

① ［德］米切尔·兰德曼：《哲学人类学》，彭富春译，工人出版社 1988 年版，第 7 页。

的源泉”①。

其次，关于文化创新的进程与路径的研究。对于文化变迁的进程与路径，从宏观视角去看，西方学者中主要存在着循环论和发展论两种。比如，以斯宾格勒、汤因比（Arnold J. Toynbee）及索罗金（Pitirim A. Sorokin）为代表的文化循环论者都认为，文化和社会都是要经历一个无方向感的连续的成长、衰落、挑战的变化过程。比如，汤因比主要想通过对世界30余种文明的起源、成长、衰落、解体过程，去思考文明的共性规律。而斯宾格勒虽然强调文化是一个有机体，但他认为文化也要经历诞生、成长、成熟、衰老到死亡的生命循环过程。而以“人类学之父”泰勒（Edward B. Tylor）为代表的文化进化论学派则认为，文化是随着社会进步，特别是生产技术的进步而不断发展的。他明确指出：“文化的发展在相当大的程度上是与蒙昧生活通过野蛮生活向文明生活的进程相吻合的。……一般说来，蒙昧人通晓世界的自然规律以及随之使自然界服从于人类自身目的的能力是最低的；这种能力在野蛮人身上占有中等地位，在最新的先进民族身上是最高的。”②

再次，关于文化创新的功能的研究。简单地说，文化创新的功能就是文化所产生的效用或作用。而对于文化的作用，文化功能论的代表人物之一马林诺夫斯基（Bronislaw K. Malinowski）在《文化变迁的动力》和《文化论》里面都有所涉及。他的基本观点就是文化最大的功能是创造出新的需要来满足个人的需要，这就是文化最大的推动力和创造力。而美国学者菲利普·巴格比（Philip Bagby）在《文化：历史的投影》一书中，特别强调文化自身所具有的规范性和规则性特征。他说：“我们应当期望文化能表明它是某种规则，而这已被证明确实如此。现在，可以用如下的

---

① ［美］威廉·费尔丁·奥格本：《社会变迁：关于文化和先天的本质》，王晓毅、陈育国译，浙江人民出版社1989年版，第138页。

② ［英］爱德华·泰勒：《原始文化》，连树声译，上海文艺出版社1992年版，第25—27页。

话来完成我们的定义：‘文化’，就是‘社会成员的内在的和外在的行为规则，但是剔除那些在起始时已明显地属于遗传的行为规则’。”① 哈佛大学著名学者亨廷顿（Samuel P. Huntington）则在《文化的重要作用》《文明的冲突与世界秩序的重建》等著作中都讨论了文化的重要社会作用。他指出：“有些人类学家，尤其是克利福德·格尔茨（Clifford Geertz），强调文化具有‘深厚意蕴’，用它来指一个社会的全部生活方式，包括它的价值观、习俗、象征、体制及人际关系等。然而，在本书中，我们关心的是文化如何影响社会发展；文化若是无所不包，就什么也说明不了。”②

最后，关于文化创新主体创造力的研究。由于受西方话语体系的影响，西方学术界谈到主体的创新能力时，大都从心理学和教育学视角去界定。比如，美国心理学家罗伯斯·斯滕博格（Robert J. Sternberg）就主要从个体心理和社会心理层面去对人的创造力进行测试和研究。而在其主编的《创造力手册》一书中，托德·I. 卢伯特（Todd Rupert）则更关注环境对于人的创造力的影响。他认为：“环境总是存在的，并且能对创造力的表达产生深刻的影响。环境可以激发和支持创造力，并且能对其进行界定和评估。”③ 基于对文化概念的独特理解，兰德曼提出：“文化是人类的‘第二天性’。每一个人都必须首先进入这个文化，必须学习并吸收文化。”④ 他在这里指出了文化对于人的重要性以及文化教育的重要性。当前，随着一部分西方思想家们的积极倡导，西方国家的大众文化得到了广泛普及，关注大众文化创造力的呼声鹊起。比如，英国学者费斯克（John Fiske）一改过去学界对于大众文化及大众力量的轻视，而把研究视角转

---

① ［美］菲利普·巴格比：《文化：历史的投影》，夏克等译，上海人民出版社 1987 年版，第 99—100 页。

② ［美］塞缪尔·亨廷顿、劳伦斯·哈里森：《文化的重要作用》，程克雄译，新华出版社 2002 年版，前言第 3 页。

③ ［美］罗伯特·斯滕博格：《创造力手册》，施建农等译，北京理工大学出版社 2005 年版，第 279 页。

④ ［德］米切尔·兰德曼：《哲学人类学》，彭富春译，工人出版社 1988 年版，第 223 页。

向大众的创造力和大众文化的作用上。他说："弱势者通过利用那剥夺了他们权力的体制所提供的资源，并拒绝最终屈从于那一权力而展现出创造力。"①

相较于西方来说，中国文化上下五千年，文化及其创新的传统十分悠长而从未间断过。因此，相关文化创新成果十分丰富。但就国内学者大规模地对文化创新进行研究来看，则是全球"文化热"兴起后的最近三十年左右的事情了。截至 2018 年 7 月，笔者用中国知网进行统计，近十年（2008—2018 年），以"文化创新"作为搜索主题，相关学术论文就高达 4538 篇，其中核心期刊以上的文章就高达 1138 篇。而以"文化创新"为篇名进行搜索，相关学术论文为 1898 篇，其中核心期刊以上的文章有 364 篇。除此之外，有关硕博士论文在最近十年也已经出现。近十年（2008—2018 年），以"文化创新"为篇名进行搜索，相关学位论文就有 82 篇，但多以硕士论文为主，博士论文只有 4 篇。同时，有关文化创新的研究报告和专著也大量出版。比如，从 2010 年开始，每年定期出版的文化创新蓝皮书《中国文化创新报告》，每期报告都是紧紧围绕"文化创新"这一重大主题，分为总报告和分报告，充分展示了我国近十年来文化创新的最新成果以及国家关于文化创新的相关政策等等。比如，傅才武主编的《中国文化创新报告（2017）》（社会科学文献出版社 2018 年版），报告围绕我国 2017 年"文化创新"这一重大问题，集中收集了国内数十位专家学者的 2017 年的最新研究成果，主题涉及互联网时代下的文化科技、文化传播、文化保护、文化产业、文化服务等方面，关注当前中国在文化科技、文化政策上进行创新的紧迫性。这套书是我们了解当前中国文化创新领域最新进展最为丰富和重要的文献之一。

同时，大量的文化哲学书籍都对文化创新理论进行了一定程度的梳理，在理论层面上展示了我国学术界对于文化创新实践的不断反思。比

① ［美］约翰·费斯特：《理解大众文化》，王晓珏、宋伟杰译，中央编译出版社 2001 年版，第 58 页。

如：庄锡昌《多维视野中的文化理论》（浙江人民出版社 1987 年版）、许苏民《文化哲学》（上海人民出版社 1990 年版）、王岳川《后现代主义文化研究》（北京大学出版社 1992 年版）、李鹏程《当代文化哲学沉思》（人民出版社 1994 年版）、刘进田《文化哲学导论》（法律出版社 1999 年版）、衣俊卿《文化哲学十五讲》（北京大学出版社 2004 年版）、许明和花键《文化发展论》（北京大学出版社 2005 年版）、韩永进《新的文化发展观》（文化艺术出版社 2006 年版）、邹广文《当代文化哲学》（人民出版社 2007 年版）、杜刚《全球化视域下文化创造力研究》（人民出版社 2012 年版）、中共中央宣传部组织编写的《论文化建设》（学习出版社 2012 年版）等。而在相关理论指导下的各领域各部门文化创新专著则是层出不穷。比如：俞思念《社会主义现代化与文化创新》（人民出版社 2006 年版）、张帆《文化产业与文化创新》（江苏大学出版社 2011 年版）、李春华《新时期中国共产党文化创新研究》（中国社会科学出版社 2012 年版）、韦美日等《广西毛南族文化创新研究》（民族出版社 2017 年版）、李银安等《中华孝文化传承与创新研究》（人民出版社 2017 年版）、胡刚《中国特色社会主义文化创新研究》（中国社会科学出版社 2018 年版）、刘正宏等《“非遗”文化创新实战与应用》（中国轻工业出版社 2018 年版）等。近二十年，中国学者在文化创新领域的研究取得了突出成果，预示了文化创新研究在中国社会发展的方兴未艾。

在众多的研究成果中，与文化创新相关的内容都有所涉及。比如，文化创新的必要性、文化创新的内涵和外延、文化创新的主要内容、文化创新的目标、文化创新的路径以及众多的针对某个领域开展的应用型创新研究等。其中有代表性的研究和论断列举如下。

李春华在《有关文化创新的几个问题》中，对创新类型、规律和具体内容作了较为详细的论述，她指出：“文化创新的类型既涉及文化创新的标准，也规范文化创新的具体内涵，是对‘什么是文化创新’的回答；文化创新的规律，则涉及文化创新的特点、原则与途径，是对‘怎样进行文化创新’的回答；而文化创新的具体内容则是对‘究竟要创新什么’的回答。明晰这些基本理论问题，对于在实践中进行文化创新具有前提性意义。”① 这篇文章对于我们认识文化创新的类型、规律及基本要求等文化创新中的基本理论问题，确实起到了宏观的指导意义。

邹广文在《现代文化创新的四个尺度》一文中认为：“在现代文化创新的过程中，要注重把握四个尺度：一要明确文化的价值关怀，这是文化创新的目的导向；二要注意探索文化发展的规律性，这是文化创新的路径所指；三要注重对既有文化成果的承传，这是文化创新的生发之基；四要葆有一颗平常心，这是对文化创新主体性的深刻反思。”②

何志鹏关注文化创新的必要条件。他指出：独立思想是文化创新的内在根基，进取品格是文化创新的精神动力，面向现实是文化创新的核心路径，广博底蕴是文化创新的灵感源泉，社会风尚是文化创新的生态环境，物质支持是文化创新的直接依托，传承渠道是文化创新的制度保障。③

王树祥在《论当代中国文化创新的评判尺度》中提出，当代中国文化的创新，要坚持历史、科学与价值尺度的统一，个体、群体与类尺度的统一。④ 杜刚认为，衡量文化创造力的标准和尺度应该是客体性尺度：合规律性的尺度、主体性尺度：合目的性的尺度、实践性尺度：主客统一性尺度。⑤

学界对于文化创新的路径认识多种多样，每位学者都从各自的分析视角入手，提出了很多文化创新的具体路径。比如，花建认为，中国文化创新“重点举措包括形成文化与科技融合创新的活力机制，加大研发人员和研发投资的比重；既要注重传承文化历史遗产，又要激励面向未来的开发创意；体现文化创意与相关产业的联动，建立良好的跨界合作模式；推

① 李春华：《有关文化创新的几个问题》，《理论探索》2011 年第 3 期。

② 邹广文：《现代文化创新的四个尺度》，《山东社会科学》2016 年第 5 期。

③ 何志鹏：《文化创新的必要条件》，《吉林大学社会科学学报》2012 年第 1 期。

④ 王树祥：《论当代中国文化创新的评判尺度》，《求实》2009 年第 2 期。

⑤ 杜刚：《全球化视域下文化创造力研究》，人民出版社 2012 年版，第 80—88 页。

动制度创新，体现激发文化生产力的灵活性、宽容度、导向性等”①。但正如黄承瑜总结的那样：“尽管学者们对文化创新途径的认识都不尽相同，但在以下三点尚能形成共识：文化创新要立足于中国社会主义现代化建设的实践；批判继承和改造传统文化，实现传统文化的现代转化；充分吸收世界优秀文明成果，为我所用。”②

随着中国特色社会主义建设迈上新阶段，学界不断把文化创新与大国建设、国家治理、文化发展有机结合，明示了中国进行文化创新的价值意义。王岳川发表了《文化创新是中国核心价值的呈现》（《贵州社会科学》2007 年第 1 期）、《文化创新与中国新世纪价值》（《天津社会科学》2008 年第 3 期）、《文化强国与文化创新》（《新疆师范大学学报》2012 年第 2 期）、《在文化创新中建立文化强国战略》（《探索与争鸣》2012 年第 6 期）等论文，很好地看到和指出了当前文化创新的国家意义。张晓萌、鲍展斌、汪振军等学者则把文化创新与文化自觉有机结合去分析，充分看到了文化创新在国家和个人的文化自觉意识提高中的作用。

总之，中外学者在文化创新研究上取得了丰硕的成果，且研究成果呈现出了以下特征：第一，学界对文化创新的内涵、外延等有了一个相对确定的认识，但存在理论研究成果偏少，实践研究成果较多的现状；第二，学术研究成果多，且研究范围覆盖了文化创新内涵及外延所及的方方面面；第三，中外学者开始注重对文化创新主体能力和素养的研究；第四，把文化创新与社会发展、民族进步有机结合起来的研究趋势较为明显；第五，文化创新与全球化背景下文化安全之间的关系受到了学者们的高度关注；第六，研究成果的重复现象严重，这在中国学者成果中，表现最为明显。但不管如何，前期学者对于文化创新的研究，为本书的研究提供了坚实的理论基础。

---

① 花建：《文化创新大国建设研究》，《东岳论丛》2014 年第 6 期。

② 黄承瑜：《当代文化创新的哲学思考》，苏州大学 2008 年硕士学位论文，第 10 页。

（二）节日文化研究综述

一段时间以来，传统节日一直是文化学者所忽视的研究对象和领域。直到20世纪60年代末70年代初，西方学界才开始将节日纳入他们的研究视野和范围，且研究重心主要集中在节日的内涵、仪式及文化认同功能等几个方面。而在国内，学界对传统节日的研究是从20世纪80年代才开始，但近十年来，在非物质文化遗产热的推动下，学界针对传统节日的相关研究日渐增多。① 的确，正如高丙中教授所说："节日是被赋予了特殊的社会文化意义并穿插于日常之间的日子，节日民俗是指这些特殊日子的文化内涵以及人们所表现的相沿成习的各种活动。"② 在这些活动中，民间节日展现出了其独有的力量。邢莉教授认为，民间节日，是我们知识的源泉、人文精神的源泉以及审美创造的源泉，因而是我们智慧和创造力的源泉。但在全球化的语境下，民间节日受到了各方面的冲击，因此，应该加强传承人保护，提升文化主体的文化自觉，保护好节日文化的核心价值体系和文化空间。③ 近年来，随着国家非物质文化遗产保护工作的实施，传统节日得到了社会各界的关注。相应地，对其进行的研究也开展得如火如荼，与节日文化相关的研究论文、专著及报告逐渐增多，极大地丰富和促进了学界对于传统节日的研究。

近年来，由张士闪、李松主编的"中国民俗文化发展报告"系列丛书，其中的专题报告部分，很好地总结了当前传统节日文化发展的现状，因此，该丛书是我们了解节日文化最新发展动态的一扇窗口。但令人遗憾的是，不知因何原因，丛书仅仅覆盖2012—2015年这四年中国民俗文化发展，后续的报告暂时还没出版。四本丛书的主要结构是一样的，分为：总报告、分报告及专题报告三部分。四本丛书除了在2013年的报告中，

---

① 林慧：《文化记忆的追寻与重建——中国传统节日保护对策研究》，中国人民大学出版社2017年版，第1页。

② 高丙中：《中国民俗概论》，北京大学出版社2009年版，第188页。

③ 邢莉：《中国少数民族重大节日调查研究》，民族出版社2011年版，第1—24页。

没有专门涉及传统节日发展状况及研究动态之外，其他三本则分别以重新发现传统节日：《2011 年度中国传统节日发展报告》《传统节日的调查研究和现代治理：2013》《2014：重视传统节日的文化内涵》，较为详细地为我们展示了丛书研究年份，中国传统节日文化发展状况及研究动态。比如，在《中国民俗文化发展报告（2015)》中，以节日文化内涵为总主题，在总主题下主要分为传统节日的文化内涵、首个国家公祭日、国家文化建设中的传统节日以及展望与发展四个板块。在传统节日文化内涵部分，研究指出：节日文化内涵是节日所反映出的精神和思想方面的内容，这些精神和内容是节日的灵魂。节日文化主要包括自然文化、社会历史文化及个人生命文化三个最为重要的属性。而在首个国家公祭日板块中，除了对公祭日进行定义之外，着重对公祭日的文化意义和影响进行了分析。节日分报告还指出，国家通过设定节日假期、节日志的文本书写以及倡导“互联网+”时代下的节日新形式发展等方式去建设传统节日，一方面有利于对节日文化传承保护，另一方面也有利于国家文化建设。在展望和发展部分，希望国家在进一步重视全国性的节日和纪念日的基础上，还要在提升中国传统节日文化内涵、仪式建构以及节日文化服务体系构建上发挥更大作用。① 此外，同样由李松、张士闪主编的“节日研究”系列丛书，则从另一视角为我们提供了有关节日文化研究的众多成果。可以说，这两套丛书是从总体视角对近几年中国节日文化发展及相关研究的一次总结，对于我们了解中国节日文化发展和研究动态是十分有帮助的。

而对于中国传统节日的调查分析，则成为最近几年民俗学界的一大工作亮点。由文化部民族民间文化发展中心组织、财政部支持的《中国节日志》项目，于 2008 年开始策划和启动、2010 年正式纳入国家社会科学基金重大招标委托项目。项目旨在“弘扬节日文化、传统中华文明”，“规划用 5 年的时间，完成对中国各地方、各民族现存的代表性传统节日

① 张士闪、李松：《中国民俗文化发展报告 2015》，山东大学出版社 2016 年版，第 139—156 页。

的历史和现状调查。项目运用社会学、民族学、民俗学、人类学、艺术学、历史学、文献学等跨学科合作的方式，综合利用文字、图片、录音、录像等现代化记录手段，对中国传统节日文化进行整体性、多视角的科学记录，力求客观、全面地反映节日文化的历史沿革和当代变迁。从而挖掘、保存、传播一批优秀的民族民间传统节日，保存中华节日文化基因，为国家文化保护和发展政策的制定提供科学的依据"，"为200个左右的我国各民族传统节日著书立志，完成2000余篇田野和专题调查报告，成果方式将以'中国节日数据库'、'中国节日志'大型系列丛书、《中国节日影像志》、重大节日专题研究报告、节日研究论文集等方式呈现"①。节日志采取统一的格式和编排，首批试卷本已于2014年由光明日报出版社发行，后续成果也陆续得到出版。预计项目成果多达200卷6000万字。项目的完成，将为节日研究、民俗研究提供丰富的数据和影像资源。

此外，对于传统节日的调查研究成果，代表性成果有由民族出版社出版、邢莉教授编著的《中国少数民族重大节日调查研究》一书。该书洋洋洒洒60万字，从节日来源、传说、仪式过程、文化解析、社会功能及发展态势等方面对土族纳顿节、彝族火把节、维吾尔族古尔邦节、蒙古族那达慕节、湘西苗族"四月八"5个少数民族重大节日进行了全方位多层次的描述和分析，不仅为我们提供了丰富的民族节日文化资源，也为我们调查、了解、分析和研究民族传统节日提供了一个很好的模板。

而对于传统节日文化的具体研究，专著方面，比较有代表性的有：黄泽《西南少数民族节日文化》（云南教育出版社1995年版）、胡起望等《中国少数民族节日》（商务印书馆1996年版）、徐万邦《中国少数民族节日与风情》（中央民族大学出版社1999年版）、杨琳《中国传统节日文化》（宗教文化出版社2000年版）、赵东玉《中国传统节庆文化研究》（人民出版社2002年版）、乔继堂《细说中国节：中国传统节日的起源与

---

① 李松：《弘扬节日文化 传承中华文明——记〈中国节日志〉》，《光明日报》2010年7月7日。

内涵》（九州出版社2006年版）、萧放《岁时——传统中国民众的实践生活》（中华书局2002年版）和《传统节日与非物质文化遗产》（学苑出版社2011年版）、杨昌儒等《贵州世居民族节日民俗研究》（民族出版社2009年版）、王文章《弘扬传统节日文化现状与对策：中国传统节日文化调研实录》（文化艺术出版社2012年版）、王剑《乌江流域少数民族传统节日文化传承与保护体系研究》（人民出版社2015年版）、宋颖《端午节：国家、传统与文化表述》（商务印书馆2017年版）、林慧《文化记忆的追寻与重建——中国传统节日保护对策研究》（中国人民大学出版社2017年版）、高巍《中国传统节日的文化研究及其实践应用》（北京燕山出版社2017年版）等。

学界发表的关于节日文化的研究论文较多，近十年中，较有代表性的文章主要有：李峰《节日的功能及其社会学隐喻》（《河南社会科学》2008年第4期）、肖琴《论中国传统节日文化的传承与创新》（《船山学刊》2009年第1期）、余悦《城市化浪潮中的春节传统节日文化——从江西省南昌市说开去》（《江西社会科学》2011年第1期）、张勃《当前语境下传统节日的困境与出路——兼及建构新兴节庆活动的一点思考》（《山东社会科学》2011年第3期）、吴桃等《试谈民俗节日文化与社会价值——以彝族年文化遗产为个案研究》（《西南民族大学学报》2012年第2期）、李乐为《刍议土家族传统节日文化的功能及现代利用》（《贵州民族研究》2012年第2期）、《弘扬节日文化研究》课题组《中国传统节日的传承现状与发展对策》（《艺术百家》2012年第3期）、覃彩銮《壮族节日文化的重构与创新》（《广西民族研究》2012年第4期）、于凤贵《传统节日文化的传承与创新——以"好客山东贺年会"为个案》（《山东社会科学》2012年第7期）、高慧芳《白龙江流域藏族传统岁时节日文化研究》（《西藏大学学报》2013年第2期）、耿波《洋节现状及其对中国传统节日的影响与对策调查报告》（《艺术百家》2013年第4期）、萧放等《中国近十年岁时节日研究综述》（《民俗研究》2014年第2期）、韩晓莉《革命与节日——抗战时期山西革命根据地的节日文化建设》(《中共党史研究》2014 年第 4 期)、李茜《产业化视角下贵州少数民族节日文化发展研究——以苗族姊妹节为例》(《贵州民族研究》2015 年第 12 期)、关昕《国家治理视域下的传统节日发展》(《文化遗产》2016 年第 1 期)、苗瑞丹《传统节日的文化价值与功能探究》(《中国特色社会主义研究》2016 年第 2 期)、杨荔斌《"应节物品" 流变与传统节日文化现代性融入研究》(《广西民族大学学报》2017 年第 3 期)、黄治国《传统节日的现代性危机与日常生活批判》(《文化遗产》2018 年第 3 期)、李银兵等《传统节日文化创新的空间性探析》(《湖北民族学院学报》2018 年第 3 期),等等。

具体来说,学界对于节日文化研究主要侧重于以下几个方面:节日文化发展困境及对策、节日文化与现代社会的融合、节日文化的保护、节日文化的价值与古代节日文化、国外节日和洋节的研究等。

首先,关于节日文化发展困境及对策的研究。随着中国社会的不断转型,传统节日文化在其发展过程中,受到了外界很多因素的冲击,这就导致其在一定程度上出现了发展困境。比如,黄治国在《传统节日的现代性危机与日常生活批判》一文中指出:"当前,传统节日在现代化进程中遭遇到'商品拜物教'、消费主义、原子主义及世俗文化的不断冲击,节日文化的深度感缺失、历史感浅薄及'光晕效应'弱化,导致节日文化在深度、厚度及广度上出现全面危机。在危机下,节日文化真实性存疑、意义淡薄、复制品流行及文化主体失落等危害随之出现,这给传统节日文化发展带来了诸多桎梏。"① 张勃认为,由于节日"非常性"的缺失,导致节日发展困境出现。因此,应该恢复节日的"非常性",才是节日文化发展的出路。② 李银兵从旅游节日在发展中出现的表层化、碎片化、感性

① 黄治国:《传统节日的现代性危机与日常生活批判》,《文化遗产》2018 年第 3 期。
② 张勃:《当前语境下传统节日的困境与出路——兼及建构新兴节庆活动的一点思考》,《山东社会科学》2011 年第 3 期。

化及奴役性特征的几个方面入手，较为详细地探讨了节日文化的理性结构问题。[①] 总之，诸多学者看到了节日文化由于受到全球化、市场经济、高科技引入以及节日主体意识等因素的影响而产生的发展困境，并在此基础上提出了一些有益于节日文化发展的对策。

其次，关于节日文化与现代社会的融合研究。很多学者把研究视角投向节日文化如何与中国社会现代化有机融合的问题上，也就是去思考和探索传统节日文化现代化的发展道路问题。近十年来，学界在这方面的相关研究成果较多，比如，有的研究提到可以通过"应节物品"现代性融入的方式去促使节日文化现代性的建构；有的学者提出可以通过挖掘节日文化内部的现代价值，从而使传统节日与现代化有机结合；更多的学者主张通过节日旅游或者节日产业的发展，使传统节日为现代社会发展助力。此外，一部分学者看到了国家在帮助传统节日走向现代化过程中的作用，提出通过国家去建设传统节日的主张。总之，节日文化本是与人们的日常生活有机结合的产物，人们的日常生活发生了变迁，传统节日也应该与之同时发生变化。因此，学者们一方面看到了传统节日文化现代化进程的艰辛；另一方面也对节日文化与现代社会的融合持乐观态度。

再次，关于节日文化保护的研究。随着一些传统节日文化在现代社会中的"泛化""空化""异化"现象的出现，国家、学者和民众对于节日文化的保护之声不绝于耳。学者们主要从节日文化保护的意义、原则、路径和方法等方面入手，指出了节日文化保护的重大意义，提出了很多有关节日文化保护的意见和措施，真正做到了为节日文化保护与发展保驾护航。比如，2004 年由刘魁立研究员主持的"传统节日文化的复兴与当前假日制度的改革"课题组的相关成果，对于国务院颁布和试行《关于修改全国年节及纪念日放假办法的决定》，起到了积极的推动作用。又如，

---

① 李银兵：《旅游节日的感性化趋势与理性建构》，《湖北民族学院学报》2017 年第 3 期。

从 2012 年第 3 期起，在《艺术百家》期刊上连续发表的《弘扬节日文化研究》课题组 10 个子课题的研究成果，是从整体上对节日文化保护和弘扬进行的系统研究。特别是在《中国传统节日的传承现状与发展对策》一文中，从七个方面入手对节日文化为什么要弘扬、怎么弘扬及弘扬的价值所在等大家关注的热点问题进行了高屋建瓴的作答。同时，在由课题最终成果而组织出版的《弘扬传统节日文化现状与对策》一书中，开篇就为我们指明了保护和弘扬传统节日文化的重大意义。书中这样说道："中国传统节日，是中国优秀传统文化的突出代表，是我国极为丰富的非物质文化遗产宝库中最富有文化内涵、民族特色和广泛影响力的文化瑰宝。"① 再如，在传统节日文化保护的具体措施上，在地化保护、整体性保护、综合性保护和生产或生活性保护等几种保护措施，是当前学界提出的主要保护措施。2017 年，中共中央办公厅、国务院办公厅印发《关于实施中华优秀传统文化传承发展工程的意见》，又引发出了学界对于节日文化传承和保护的研究热潮。

第四，关于节日文化功能和价值的研究。在有关节日文化研究的诸多专著和论文中，都涉及了节日文化的功能和价值。总体去看，学界认为，节日具有教育功能、传承功能、凝聚功能、调节功能、融合功能及消费功能等。此外，学界对于节日文化在中国特色社会主义先进文化建构和民族复兴中的作用尤其关注。而由中共中央宣传部等五个部委在 2005 年联合颁布的《关于运用传统节日弘扬民族文化的优秀传统的意见》，在其中起到了推波助澜的作用。因为意见从宏观层面对传统节日文化的功能和价值进行了这样的认定："中国传统节日，凝结着中华民族的民族精神和民族情感，承载着中华民族的文化血脉和思想精华，是维系国家统一、民族团结和社会和谐的重要精神纽带，是建设社会主义先进文化的宝贵资源。"在此基础上，学界对于节日文化的功能和价值的研究得到了高度重视，专

① 王文章：《弘扬传统节日文化现状与对策》，文化艺术出版社 2012 年版，第 1 页。

门针对节日文化功能的学术成果日渐趋多。比如，赵东玉在其专著《中华传统节庆文化研究》中，对节日文化在人文素质教育中的作用进行了较为详细的研究。廖冬梅在《节日沉浮问》一书中，特别强调了节日文化在教育人与自然、人与人和谐中的功能。杨军发文指出："壮族节日文化在长期的生产生活实践中积累而成，能引起壮族群众的心理共鸣，在传承传统美德、优化社会秩序、提升青少年素养、增强道德伦理教育效果、增强中华民族认同感、推进壮族地区学校课程改革等方面，都具有积极的教育意义。"①

最后，对古代节日文化和国外节日的研究。为了进一步探寻节日文化的内涵和价值，达到借古喻今的作用。近几年来，学界兴起了对于古代节日文化的研究。韩晓莉从历史视角探析了抗战时期山西革命根据地的节日文化建设，指出"根据地政府将抗战与生产的革命主题融入到节日生活中，不仅密切了根据地的党群关系、政群关系，而且使政治以潜移默化的方式为民众所理解和接受，推动了根据地社会动员工作的开展"②。魏华仙则对官方节日出现的时间进行了考证，她指出学术界把官方节日出现时间定在民国时期的说法值得商榷。她认为官方节日出现的时间应该是在唐玄宗时期，并在宋代得到了发展。③ 谭徐锋从革命节日的视角去分析辛亥革命时期人们的各种心态，拓展了节日文化研究的领域。④ 他山之石，可以攻玉。近年来，为了探析洋节对于中国节日的影响、加强节日文化的比较研究，国内学者开始对洋节进行了一定程度上的研究，取得了不少的研究成果。林慧在《文化记忆的追寻与重建——中国传统节日保护对策研

---

① 杨军：《壮族节日文化的教育功能探究》，《民族教育研究》2017 年第 4 期。

② 韩晓莉：《革命与节日——抗战时期山西革命根据地的节日文化建设》，《中共党史研究》2014 年第 4 期。

③ 魏华仙：《官方节日：唐宋节日文化的新特点》，《四川师范大学学报》2009 年第 2 期。

④ 谭徐锋：《革命者的节日：〈东京民报〉纪元节庆祝大会及其反响》，《社会科学研究》2017 年第 6 期。

究》一书中，对巴兰基亚狂欢节、法雅节、班什狂欢节、圣苏尼瓦日、帕林廷斯狂欢节、恩萨赫节、帕特姆流行节日等外国节日文化保护进行了介绍，为我们了解国外节日保护的理念及具体做法提供了帮助。宋建林等通过对国外传统节日精华的调研后，提出“我们应当在保持和巩固中国传统节日文化主导地位的基础上，从其他国家和民族的节日文化成果中汲取营养，并有机融合、补充到中国传统节日文化体系中，改进和革新中国传统节日中那些不适合现代社会需要的过节理念与运作模式，进一步丰富和创新中国传统节日文化”① 的建议。而耿波在《洋节现状及其对中国传统节日的影响与对策调查报告》中谈道：“‘洋节’与‘中国传统节日’在内涵上能够互补、共建是人们所普遍认同的‘洋节’发展的必然走向。为实现‘洋节’的健康发展，应从搁置节日文化中西有别的思维，引导中西节日从各自文化本位向节日公共文化转变；改变扬中抑洋的节日施政方略，中西统筹，创制中西互补的中国特色的节日体系；超越官民博弈，着眼中层社会，在生活多样化的自觉选择中释放节日创新活力等方面入手。”②

（三）文化功能研究探析

在西方，“功能”一词最早是由生物学转引入到社会学的。斯宾塞（Herbert Spencer）认为，社会是一个有机体，这个有机体像生物一样，其内部聚集越多、体积增大，结构也复杂化；伴随着结构分化，其功能也就不断发生变化。因此，社会有机体的结构与功能的变化则成为了斯宾塞研究社会的主要方向。后来，涂尔干（Émile Durkheim）从社会与环境关系入手，看到了社会事实与各种现象和制度之间的既矛盾又和谐的关系。而在《宗教生活的基本形式》中，他首次运用功能分析方法去认识宗教

① 宋建林、茹晓：《关于借鉴国外传统节日精华的调研及建议》，《艺术百家》2012年第5期。

② 耿波：《洋节现状及其对中国传统节日的影响与对策调查报告》，《艺术百家》2013年第4期。

的作用。比如，他认为，“宗教仪式的首要作用就是使个体聚集起来，加深个体之间的关系，使彼此更加紧密”①。受涂尔干功能论影响的文化功能学派的两位代表人物马林诺夫斯基和拉德克利夫—布朗（Alfred Radcliffe-Brown），主要从个体心理和社会结构两个视角去分析社会功能。马林诺夫斯基指出，文化的基本功能就是满足人的基本需要和派生的需要，前者指人的生物需要；后者指人的文化需要，就是满足人扩大其安全与舒适所做的各种努力。布朗则从社会结构与功能的互动关系入手，指出只有明确了社会结构，才能真正找到构成这一社会结构的各部分所起的功能作用。后来，结构功能主义真正的确立者帕森斯提出，在社会系统中，适应、达成、整合及维模的功能要求分别由经济制度、政治制度等主要社会制度来满足。而帕森斯（Talcott Parsons）的学生默顿（Robert C. Merton）则从强调经验功能主义的重要性入手，对以往功能主义方法进行了修正，提出了显功能与潜功能、正功能与反功能等基本概念。正如何星亮研究员总结的那样，尽管西方学界对于“功能”概念的认识五花八门，但总的来说，主要是两大类：社会性的功能概念和结构性的功能概念。前者以马林诺夫斯基为代表，认为文化功能就是满足个人的基本需要和派生的各种需要。后者分为两类，一类以布朗为代表，从文化元素与文化或社会整体的关系入手去探析文化对于社会体系运行的作用。一类是以费思（R. Firth）与穆勒（H. Möller）为代表，主张文化功能就是文化元素之间的相互关联和制约。② 当然，我们从西方学界对于“功能”内涵的把握上就可以看出，西方学界认为文化主要具有两个方面的功能：满足个体需要和推动社会的和谐发展。

学者们按照文化性质和功能层次，把“功能”进行了如下分类。除

---

① ［法］爱弥儿·涂尔干：《宗教生活的基本形式》，渠东、汲喆译，上海人民出版社1999年版，第456页。

② 何星亮：《文化功能及其变迁》，《中南民族大学学报》（人文社会科学版）2013年第5期。

了马林诺夫斯基把文化功能分为满足基本需要的功能和满足派生需要的功能之外，帕森斯提出文化具有适应、达成、整合及维模功能。默顿则认为，文化功能有正功能、负功能和非功能之分。后来，随着马斯洛（Abraham H. Maslow）对于人的五层次需要理论的盛行，文化又可以分为生理、安全、爱、尊重及自我实现的功能。美国学界以研究动力而闻名的当代心理学家麦克利兰（David C. McClelland）提出了著名的“三需要理论”，即成就需要、权力需要和亲和需要。当前，国外学者对于西方资本主义的认识和批判，主要落脚于对其意识形态的批判上。因此，文化的认识和批判功能在西方思想界展现无遗。比如，法兰克福学派以及现当代资本主义文艺批评家们充分运用文化的力量，对资本主义世界进行了深刻认识。在这个过程中，文化的认识和批判功能得到了充分体现。比如，有学者这样评价詹姆逊（Fredric R. Jameson）对于晚期资本主义的批评活动：“一方面具有与文化工业及其意识形态针锋相对的颠覆性和批判性，另一方面也在具体的政治经济学意义上从自己的批判对象身上获取了种种物质的或象征性的力量。”①

在国内学界，学者们对“功能”内涵的分析较少，大多延续着西方学者对“功能”概念的理解和看法，认为功能主要有满足需要和对事物发挥作用的意蕴。中国社会学大家、功能主义理论中国化最为重要的代表人物费孝通先生，把功能理论，运用到其作品《江村经济》《乡土中国》等中去分析相关问题，这在一定程度上开启了功能主义在中国运用的大幕。他在《乡村经济》前言中这样说道：“如果要组织有效果的行动并达到预期的目的，必须对社会制度的功能进行细致的分析，而且要同它们意欲满足的需要结合起来分析，也要同它们的运转所依赖的其他制度联系起来分析，以达到对情况的适当的阐述。这就是社会科学者的工作。所以社

---

① ［美］詹姆逊：《晚期资本主义的文化逻辑》，陈清侨等译，生活·读书·新知三联书店 1997 年版，编者序言 2。

会科学应该在指导文化变迁中起重要的作用。”① 而他在《乡土中国 生育制度》一书的附录中又这样写道：“马氏自己称他的人类学理论是功能理论。他的所谓功能，就是文化是人为了满足自己其需要而产生的，所以都是有用的手段，文化中各个要素，从器物和信仰对人的生活来说都是有功能的，功能就是满足需要的能力，简单说就是有用的。”② 在功能主义理论及研究实践的指导下，当前中国学者对于文化功能的研究，关注较多的则是文化的一般功能或作用、功能分类及具体文化的功能或作用等方面。

首先，关于文化功能的内涵与外延研究。齐卫平认为，文化因为具有认知、教化、沟通、凝聚、传承及娱乐功能，因而对国家和民族进步有着十分重要的战略意义。③ 陈新汉认为，动物依赖自然天性的禀赋生存，人则在关系中生存和发展。因而人构建文化，一方面是用其去改造自然界，促使自身生存与发展；另一方面是通过文化来观照自身，以达到自我意识的目的。④ 而何星亮则从生理性功能、社会性功能和心理性功能三个方面入手去看文化的不同功能。比如，在对文化的社会性功能分析中，他指出文化具有教化、规范、整合、凝聚和适应五个方面的具体作用。⑤ 总之，国内学者对文化功能的认识是基本一致的，主要关注文化在对个人身心和谐和社会发展中的作用。

其次，关于功能分类的研究。结合中西方学者对于文化功能的认识和分类，胡义清在此基础上，对中西方文化功能类别进行了归纳和总结。笔者认为，这是近几年来，学界对文化功能分类进行归纳和总结得最为全面

---

① 费孝通：《江村经济》，内蒙古人民出版社 2010 年版，前言第 15 页。

② 费孝通：《乡土中国 生育制度》，北京大学出版社 1998 年版，第 331 页。

③ 齐卫平：《文化功能及其在国家发展和民族进步中的意义》，《思想理论教育》2009 年第 13 期。

④ 陈新汉：《哲学视阈中的文化、文化功能及文化自觉》，《哲学译丛》2012 年第 8 期。

⑤ 何星亮：《文化功能及其变迁》，《中南民族大学学报》（人文社会科学版）2013 年第 5 期。

的一次。他根据文化作用的对象不同，把功能划分成政治、经济、社会和生态等功能。根据文化功能的性质，把功能划分反映、传承、创新、维护、教化（塑造）规范、凝聚与整合等。根据文化形式的不同来划分，可以分为文学的审美功能、宗教的安慰功能、哲学的反思和预见功能、技术的创新功能等。根据文化对人的满足层次，又可以分为生理性功能、心理性功能和社会性功能。此外，每一个具体的功能下面，还可以进行二级、三级的划分。① 本书拟以根据文化作用的对象不同来划分的功能类型作为节日文化社会功能研究的主要标准，同时兼顾以根据文化功能的性质和满足对象而划分的功能标准。

最后，关于微观的文化功能研究。对文化功能的具体研究，涉及文化功能的来源、流变、具体文化的具体功能等相关内容，国内学界在这些方面进行了诸多研究，取得了丰富成果。比如，韩喜平等人从马克思主义经济学和西方经济学的视角入手，指出了文化本身具有一定的经济属性，具有重要的经济功能。因而从学理上对文化的经济功能进行了证明和认定。② 陈兴贵在对彝族民间舞蹈的特性进行分析的基础上，认为民间舞蹈作为彝族人文化的一部分，起到了满足彝族人生理需求、交流、教育、社会整合等作用。③ 秦莹指出，云南大理南涧彝族的“跳菜”，不仅“是南涧彝族饮食文化和舞蹈艺术传播的重要途径，也是南涧彝族神灵信仰和价值取向传承的媒介，更是南涧彝族社会伦理和民族心理的直接表达”④。而吴宗友等人则认为，节日是对文化系统中各要素关系的民俗解读，对历史的现实影像、文明的认定和维护、文化传播的媒介及对民众进行文化教

① 胡义清：《马克思恩格斯文化的社会功能思想研究》，上海社会科学院博士论文2017年，第33页。

② 韩喜平、杨威：《文化功能的经济学解析》，《理论月刊》2013年第2期。

③ 陈兴贵：《彝族民间舞蹈的特征与社会文化功能》，《民族艺术研究》2009年第5期。

④ 秦莹：《南涧彝族“跳菜”的文化功能及社会作用》，《云南民族大学学报》（哲学社会科学版）2008年第1期。

化的重要途径。在新形势下，应该充分发挥节日的文化功能。[①] 熊少波等人用辩证唯物主义和历史唯物主义为指导，从历史视角探析了节日文化功能的变迁及其背后的推动力量，看到了节日功能变迁对于节日文化发展的影响等，呼吁社会各界要关注这一功能的流变相关问题。[②]

总之，近年来，学界对于文化功能的研究基本囊括了文化的方方面面，相关成果不仅多，而且研究不断深入、深刻。研究呈现出了以下特点：第一，国外学者从学理视角入手去分析文化功能的成果较多，而国内学者偏重具体文化的具体功能探析为主。第二，中外学者对于“功能”“文化功能”内涵和外延的认识基本是一致的。第三，近年来，文化作为意识形式的一种，其功能与国家、民族发展的关系得到了中外学者们的高度重视。第四，中国学界对文化功能的研究热潮慢慢在兴起，但在对文化功能的认识和分析上，成果趋同性较为明显。特别是针对某种具体文化或某个区域的文化，对其文化功能进行较为翔实和系统的研究成果很少。

三、研究内容与研究思路

（一）研究内容

本书的主题是，在文化创新背景下，西部少数民族传统节日文化内部蕴藏着的社会功能，即节日文化在当代社会的经济、政治、文化、社会及生态建设中所发挥的作用。在研究中，除了对西部少数民族传统节日文化进行较为详细的描述和分析之外，着重凸显的是新时代节日文化创新的必然性、创新的理论和实践模式的建构和传统节日文化内部蕴藏着的重大创新价值等几方面内容。具体来说，研究内容涉及研究框架、主要观点及重难点三个部分。

---

① 吴宗友、曹荣：《论节日的文化功能》，《云南民族大学学报》（哲学社会科学版）2004 年第 6 期。

② 熊少波、周平：《我国传统节庆的文化功能流变》，《河南社会科学》2015 年第 8 期。

1. 研究的具体内容框架

第一部分主要为描述研究。对国内外有关文化保护与发展的理论进行梳理，对西部少数民族传统节日文化及其发展趋势进行客观的描述和总结。通过对实地调查、抽样问卷等所获资料及其他相关资料的整理、有代表性的西部少数传统节日创新指标的分析，系统描述和把握西部少数民族传统节日文化创新现状。同时，从创新程度、类别、方式、效果等对西部少数民族节日文化创新进行分类总结。

第二部分主要为解释分析。通过对节日文化创新进行多层次与多指标的定量和定性分析，侧重于解释不同民族节日文化创新差异及其在文化创新中所面临的困难，并在对这些差异和困难的具体分析中把握西部少数民族传统节日文化创新的一般模式及整体功能。估计各方面分析模型的实际解释能力，比较分析各解释因素的重要作用和影响机制，以获取实证检验对理论假设的支持，提高本书的科学信度。

第三部分主要为模型建构。建构西部少数民族传统节日文化创新的理论模型，并就模型中的组成要素进行详细阐释，进而提出模型实施的内在机制。创新模型的正常运转主要得益于不同主体及其不同层次的需要和利益，因此，研究将对创新中出现的这些不同主体及其不同层次需要和利益进行详细分析。除了建构西部少数民族传统节日文化创新的理论模型之外，笔者还在大量田野调查基础上，形成了西部少数民族传统节日文化创新的实践模型。两个模型结合起来，从创新模型的“应有”和“实有”两个侧面去把握文化创新的模型建构。

第四部分主要为功能估量。节日文化的变迁势必受到一个社会中的政治、经济、社会、生态、文化等方面的影响，但也反过来会对这些方面产生反作用，进而引发出节日文化经济、政治、文化、社会及生态功能的产生。研究力图兼顾个人、民族、社区、国家四个层面，去估计和分析西部少数民族节日文化创新所产生的这些影响和作用。同时，还从文化生产力、竞争力、传承力、传播力、批判力等方面对其创新后果进行指标设定，以此检验传统节日文化创新效果。

第五部分主要为案例探析。研究涉及的民族众多，各民族传统节日也多。因此，在注重个案的地域性和节日类型的基础上，我们在研究中着重以西部地区有一定影响力的少数民族传统节日文化，比如，彝族火把节、傣族泼水节、苗族姊妹节、侗族萨玛节、布依族“三月三”、景颇族目瑙纵歌节、蒙古族那达慕大会、土族那顿节等为例，对其文化创新及创新功能进行描述和探析，以此去加强研究的实证性和为研究结论的得出提供支撑材料。

最后部分为价值认定和提升。把传统节日文化创新所产生的功能放在新时代这个特定背景下进行分析，归纳其在新时代中国特色社会主义建设中的作用。具体在价值认定和提升分析中，我们主要是从文化创新推动节日文化的社会功能实现、节日社会功能能推进中国梦的实现、中国梦能增进中国人民的福祉，满足人们对于美好生活的需求这个关系逻辑入手，进一步总结和归纳西部少数民族传统节日文化创新的必然性，彰显其创新功能实现的重大价值意义。

2. 主要观点

主要观点是对研究中的主要内容的进一步提炼，也是指引研究的主要思想的凝聚。在研究内容框架的规约下，在本书中始终贯穿着如下的理念和观点。

第一，少数民族传统节日文化创新是少数民族文化保护与发展的动力和源泉。节日文化创新不仅是文化主体文化自觉和文化自信的集中表现，也是文化主体走向文化自知和文化自强的有效途径。因此，在节日文化创新中，不断提高主体的创新能力和素养，才是实现文化创新的关键，才能进一步推动传统节日文化的保护与发展。

第二，西部少数民族传统节日文化创新模型是节日创新研究的一种新方法，需要在实践中不断得以检验与发展。节日创新作为一个复杂系统，在其创新实践中，不仅要尊重其自身的发展规律，也要遵循文化发展的一般规律。一般性规律和特殊性规律有机结合，才能促使西部少数民族传统节日文化创新模型的有效建构。创新模型的建构仅仅是节日文化创新的一个方面，还需要在实践中把这一模型具体化，使其更加完善和准确。

第三，节日创新与社会功能、民族传统文化与社会发展之间有着密切联系。在新时代，随着文化在社会发展中的作用愈加凸显，这就使得以民俗方式存在的传统节日需要在新时代中不断自我变革和创新，发挥出其对于社会发展的重大推动作用。社会发展需要保护与发展传统节日文化，节日文化保护与发展需要社会发展的支撑，并能推动社会发展。

第四，节日创新在多层次多维度上能产生出比以往更多的社会功能，实现节日文化创新的巨大的社会价值。针对当前形形色色的节日文化变化或变革，西部少数民族传统节日文化创新需要坚持客观性、实践性、主体性、发展性以及人民性等创新原则和特征。只有实现节日文化创新的科学性要求，才能发挥出节日文化创新巨大的社会功能，节日文化最终才能为推动中国特色社会主义的全面进步而作出自己的贡献。总之，节日文化创新，特别是西部少数民族节日文化创新，对于民族团结、国家富强、人民幸福有着不可低估的重要作用。

第五，西部少数民族传统节日文化创新必须要坚持以党和国家为主导，以人民为主体的总体方针和原则。党和国家在西部少数民族节日文化创新实践中起着“主心骨”“指挥官”“支撑者”“引领者”的作用，广大人民群众发挥着“实践者”“创造者”“享受者”的身份。因此，节日文化创新要相信党和国家的集体领导力量，遵循党和国家的基本方针和原则，充分调动西部少数民族传统节日文化创新中的广大群众的积极性和创造性，发挥出人民群众巨大的主体力量，才能促成党和国家、人民群众在创新中的共融共荣局面的形成。

3. 研究的重难点

本书主要是以基础理论研究为主要研究类型，理论分析在本书中所占比重较大。但相关理论的形成需要相关的实践个案及其实证材料为支撑，才能使理论变得可靠和科学。因此，为了避免单纯的理论化研究带来的“空洞化”和单纯的实践材料堆砌引起的研究“盲目化”危险的产生，我们把本书类型认定为是一个中层范围的、理论与实践有机结合起来的基础研究。

具体而言，本书的重难点主要有以下几个方面。

本书重点主要有两个：

一是节日文化创新研究。传统节日文化在现时代背景下，必须通过采取创新的方式，才能达到对文化本身的保护与发展，才能实现其特有的文化功能。因此，文化创新是传统节日文化保护与发展的动力和源泉。研究拟从节日文化创新现状、创新的必然性、创新目标、创新策略、创新路径、创新功能、评价标准及创新模式等方面入手，且主要结合创新功能，对节日文化创新相关要素之间的关系进行较为详细的探讨，为节日文化的社会功能研究提供坚实的研究理论支撑。这是本书的重点之一。

二是创新视域下节日文化功能研究。文化功能是在节日文化创新实践中自然而成的产物，是本研究的归宿和落脚点。因此，本书主要探析和凸显的创新视域下节日文化内含着的社会功能，则是本研究的重中之重。基于文化创新的动力和源泉作用，笔者把文化创新视域下的社会功能定义为广义视角上的社会功能，而不是传统意义上的狭义层面上的社会功能。在具体的研究中，笔者紧紧抓住文化与经济、政治、社会及生态等方面之间的关系，在此基础上，从不同层次和不同方面对节日文化的多方面具体功能进行较为详细的分析，最后归纳总结这些功能的实现对于新时代社会发展的作用。

本书难点也主要有两个：

一是复杂理论体系的梳理和确立。研究涉及的关键词较多，而且学界对于这些相关词语的理解多样，甚至有些词语至今还没形成一个相对确立的定论。因此，这就需要笔者在厘清研究逻辑的基础上，对研究涉及的核心概念进行梳理和确立。这对于笔者来说，是理论知识上的一次挑战。比如，对于社会功能或文化功能的认识，可以从广义上去说就是经济、政治、文化、社会及生态这五大功能的总和；也可以特指这五大功能中的狭义社会功能或文化功能。又如，文化创新与文化变迁、文化保护与发展关系的梳理，既有现实层面的描述，也涉及理论本质的认定。

二是相关样本的获取和整理。本书把西部少数民族传统节日作为一个整体范围来研究，研究中关涉的样本的收集、整理和分析工作是十分繁杂的，这需要花费大量的人力物力财力去获取，并在此基础上，还要进行有的放矢的整理和分析，这是一项较为复杂的基础工作。比如，在广大的西部地区，西南地区的云南、贵州、重庆、四川等地由于少数民族种类众多，传统节日文化在数量上也就十分繁多；西北地区的甘肃、宁夏、新疆、青海、西藏等地由于受区域内民族种类和宗教信仰的影响，其少数民族传统节日文化在数量上也就显得相对较少。但不可忽视的是，本书是对一个区域性少数民族传统节日文化创新的整体性研究，因此，优先考虑样本的整体性，然后兼顾样本的代表性，则是笔者多方权衡和考量后的选择。

针对研究的重点难点，笔者主要采取选取标志性统领式节日为突破口，重点选取在西部少数民族中，具有一定规模和影响力的节日文化为分析样本，对这些节日文化在创新实践中所产生的相关资料进行有针对性的收集和整理，特别是关注不同民众对于当前西部少数民族传统节日文化创新的认识和看法，进行有针对性的相关资料收集和整理。对于理论知识和研究体系的建构，主要是通过集体研讨、专家指导等方式去进行。此外，通过查阅与本书相关的国内外专家、学者的成果，加以借鉴，也是笔者解决难点问题的有效方法之一。

（二）研究思路

以我国西部少数民族传统节日为对象，选取区域内有代表性的地方民族节日为样本，采取跨学科视角，综合民族学、民俗学、文化学、政治

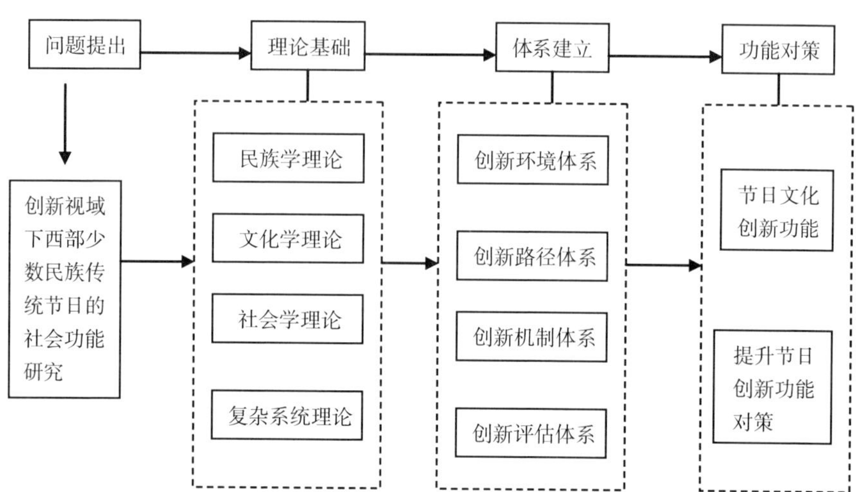

学、社会学、复杂系统等多学科的研究方法，以文化创新决定因素为主线，对文化创新环境、路径、机制及评估体系等先行因素的相互关系进行研究。在此基础上，着重对西部少数民族传统节日文化与经济、政治、社会、生态等方面间的关系进行分析，最终实现对西部少数民族传统节日的社会功能及影响进行探讨。同时，针对上述实证研究对象，在节日文化创新与其决定因素之间关系方面得出具有相对概括性和普适性的研究结论，进而为提升西部少数民族传统节日文化创新功能提出可行对策，最终凸显西部少数民族传统节日文化创新在新时代中国特色社会主义建设中的地位和作用。

四、研究方法与创新点

（一）研究方法

任何一项学术研究都有一套理论研究方法和实践研究方法。理论研究方法规约着整个研究的价值理念、规则体系和学术范式；实践研究方法则指导着研究工作的具体展开，是研究工作可操作性的工具和路径。因此，研究方法是分层次的，其中最为重要的是研究的方法论，即哲学意义上的根本方法论。实践研究方法则是在根本方法论指导下的产物，是根本方法论在具体研究中的具体体现。

首先，马克思主义的唯物史观为本书提供了最为根本的科学方法论。唯物史观和剩余价值学说作为马克思主义最为重要的两大发现，为我们认识人类社会发展提供了最为科学的世界观和方法论。社会存在和社会意识的辩证关系，是其社会历史观的基本问题。生产力和生产关系、经济基础和上层建筑之间的矛盾运动是社会发展的最终决定力量。而以历史与逻辑、抽象与具体、分析与综合、归纳与演绎为主的思维方式、“两点论”和“重点论”的辩证思维方法，更是把对社会发展的认识推向了高峰。就西部少数民族传统节日文化创新的社会功能研究来说，只有在唯物史观的指导下，才能发现节日文化创新的特点和规律，揭示出节日文化创新的新趋势、新特点和新功能。

其次，本书将综合应用以下实践研究方法去开展研究：（1）文献研究法。深入研究相关文献，形成概念模型的建构理论基础。本研究是针对区域文化进行的一个综合性研究，研究涉及学科众多，研究的相关理论基础和相关资料的获取都需要笔者对中外相关理论成果和节日文化资料进行收集、整理和分析，最后才能为概念模型的建构提供扎实的理论基础。（2）田野调查法。田野调查作为社会学、人类学、民族学及民俗学等相关学科获取资料的实践基础，也是这些学科得以存在和发展的法宝。在样本地区，通过专家访谈或焦点小组法，拟定预调查问卷，进而开展对节日文化创新现状、需求、意义等方面的调查。（3）定性分析研究。研究总体研究类别属于文化社会学方面的研究，受文化学定性分析的传统指引，本书主要是以定性分析研究为主，但也不排除在具体研究中，采取一定的定量统计，来丰富和提高研究的信度。（4）案例研究法。针对模型中的变量及其关系进行相关个案研究。因为关键个案能为研究提供充分详尽的经验材料，进而可以为解决研究中的相关问题提供一些特定的分析视角和焦点，对研究的目的达成提供可靠保证。（5）比较研究法。应用多层次多视角的分析方法对不同地区的样本数据进行多层次比较分析，对各地方各民族传统节日文化创新现状、特殊性及社会功能进行比较分析。经过比较，为本书最终形成一定的结论共识奠定基础。（6）深描和复调相结合。深描的目的主要是去展示节日文化创新及其功能形成的逻辑机理，为我们真实地把握节日文化创新及其功能提供服务。而复调则是从多视角多层次去探析引起文化创新及其功能变迁的外部因素，进而为我们把文化创新及其功能与其所处的外部环境有机结合起来。这是民俗事象研究和生活研究两种方法综合而成的产物。

总之，理论研究方法“高屋建瓴”，对本研究起着宏观的引领作用；实践研究方法“躬亲力行”，对本书发挥着微观的指导作用。两种方法各司其职、相得益彰，共同推进本书顺利进行。

（二）创新之处

创新是学术研究的动力和灵魂，也是保证学术研究成果的功能和作用得以发挥的前提和基础。但一般来说，任何一项创新都不是空穴来风的，其都是建立在对前人成果的继承和扬弃基础上的产物。具体对于本研究来说，在广泛吸取前人研究成果的基础上，博采众长，开拓进取，力图在以下几个方面有所创新。

第一，研究视角创新。目前为止，以西部少数民族传统节日为研究视角的专著和论文很少。比如，在知网上，以“西部少数民族传统节日”或“西部少数民族节日文化”为主题进行搜索，出现的相关学术论文很少，仅有 10 篇。这就说明目前学界还未把“西部少数民族传统节日”作为一个整体去研究。而学界从文化创新视角入手去看西部各少数民族传统节日及其社会功能的论文虽然不少，但总体上，研究呈现较为分散、功能杂糅等不足。因此，基于复杂系统理论，结合民族学、社会学、人类学、政治学和民俗学等相关学科理论，尝试从创新视角对西部少数民族传统节日的社会功能进行跨学科研究，能为节日研究提供一个新的中层视域的整体研究视角。因此，本选题在研究视角上是创新的。

第二，研究理论创新。随着社会学研究的文化转向、文化学研究的社会学转向，相关的人类学理论、社会学理论及文化哲学理论在这一转向中得到了进一步的融合。因此，构建一个包括描述研究、解释分析、模型建构、后果估量、案例探析、对策讨论在内的节日文化创新框架，去探索节日文化创新的生成机制、影响规律及其社会效应，能为学界提供一个分析文化功能的新范式，进而提升社会学、民俗学、人类学等主流理论多元化发展。此外，对文化创新概念、类型、特征、标准等问题的思考和分析；紧紧抓住创新过程中的关系性、主体性、整体性以及中国特色社会主义"五位一体"建设总体布局等，都为学界当前研究文化创新奠定了坚实的理论基础和逻辑前提。多种理论在研究中的广泛使用，使得研究在理论运用中具有一定的理论创新意义。

第三，研究方法创新。研究紧紧抓住文化创新与社会功能之间的内在逻辑关系去进行较为深入细致的分析；把中国特色社会主义"五位一体"建设总体布局和西部少数民族传统节日文化创新功能有机结合，看到了传统节日文化创新所具有的重大创新价值；从节日文化创新复杂现象关系入手，去探寻西部少数民族传统节日文化的具体社会功能；以创新实践中主体性因素为核心，较为全面深入地对创新中所涉及的各种主体进行了角色定位及作用探析；在对文化创新定性目标研究的基础上，还对文化创新实现形式的多要素进行指标设定及一定的评估体系设定；综合应用多种实证研究方法，探索该研究的定性化研究路径。同时，笔者将区域研究、中层理论等作为分析工具，对节日文化创新及其功能提供一个较为全面综合而又系统的研究。这些方法的实践运用，在节日文化创新研究中是较为创新的。

第四，研究观点创新。本书认为西部少数民族传统节日的创新功能要和党的十八大报告中提出的"五位一体"总体建设布局协调一致；文化和政治、经济、社会、生态等因素不是对立或谁决定谁的关系，而是内在统一的关系；西部少数民族传统节日文化创新不仅能推动西部人们和西部社会发展的发展，也能为中华民族伟大复兴作出贡献；在充分发挥党和国家对西部少数民族传统节日文化创新中的主导作用的同时，一定要采取办法和措施调动西部少数民族群众的文化自知、文化自觉、文化自信及文化自强的主体意识，这才是文化创新能否成功的关键；当前西部少数民族传统节日文化创新过程中存在的困难和问题，恰恰是文化创新进一步发展的前提和动力。只要正确地把握和解决这些矛盾，西部少数民族传统节日文化创新功能将会显示更大威力。

五、田野调查概况

毛泽东同志曾说："判断认识或理论之是否是真理，不是依主观上觉得如何而定，而是依客观上社会实践的结果如何而定。真理的标准只能是社会的实践。"① 的确，实践不仅是认识的起点和基础，也是检验真理的唯一标准，更是认识的最终目的。因此，对于文化创新视野下西部少数民族传统节日的社会功能研究来说，一定范围内的田野调查实践也就成为本书的起点和基础。

田野调查也称为实地调查、田野工作。美国人类学家基辛（R. M. Keesing）说："田野工作是对一社区及其生活方式从事长期的研究。从许多方面而言，田野工作是人类学最重要的经验，是人类学家收集资料和建立通则的主要依据。"② 实地调查被认为是"现代人类学的基石"③，是民族学、人类学、社会学研究的基础，也是民族学、人类学、社会学研究最主要的、最基本的方法。那么，什么是实地调查？其主要是指经过专门训练的民族学者、人类学者或社会学者亲自进入特定社区，通过直接观察、具体访谈、居住体验等方式获取第一手研究某一社区资料的过程。

具体就本书来说，在项目研究期间，笔者进行了大量的田野调查工

① 《毛泽东选集》第一卷，人民出版社 1991 年版，第 284 页。

② ［美］R. M. 基辛：《当代文化人类学》，陈其楠等译，台湾巨流图书公司 1981 年版，第 21 页。

③ ［美］C. 恩伯、M. 恩伯：《文化的变异》，杜杉杉译，辽宁人民出版社 1988 年版，第 98 页。

作，收集到了丰富的田野调查资料，这就为本书奠定了坚实的实践基础。下面就对本书期间产生的与田野调查有关的样本选择情况、实施过程、调查成效进行一个宏观的概述。

首先，样本选择情况。西部地区少数民族众多，每个少数民族传统节日文化种类繁多、类型多样，甚至还存续着几个民族过同一传统节日的现象。基于西部地区少数民族传统节日文化存在的这种节日样态，笔者在选择样本的时候主要遵循了以下原则。（1）由于本书视角是“文化创新”，这就决定了我们选择的样本必须是在发展过程中极具社会正能量的样本；研究对象是西部少数民族传统节日，而西部少数民族众多，每一民族节日文化也繁多，这就要求我们必须选择那些节日内涵丰富、在本民族及周边民族中具有一定代表性和影响力的传统节日为样本；研究的落脚点是西部少数民族传统节日的社会功能，这就说明我们选择的样本不仅要具备以上两大特征，其还应通过文化创新而对社会产生了广泛而又深刻的影响力。这就是本研究选题样本的第一个条件。（2）由于受地域、民族习性及宗教的影响，这就使得西部地区范围内的西南和西北两大民族分布板块内的少数民族节日文化创新的限度是不同的。总的来说，相较于西北少数民族传统节日文化来说，西南少数民族众多，不同民族间的传统节日文化类型也是多种多样，而西北少数民族，特别是以维吾尔族为代表的十个少数民族由于受宗教影响，其在节日种类上则显得极具一致性，宗教性节日是这些民族的主要节日。总体上，西南少数民族在其传统节日文化发展上则显得较为活跃，而西北少数民族在传统节日文化保存上则显得成效显著。基于西北和西南少数民族传统节日如此的发展现状，结合创新这个主题，笔者主要选取西南少数民族传统节日文化创新作为调查样本。（3）选题的研究视角是“文化创新”，文化创新的主要意蕴包含着保护与发展两个侧面。因此，除了调查一些重大节日文化的创新现状之外，笔者还对一些传统节日的保护现状进行了调查。这样，对于西部少数民族传统节日的保护与发展的调查研究就共同支撑起了西部少数民族传统节日文化的创新及其社会功能研究。这也是本书选题样本的原则之一。此外，由于田野调查涉及面广，要求极高，笔者在选择田野调查样本时，除了考虑到以上三大原则和要求之外，还要充分考虑不同地区同一民族开展不同节日创新的共性和个性、经费要求、时间限定、人脉及节日发展样态等多方面因素。总之，这就是研究选择实地调查样本的总的原则和要求。

其次，田野调查实施过程。研究具体的田野调查实施主要由笔者带领，笔者所带的研究生、本科生参与的方式开展。在开展每一个个案调查前，调查小组对调查的对象、调查的主要内容、调查的目标、相关资料收集及保存、调查分报告的撰写等进行了周密的安排。经过调研小组的通力合作，调查工作开展得较为顺利，取得了较为丰富的田野调查成果。具体来说，研究先后对以下民族的传统节日进行了专题调研。对云南新平哀牢山腹地的花腰傣的花街节、云南元江水傣年节风俗、云南西双版纳傣族泼水节、云南德宏州景颇族目瑙纵歌节、云南大理白族三月街、云南怒江州兰坪县散杂居的白族的节日文化、云南文山彝族花脸节、云南昆明石林彝族的密枝节、云南大理南涧彝族哑神舞会、云南楚雄州彝人古镇火把节、云南元江县哈尼族两个村寨的传统节日仪式、云南临沧沧源县佤族的关门节、重庆彭水苗族踩花山节的节日发展、贵州凯里台江苗族姊妹节文化、贵州凯里榕江侗族萨玛节、贵州遵义务川仡佬族祭祖大典和仡佬族吃新节、贵州望谟布依族“三月三”旅游文化节、贵州贞丰布依族“三月三”“六月六”风情文化节以及广西南宁市武鸣县壮族“三月三”等节日，主要通过资料收集、个案访谈、参与观察、调查问卷等方式进行调查。调查的内容主要涉及传统节日的原生状态、传统节日的现代创新、传统节日文化创新所产生的社会功能、人们对于传统节日文化创新的态度以及传统节日文化创新中存在的不足等方面。总之，笔者对西部地区十多个少数民族、不同地区的同一民族的不同节日文化以及不同节日文化类型进行了30余个个案的调查研究。30余个田野调查个案涉及了娱乐节日、纪念祭祀节日、宗教节日、商贸节日、农事节日、岁首节日等多种节日类型。

最后，田野调查实施成效。经过大量的田野调查实践，研究主要取得了以下田野调查实施成效。（1）收集到了记载节日文化原生样态的诸多书籍和其他有关不同民族及其文化的地方性资料，这对于笔者全面了解节日文化创新奠定了理论基础。（2）通过对有关节日文化专家及节日文化主体的访谈，进一步明晰了传统节日文化产生及其发展的现状。（3）通过参与观察，对传统节日文化创新过程有了一个直观的了解和把握，形成了对西部少数民族传统节日文化创新模式建构的实践认识。（4）获得了传统节日文化创新活动方案、节日文化创新的社会功能及存在不足等方面的第一手资料。（5）把握了不同地区不同民族、同一民族开展同一节日或不同节日文化创新的区别和联系，在节日文化比较中找到了西部少数民族传统节日文化创新的一般模式。

此外，除了笔者亲自去进行的田野调查之外，本书还广泛借鉴了诸多学者针对少数民族传统节日进行田野调查后形成的成果。比如，邢莉教授于 2011 年编著的《中国少数民族重大节日调查研究》一书，就为研究把握特定区域内存在的重大节日的历史与现状提供了很好的参考价值。该书主要调查和研究了土族纳顿节、彝族火把节、维吾尔族古尔邦节、蒙古族那达慕、湘西苗族“四月八”的历史、现实、节日仪式及其社会功能等。又如，张士闪、李松近几年来连续主编的《中国民俗文化发展报告》系列丛书，也为本书的研究提供了大量鲜活的节日文化个案；文化和旅游部和财政部联合发起的《中国节日志》项目，其出版的阶段性成果也为本研究提供了大量节日文化资料。

总之，笔者在研究期间做了大量的田野调查实践，获得了研究所需的诸多材料，这为研究的顺利开展奠定了坚实的实践基础。田野调查是本书的出发点和落脚点，是本书理论形成的基础，理论和实践有机结合，才能很好地避免研究的盲目化和空洞化的出现。笔者把调查所得的资料，按照论述的主题不同，在研究论证中充分运用了这些个案及其他调查资料。概言之，田野调查是本研究的基础和落脚点，它不仅为我们提供了西部少数民族传统节日文化创新的现状，也开启了我们思索西部少数民族传统节日文化创新的理想和未来。恰恰就是在西部少数民族传统节日文化创新的"现有"与"应有"的矛盾交织中，笔者开启和完成了对此选题的研究。

第一章　西部少数民族传统节日文化发展概述

西部地区作为中国三个不同层次的地带（东部沿海经济比较发达地区、中部经济欠发达地区和西部经济不发达地区）之一，主要是少数民族聚居地区和边疆地区，“12+2”是当前对西部地区所指范围的一般认定。“12”即四川、云南、贵州、西藏、重庆、广西、陕西、甘肃、青海、新疆、宁夏、内蒙古12个省、自治区和直辖市；“2”指湖北的恩施土家族苗族自治州和湖南的湘西土家族苗族自治州2个自治州。西部地区具有地域辽阔、地形复杂、经济落后、资源丰富、民族众多、人口稀少、文化多元等特征。自2010年西部大开发战略实施以来，随着开发浪潮的不断兴起和战略实施的逐渐深入，西部地区文化多样性的保护与发展和生态环境的维系和修复逐渐成为众多学者关注的核心和焦点。

但从文化发展去看，25个世居少数民族生活于其中的边疆省份云南省，省内因有古滇文化、南诏大理国文化、土司文化、梯田文化、东巴文化、烟草文化、茶文化及西南联大文化等独具地域特色的民族文化，使其拥有了“七彩云南”的美誉。而地处西部地区中部的陕西省，其闻名于世的红色文化、古都文化、窑洞文化、半坡文明、秦腔、皮影戏、兵马俑等特色文化，使陕西这个“三秦大地”显得古朴而又厚重。丝绸之路、《玛纳斯》、阿肯弹唱、回族花儿、麦西来甫、十二木卡姆、《格萨尔王传》等地域文化，使新疆这个占中国国土面积最大的自治区在文化上呈现出多元并存、和谐发展的良好局面。具体就西部地区各省区内的少数民族传统节日文化来说，也是十分丰富、异彩纷呈。比如，苗族作为跨境民族，由于其民族支系众多，因而有着“百苗”之说。众多的民族支系，创造出了丰富多彩、特色鲜明的民族支系文化。仅就地处中国西南内陆的贵州省内苗族的传统节日来说，据不完全统计，分布于全省各地的节日就达 73 个之多，且每个节日主题鲜明、节日活动元素丰富，充分展现了苗族同胞丰富的节日文化和日常生活。① 由于民族节日众多，在有些少数民族地区，“天天有节过、月月有节过”的盛况时有发生。

节日文化研究专家高占祥说：“节日文化是以文化活动、文化产品、文化服务和文化氛围为主要表象，以民族心理、道德伦理、精神气质、价值取向和审美情趣为深层底蕴，以特定时间、特定地域为时空布局，以特定主题为活动内容的一种社会文化现象。它是人类文化的组成部分，是社会文化的一个重要分支，是观察民族文化的一个窗口，是研究地域文化的一把钥匙。”② 在当今时代，传统节日更是我们知识、人文精神和审美的源泉，是我们再创造的源泉，是实现中华民族伟大复兴中国梦的文化基因，因而要保护节日文化传统和核心价值。③ 当然，在了解西部少数民族传统节日文化创新及其社会功能之前，我们首先应该对西部少数民族传统节日及其发展现状有一个宏观的了解和把握。

第一节　西部少数民族传统节日文化概述

在我国 960 多万平方公里的土地上，生活着包括汉族和 55 个少数民族在内的 56 个民族。各民族在长期的交往实践中，形成了“大杂居、小聚居”的分布格局。除了汉族分布于祖国的大江南北之外，其他少数民

① 贵州省文化厅群文处、贵州省群众文化学会：《贵州少数民族节日大观》，贵州民族出版社 1991 年版，第 1—152 页。

② 高占祥：《中国民族节日大全》，知识出版社 1993 年版，代序第 1 页。

③ 邢莉：《我们传统节日是我们再创造的源泉》，《西北民族研究》2018 年第 2 期。

族都有一定的聚居区域。在东北、内蒙古地区，主要生活着满族、朝鲜族、赫哲族、蒙古族、达斡尔族、鄂温克族和鄂伦春族等民族。在西北地区，主要生活着回族、东乡族、土族、撒拉族、保安族、裕固族、维吾尔族、哈萨克族、柯尔克孜族、锡伯族、塔吉克族、乌孜别克族、俄罗斯族和塔塔尔族等民族。在西南地区，主要生活着藏族、门巴族、珞巴族、羌族、彝族、白族、哈尼族、傣族、傈僳族、佤族、拉祜族、纳西族、景颇族、布朗族、阿昌族、普米族、怒族、德昂族、独龙族、基诺族、苗族、布依族、侗族、水族、仡佬族等民族。在中南、东南地区，主要生活着壮族、瑶族、仫佬族、毛南族、京族、土家族、黎族、畲族、高山族等民族。而在中国西部地区约690万平方公里土地上，大体生活着50多个民族，约3.9亿各民族人口。各民族在长期的生产生活中，都创造出了自己丰富的节日文化。那么，究竟中国社会现今存续着多少个民族节日？通过学者粗略地估算，中国大大小小节日有上千个。而在其中，规模和影响力较大的节日接近一百个。比如，在湖南大学出版社出版的《简明群文词典》“节日习俗”条目中，列举了中国各民族节日83个，除了春节、端午节等各民族共庆节日之外，其他大多是少数民族节日。而据不完全统计，贵州全省一年有各种民族节日集会数百个，集会点达一千余（处）次。小规模的节日仅限于一村数寨，盛大节日波及毗邻几个县市，云集数万人。按一年时间去计算，参加大小节日活动的约有800万到1000万人次，约占贵州全省人口的三分之一。① 由此可见，西部少数民族传统节日种类繁多、参与人数众多、影响范围极广。节日不仅是各民族日常生活的写真，也是各民族文化的集中展现，节日活动深受各民族人民的喜爱。

一、西部少数民族传统节日文化概览

中国的西部地区，在中国地图上，主要是以东北边疆到西南边陲所形

① 贵州省文化厅群文处、贵州省群众文化学会：《贵州少数民族节日大观》，贵州民族出版社1991年版，前言第1页。

成的月牙形图案为地理分界标志，这就定位了中国西部的地理位置。在中国西部地区，境内主要以高山、峡谷、沙漠及草原等地形地貌而著称，这就说明了中国西部的地理环境。同时，中国西部不仅仅是一个地理和地形地貌概念，它还是一个以中国绝大多数少数民族及其文化汇聚于此的民族文化聚居区。

特殊的地理环境和人文氛围，不仅营造出了中国西部多元并存的文化格局，也催生出了丰富多彩的传统节日文化。而要对这些传统节日文化及其功能进行研究，首先应该对"节日""传统节日"的内涵和外延有所把握。那么，"节日""传统节日"究竟是指哪些节日？其内涵应该如何制定？乌丙安教授认为："节日是一年当中由种种传承线路形成的固定的或不完全固定的活动时间，以开展有特定主题的约定俗成的社会活动日。"① 黄泽教授则认为："节日是各民族依据传统的宗教祭祀、农事生产、历法等因素而形成的有相对凝固的时间及地点、活动方式的社群活动日，它具有全民性、集体性、传统性。"② 而高丙中教授则主张："节日是被赋予了特定的社会文化意义并穿插于日常之间的日子，节日民族是指这些特殊日子的文化内涵以及人们所表现的相沿成习的各种活动。"③ 虽然诸多民俗学家在节日内涵的认定上都提出了自己的看法，但在这些节日定义中，节日内涵的基本属性还是得到了一致认同。我们认为，节日就是在特定时间空间下，民众通过特定仪式去展现本民族自然文化、社会历史文化及个体生命文化的民俗活动。时间性、群众性、仪式性、文化性是节日文化的基本特征。

而对于"传统节日"的定义，除了对于"节日"的认识之外，关键点还在于对"传统"的认定上。有人说，传统节日就是过去的节日，至少是 1949 年新中国成立以前的节日；也有人认为，传统节日就是以春节

---

① 乌丙安：《中国民俗学》，辽宁大学出版社 1985 年版，第 311 页。

② 黄泽：《西南民族节日文化》，云南教育出版社 1995 年版，第 49 页。

③ 高丙中：《中国民俗概论》，北京大学出版社 2009 年版，第 188 页。

为主的几大汉族节日；还有人认为，传统节日就是对传统的庆祝和祭祀的节日，如此等等。在众多对传统节日文化的定义中，比较有代表性的是以下这个定义：“中国传统节日，凝结着中华民族的民族精神和民族情感，承载着中华民族的文化血脉和思想精华，是维系国家统一、民族团结和社会和谐的重要精神纽带，是建设社会主义先进文化的宝贵资源。”① 这个定义说明了中国传统节日是中国长期以来农业文明的浓缩，是先人追求天人合一和谐的产物；中国传统节日是中华文化的重要载体，体现着中华文化的丰富性和多样性；中国传统节日是民族精神的写照，蕴含着中华传统美德；中国传统节日是民族情感的凝结，是增强民族文化认同、维系国家统一、民族团结和社会和谐的重要精神纽带等属性。② 同时，这个定义还有机地把中国传统节日的传统与现实、民族与国家、文化与社会、物质与精神等关系联系了起来。因此，在这个定义指导下，中国传统节日文化的外延也就包括以下几个方面：春节、清明、端午、七夕、中秋、重阳等以汉族为主体的节日；各少数民族节日，包括历史上和现实都存在的、历史上曾经有的，现实社会重新构造出来的以及按照民族文化要素重新再造的节日；传统遗留下来的各种庙会、祭会、歌会等。因此，笔者认为，西部少数民族传统节日所指的对象，主要包括西部地区各少数民族节日和传统遗留下来的各种庙会、祭会、歌会等。

西部地区少数民族传统节日由于受到特殊的自然环境和人文环境的影响，表现出了不同的节日文化个性。黄泽教授对中国各民族节日进行过这样的划分。从共时性来看，主要是 7 个类别：祭祀、岁时、农事、交游、集贸、纪庆、复合型节日；从区域文化传统来分：主要有汉民族节日文化圈、东北及内蒙古节日文化圈、西北节日文化圈、西南节日文化圈。③ 在

① 中共中央宣传部、中央文明办、教育部、民政部、文化部：《关于运用传统节日弘扬民族文化的优秀传统的意见》（中央文明办〔2005〕Z11 号）。

② 王文章：《弘扬传统节日文化现状与对策》，文化艺术出版社 2012 年版，第 36—47 页。

③ 黄泽：《西南民族节日文化》，云南教育出版社 1995 年版，第 33—34 页。

此基础上，本书按照节日属性和功能去划分，把西部少数民族传统节日划分为以下几种类型。

岁首节日。岁首节日是岁时节日的一种，和岁时节日一样，其是民众根据天时、物候的周期性转换而在社会生活中约定俗成的、具有某种风俗活动性质的特定节日。正如汉族群众对于农历春节的重视一样，少数民族群众对于具有一年之始、一月之始及一日之始属性的新年最为看重。因此，在中国55个少数民族的传统节日中，年节不仅数量多，而且还占有很大的分量。因此，这里单独把其作为一个节日类别来列举。具体而言，岁首节日主要是指各民族根据自己的历法而推定出来的丰富多彩的民族年，比如，彝族年、苗年、哈尼年等。

祭祀纪念节日。由于中国历史文化悠久，灿烂的文明造就出了众多的英雄人物，再加上中华民族历来就有对大自然的认识和保护意识。因此，在各少数民族中，出现了大量的以英雄人物、自然事物为崇拜或纪念的人和物。而对这些人和物的崇拜和纪念就衍生出了众多的民族节日。为了把这些节日和具有严密理论体系的基督教、佛教、伊斯兰教及中国道教中产生的宗教节日，有一个比较清晰的区别，因而把这些节日单独列出。具体而言，祭祀纪念节日主要有自然崇拜的节日、祖先崇拜的节日、对英雄纪念的节日。比如，大理白族的本主节、怒族的仙女节、蒙古族的忆祖节、京族的哈节等。

农事节日。农事节日从本质上说，也是属于岁时节日的一部分，它们都是按照天时、物候的特征而产生出来的。古代中国作为世界上农业最为发达的国家之一，积累了丰富的有关农事的经验，产生了众多的与农业经济相关的民俗节日。具体而言，农事节日主要是指农业民族为了除害驱虫，祈求丰收的节日，比如，南方很多少数民族在秋收之后而举办的吃新米节、布朗族的洗牛脚节、独龙族的护谷魂等。

娱乐节日。少数民族是开朗乐观、能歌善舞的，因而他们往往在丰收之后、祭祀神灵之后以及对心爱的人表达爱慕之时，采取娱乐的方式去展现那种喜悦、满足之情。这样，娱乐类节日就顺势而生。具体而言，娱乐节日主要包括歌舞性节日、社交性节日以及综合性娱乐节日等，比如，花腰傣的花街节、壮族三月三、那达慕大会、苗族的踩花山等。

商贸节日。由于中国西部地区地势陡峭，境内高山峡谷纵横交错，这就导致各少数民族在获取生产生活所需物资上存在一定困难，因而选定在一定时间、地点，定期开展以物资交换为主的节日活动就应运而生。具体而言，商贸节日主要是指为了商品交换而专门设置的节日，比如，白族的三月街、纳西族的骡马会、景颇族的采草节等。

宗教节日。宗教的产生由来已久，这是人类对于现实世界的感知和对未知世界不断展望的产物。宗教在教义、教规及组织形式等方面，都与自然崇拜和迷信等活动有着很大的区别。再加上西部地区，特别是西北地区，信仰体系性宗教的民族众多，其宗教节日也就存续不少，因而在节日分类中，我们把这些节日从一般的祭祀节日中单列出来。具体而言，宗教节日主要是指由世界三大宗教及其宗教分支派别、中国的道教等体系性宗教引发出的民族节日，比如，伊斯兰教的古尔邦节、圣纪节、开斋节；佛教的开门节和关门节；基督教的圣诞节、感恩节、复活节等。

此外，由于节日是民族文化丛，很多文化及其属性综合于节日仪式和活动之中；再加上原生节日、次生节日以及再生节日的属性也在不断发生变化，这就导致我们很难对某个节日按照单方面属性去进行固定归类和认识。因此，在充分考虑这些因素的情况下，笔者主要按照节日的原生属性来进行归类和认定。由于中华民族是 56 个民族的多元一体，汉文化和少数民族不断交融，这就使得少数民族地区的各民族都毫无例外地过传统春节、元宵节、端午节、重阳节、国庆节、中秋节等汉族节日；再加上有的少数民族节日众多，而有的少数民族节日相对较少。因此，笔者以每个少数民族最多列举 3 个节日的方式对其传统节日进行简单描述，而对于那些节日较少的民族，则有列举少于 3 个节日的情况出现。同时，有些节日是很多民族共有共过的节日，比如，广泛存在于云、贵、川等西南地区少数民族中的火把节和泼水节等。过火把节的民族主要有彝族、白族、纳西族、基诺族、拉祜族等民族；过泼水节的民族主要有傣族、阿昌族、布朗族、佤族、德昂族等民族。北方地区的伊斯兰教宗教节日，比如古尔邦节、开斋节、圣纪节等，则是维吾尔族、回族、哈萨克族、乌孜别克族、塔吉克族、塔塔尔族、柯尔克孜族、撒拉族、东乡族、保安族十个少数民族共有共过的宗教节日。因此，为了使列举出来的节日较为丰富，对于几个民族共有共过的重复的节日，笔者在考虑特定节日在特定民族中的重要性的前提下，尽量避免列举的重复性，在此说明。

在中华民族 56 个民族中，只有黎族（主要生活于海南岛）、畲族（主要生活于福建、广东）、高山族（主要生活于台湾省）及朝鲜族（主要生活于东北朝鲜半岛）4 个民族没有一定数量的民族主体生活在西部地区，所以除这 4 个少数民族和汉族一共 5 个民族具有的传统节日之外的其他 51 个民族的一部分传统节日。中国文明网文化栏目《我们的节日》专栏扉页上是这样认识节日文化的：我们的节日，长中国人的根、聚中国人的心、铸中国人的魂。的确，中华民族节日的丰富性充分展现了中华民族文化的多样性，而多样性的节日文化是我们建构现时代中国特色社会主义文化的一方基石。

二、西部少数民族传统节日文化特征

特征是从一个事物或者一组事物中抽象出来的结果，表现一个事物区别于另外一事物的特点和征状。事物性质制约事物的特征，事物的特征反映事物的性质。就西部少数民族传统节日文化来说，其特征不仅要展现一般文化和少数民族节日的属性，还应该彰显西部这个地域范围特色。正如学界在节日概念认识上出现多样化认识一样，众多学者在对节日文化特征的理解上，也呈现出了不同的认识。但在民俗学者们的努力下，学界对于节日文化的特性的认识逐渐趋于一致。比如，高占祥先生认为，要搞好节日文化建设的要点就是要掌握节日文化的特性。节日文化具有周期性、纪念性、民族性、群众性、地域性、复合性、变异性特性。[①] 后来，徐万邦、祁庆富两位教授则从节日文化的一般性视角入手去探析节日文化的特点。他们指出，通过对1000多个民族节日进行综合分析，从中找出带有普遍性的特征，进而把这些特征当作带有规律性的特点，去认识和鉴定某项活动是否是节日文化。总的来说，节日文化具有周期性、民族性、群众性、地域性、综合性、变异性及实用性七大特征。[②] 在前辈学者对节日文化特性进行定性的基础上，诸多当代学者也结合自己的研究对象，不断拓展了对节日文化特性的理解和认识。比如，杨昌儒、陈玉平认为，贵州少数民族传统岁时节日呈现出了以下特征：反映了古代社会的自然节气与先民对时间的记忆方式、先民的原始崇拜与宗教禁忌观念、古代农耕经济形态的性质以及先民对美好生活的向往。[③] 张保华从传统的周期性、民族性、群众性、古朴性、综合性去总结了云南节日文化的特点。[④] 而王剑则用另外一种表达方式展现出了乌江流域少数民族传统节日的基本特征。他指出，该地区节日体现了该地民众有神论的思维模式、节日与当地民众的生活息息相关，是民众集体对于生产生活经验的科学总结、节日体系是相当复杂的以及功能是多样的。[⑤] 总之，从宏观视角入手去看，西部少数民族传统节日作为中华民族民俗生活的一部分，其具有以上学者指出的节日文化一般特征和属性。但为了进一步认清和提升对西部少数民族传统节日文化特征的认识，彰显节日文化的“西部性”。笔者认为，当前描述西部的最好话语，不外乎是这三个关键词：生态、民族、发展，再加上这三个关键词都是建立在西部这个广阔地域上的。基于此，笔者在博众家之长的

① 高占祥：《论节日文化》，文化艺术出版社1991年版，第7—10页。

② 徐万邦、祁庆富：《中国少数民族文化通论》，中央民族大学出版社1996年版，第314—320页。

③ 杨昌儒、陈玉平：《贵州世居民族节日民俗研究》，民族出版社2009年版，第39—52页。

④ 张保华：《云南民族文化概论》，中国社会科学出版社2005年版，第119—125页。

⑤ 王剑：《乌江流域少数民族传统节日文化传承与保护体系研究》，人民出版社2015年版，第39—42页。

基础上，拟从节日文化的地域性、节日文化的民族性、节日文化的生态性以及节日文化的发展性四个方面入手对西部少数民族传统节日文化的特征进行探析。

第一，西部少数民族传统节日文化的地域性。

马克思说："个人怎样表现自己的生命，他们自己就是怎样。因此，他们是什么样的，这同他们的生产是一致的——既和他们生产什么一致，又和他们怎样生产一致。因而，个人是什么样的，这取决于他们进行生产的物质条件。"① "因此，第一个需要确认的事实就是这些个人的肉体组织以及由此产生的个人对其他自然的关系。"② 社会存在决定社会意识，社会意识反作用于社会存在。地理条件作为社会存在中的重要部分，虽然对社会发展不起决定性作用，但其却能对社会发展起着延缓或加速的作用。因此，节日文化是与其特殊的地理空间有机结合起来的。当前，随着后工业社会的到来，西方文化的强势传播不断地在摧毁着世界不同地方的不同文明形态，以至于解释人类学大家格尔茨把文化作为地方性知识，希望这种知识得到重视、保护和研究。针对一部分传统节日文化空间面临消逝的威胁，民俗学家们发出了保护节日文化空间的呼声。因此，在这样的背景下去认识西部少数民族传统节日文化的地域性，对节日文化的地域性的保护是十分重要的。

西部地区由于特殊的地理环境，造就出了奇特的人文环境。"十里不同风、百里不同俗"，就是对西部地区地理人文环境的最好写照。具体来说，节日文化展现出来的地域性特征，可以从以下几个方面去认识。

首先，生存空间的地域性。西部地区作为西部少数民族传统节日文化生存、发展的地域空间，广袤的草原、无边的沙漠、低矮的丘陵、峻峭的山峰、茫茫的雪山、汹涌的河流，组成了西部地区独特的地理环境。而众多的民族、灿烂的文化、深厚的历史、和谐的社会，则形成了西部地区奇

① 《马克思恩格斯选集》第 1 卷，人民出版社 2012 年版，第 147 页。

② 《马克思恩格斯选集》第 1 卷，人民出版社 2012 年版，第 146 页。

特的人文景观。地理环境和人文景观上呈现出来的复杂性、多样性，为西部少数民族传统节日文化的繁荣发展奠定了坚实的基础。节日就存在于西部这块神奇的土地上，这是节日文化赖以生存的物理空间。

其次，文化的地域性。俗话说，“一方水土养一方人”。书中所列举的节日，仅仅是我们从每个民族众多传统节日中，按照一定原则选取出来的一部分节日代表，但从这些节日中，我们能充分看到每个民族传统节日之间的差异性来。比如，不管节日活动规模有多大，绝大多数传统节日参与者的地域范围则是确定的。甚至有的民族在过自己特定节日时，会对外来人口有一定限制。地处红河流域河谷地带的花腰傣，在每年农历二月的牛日，都要举办祭竜树仪式。仪式一般选取寨子里面最大的一棵树作为竜树，杀猪祭拜，祭拜完后整个寨子的人集中在竜树下聚餐。在祭司祭拜期间，通往寨子的路上都会有由树枝做成的“栅栏”，以防外人的贸然闯入。文化的地域性还指每个地方举办的节日活动本身所带有的地域特色。比如，对于山地民族来说，对山神的崇拜就会产生祭山神节出现；对于居住在水边的民族来说，就会产生与水有关的赛龙舟、泼水节等节日活动；农业民族中普遍存在着“吃新节”等。当然，对于西部地区少数民族来说，其节日地域性的最大表现则是南北方民族节日在性质和形式上的差异性。比如，从总体上去看，南方地区的民族节日偏重于日常生活、原始崇拜氛围浓厚、形式多样、节日载体众多；北方地区的民族节日总体上注重于宗教信仰、宗教节日盛行、形式一般较为单一、节日载体简单。

再次，文化的独特性。西部地区特殊的地理环境，孕育了人们多样的经济生活，多样的经济生活又催生了多样的地域文化，而这些多样的地域文化是十分独特的，极具个性。比如，在青海土族的纳顿节上，对于神祇的选择，除了二郎神之外，各村村庙中的神数量不定，但必须要有属于本村仅有的、其他村庙中没有的神存在。而在傈僳族刀杆节上，在“上刀山、下火海”的活动中，最先登上刀山顶端的表演者要在顶上做高难度的倒立动作，之后再燃放鞭炮以示庆贺。在闯火海时，表演者手捧着通红的火炭在脸上和身上不时擦洗，让火球在他们手中飞快地翻滚和搓揉。这项惊险的祭奠仪式，成为傈僳族好汉们独特绝活的展示舞台，受到了世人的惊叹和赞赏。

总之，西部地区广袤而又多样的地理环境孕育出了西部少数民族传统节日文化的地域性，而传统节日文化的地域性又决定了节日文化的独特性。刘铁梁教授早在十年前就提出，民俗研究不能离开对于具体地方社会集体生活方式及其所处地理历史位置的认知，离不开对于节日文化地方性的考察。民俗研究要把民族性和地方性有机结合，两者不能偏废。① 因此，加强对节日文化生态的重视和保护工作就显得十分必要和紧迫。

第二，西部少数民族传统节日文化的民族性。

斯大林在其著名的《马克思主义和民族问题》一书中，完整而又系统地对民族下了这样的定义："民族是人们在历史上形成的一个有共同语言、共同地域、共同经济生活以及表现在共同文化上的共同心理素质的稳定的共同体。"② 虽然这个定义后来在一定程度上受到了学界的质疑，但不可否认的是，文化共同体在民族认定中的作用还是不可忽视。西部地区生活着我国 50 多个民族，每个民族都有自己独特的文化。"在我国，没有一个民族没有自己独具特色的节日；也没有一个民族节日不具有民族文化特点。不论就 56 个民族分别而言，还是将兄弟民族都包括在中华民族的概念里而言，节日文化都具有光彩照人的民族性。"③ 这里所讲的民族性，主要是指的各民族都有自己的特点，这种特点是通过各民族在政治、经济、文化等方面得以展现。对于西部少数民族来说，其民族性在其传统节日中得到了充分体现。

---

① 刘铁梁：《节日文化的地方性》，《凯里学院学报》2008 年第 1 期。

② 《斯大林选集》上卷，人民出版社 1979 年版，第 64 页。

③ 徐万邦、祁庆富：《中国少数民族文化通论》，中央民族大学出版社 1996 年版，第 221 页。

首先，节日文化体现了民族的经济方式。在中国广阔的西部地区，从经济文化类型去看，主要存在着采集渔猎经济文化类型、畜牧经济文化类型、农耕经济文化类型三种。当然，三种经济文化类型下面还有不同的经济文化亚类型。在节日中，这些经济文化类型得到了充分的展现。比如，对于以畜牧经济文化为主的蒙古族来说，在其最为盛大的节日那达慕上，这些经济要素得到了充分的展现。“男儿三艺”（摔跤、赛马和射箭）充分展示了力量、技巧和马匹在游牧经济生活中的重要作用。特别是在赛马比赛中，分为二岁赛马、远程赛马、鞍马赛、走马赛等项目。而在南方以农耕经济文化为主要类型的民族中，比如，壮族、苗族、傈僳族、拉祜族、佤族、纳西族、景颇族、阿昌族等，其民族节日中大多有吃新节。而吃新节充分展示了农业民族对于大自然的敬畏和对农业收成的满足与希望。同时，饮食作为节日活动中必不可少的一环，不同民族不同的经济方式在其中也得到了展现。比如，在南方民族节日物品中，经常会出现糯米粑、米酒、鱼虾、野菜、水果等食物；而在北方民族节日物品上，肉制品、奶制品、饼类则是人们饮食中的主材。

其次，节日文化体现了民族的政治生活。政治生活主要是处理人与人关系的实践活动。从大处去说，政治生活关乎国家和民族的利益；从小处去看，政治生活主要调协人与人的日常生活关系。西部少数民族节日文化与民众的政治生活是有机结合在一起的，这可以通过节日的政治功能来体现。比如，汉族传统的节日春节，在如今，甚至成为众多少数民族最为重要和重大的节日之一。各族人们在普天同庆中，民族团结意识、民族统一意识、民族平等意识等得到了强化，中华民族凝聚力和向心力自然而然地也就得到加强。又如，云南普洱市江城县充分利用“一城连三国”的地理优势，近几年利用当地傣族传统节日丢包节，发展而成包括中国、老挝及越南三国各民族参与的丢包狂欢节。节日不仅增加了民众的经济收入，还加强了各民族之间的团结，甚至成为连接三国友谊的桥梁。今天，随着我国国力的增强和人民生活水平的不断提高，各少数民族在节日庆祝中，对于国家、中华民族及中国共产党的认同、热爱和感激之情，也得到了充分展现。

再次，节日文化体现了民族的文化生活。少数民族大多能歌善舞，因而歌舞表演在少数民族节日内容上占据了很大一部分。且不说南方少数民族中存续着大量以歌舞文娱体育为主要内容的民族节日，就是在北方一些比较严肃的宗教节日中，歌舞表演也广泛存在。歌舞成为少数民族放松心情、恢复体力、调节生活、展现自我、向往未来的一种有效方式。比如，生活于新疆的达斡尔民族，是个能歌善舞的民族。每逢节日，他们总不会放过展示自己文艺才华的机会。在以祭敖包为主题的沃其拜节上，在祭祀和敬老之后，大家就开始饮酒唱歌，节日活动始终处于一片欢乐之中。侗族的萨玛节是侗族现存最古老的节日，是以祭祀侗族女性祖先为主的节日。在祭祀中人们高唱赞颂萨玛的“耶歌”，祭祀结束后，人们更是唱歌跳舞、尽情欢娱。当然，少数民族的文化生活不仅仅是歌舞，更为重要的是在节日中体现出了少数民族不一样的价值取向。虽然马克思说过：“宗教是被压迫生灵的叹息，是无情世界的感情，正像它是没有精神的制度的精神一样。宗教是人民的鸦片。”① 从节日文化去看，在北方和南方的少数民族中，祭祀纪念类节日和宗教节日众多，这在一定程度上充分体现了西部少数民族的世界观人生观价值观取向。因此，节日文化反映了民众的某些特殊文化生活，这就需要党和国家对此加以重视，在正确对待这些文化的同时，适当加以引导。

总之，“在文化领域内，按能力来说，没有大小民族之分，没有够格的和不够格的民族之分。每一个民族，不管它多小，都是有能力的，都能够对共同的文化宝库作出自己宝贵的贡献”②。因此，对于西部地区来说，最多的也是民族，最好的也是民族，最需要的也是民族，节日文化所表现

---

① 《马克思恩格斯选集》第 1 卷，人民出版社 2012 年版，第 2 页。

② ［苏］季米特洛夫：《论文学、艺术和文化》，杨燕杰译，人民文学出版社 1982 年版，第 220—221 页。

出来的民族性，需要得到我们很好的重视和保护。

第三，西部少数民族传统节日文化的生态性。

生态，简单去说，就是一个关系范畴，主要是指一切生物的生存状态以及生物之间和生物与环境之间不可分割的关系。而文化生态有广义和狭义之分，但主要是指人类在社会历史实践中所创造的物质财富和精神财富的状况和环境。节日文化不仅是一个民俗事象，更是人们的民俗生活。因此，节日文化生态就是指与人们日常生活息息相关的环境和要素。这些环境和要素对于特定节日来说是不可再生的，如果一旦遭到破坏，节日就将不复存在。基于此，我们主要是从整体论角度去看待节日文化生态，把其分为节日文化环境的系统性、节日文化内容的完整性及节日文化价值的全面性。

首先，节日文化环境的系统性。节日不仅仅是事象，也是民众的生活。因此，节日文化与民众的日常生活及其环境融为一体。比如，以社交为主的花腰傣花街节，其节日展示了农业文明的自然环境和秧箩饭、干黄鳝、咸鸭蛋、文身、染齿、制陶等民俗要素，这个自然环境和这些民俗要素对于花街节的存续起着十分重要的作用，一旦它们消失，花街节节日文化生态将遭到严重破坏。又如，以庆祝丰收为主的哈尼族“苦扎扎节”，如果脱离梯田耕作、原始神灵崇拜、农事祭祀、打磨秋、喝街心酒等环节和要素，其节日的文化内涵就会打折扣。再如，云南临沧的佤族人民把过年叫做接新水。春节前几天，家家户户都要为接新水备好必要的食材等准备。在正月初一早上，全村男子都要参加，由祭司为新引来的水做祈祷后，并亲自接第一筒水倒入负责管水的窝朗家的竹筒里。大家把各家拿来的肉、米倒入窝朗家的铁锅里，用刚接回来的水煮大锅烂饭一起共享。等巫师离开后，大家欢呼着涌向新水，先喝一口尝新水，然后洗手、洗脸、洗发、洗澡，用竹筒接水回家。特殊的地理环境造就了人们特殊的生活方式，一旦环境变化了，人们生活方式也就发生了改变。因此，西部少数民族传统节日文化对其文化生态的要求极高。

其次，节日文化内容的完整性。从历时性去看，节日文化作为一种仪式，其文化内容不外乎由仪式前、仪式中、仪式后三个部分组成。从共时性去看，节日文化作为一个民俗事象和一种民俗生活的统一体，其文化内容主要涉及文化主体的政治、经济、文化、社会与生态等方方面面，而其文化内涵是节日所反映出的精神和思想内容，是节日的灵魂。节日文化内涵主要有以下三个重要属性：自然文化、社会历史文化和个人生活文化。因此，在节日文化创新中，一方面要突出“标志性文化”的引领作用，一方面也要顾及节日文化内容的完整性。“重点论”与“两点论”相结合，节日文化内容才会显得真实、完整、独一无二。比如，当地彝族人们在保证密枝节节日内容的完整性上，做了如下工作：他们一般在每年农历冬月的第一个鼠日到马日期间过节，节日活动一般持续三天至七天。节日第一天，由占卜选定的男性神职人员们相约去选定的密枝林中祭祀祖先和神灵。节日中的其他日子，男子们可以相邀上山去进行狩猎，也可以结伴下河去捕鱼，但唯一不准的事情就是下地务农。妇女们可以从事针线活、洗衣物等家务事项，但她们和男人一样，也不准下地去干农活。从节日第二天开始，当地男女青年一般都会相约着上山去唱歌、跳舞、谈情、说爱。节日持续七天之后，村子里的全体神职人员又一次到“小密枝”林中去举行一次小型的祭祀活动，以此来表示一年一度的节日活动到此宣布结束。由此可见，节日文化为了保证其内容的一致性，在节日组织和节日活动进行中，都有着一套严密的规则和纪律。

再次，节日文化价值的全面性。节日文化负载着民族的情感、智慧、历史、道德、智识等，具有十分丰富的文化意义，因而被称为“文化集约丛”。如今，节日文化创新与新时代中国特色社会主义先进文化建设结合，与文化产业相伴随，更是成为我们民族独特的精神标识之一和文化自信的重要资源。具体来说，节日文化价值的全面性表现，可以通过节日文化“内价值”和“外价值”来表现。“内价值是指民俗文化在其存在的社会与历史的时空中所发生的作用，也就是局内的民众所认可和在生活中实际使用的价值。外价值是指作为局外人的学者、社会活动家、文化产业人士等附加给这些文化的观念、评论，或者商品化包装所获得的经济效益等价值。”① 其实，今天的节日文化，在节日活动中展现出来的，不单单是某一个方面价值，基本上所有的节日文化都把内外价值融入一体。因此，我们分析节日文化价值时，也会把两种价值混合在一起去谈论。比如，地处偏远地区的云南峨山彝族自治县，近几年来，由于在独具特色的彝族火把节节日带动下，当地文化旅游取得了辉煌成绩。就 2012 年 1 到 6 月来说，共接待游客 458948 人次，实现旅游总收入 24142.34 万元。② 因此，节日文化内价值和外价值的有机结合，则是节日文化流传至今的力量所在。

此外，在西部少数民族传统节日的生态性建构中，文化环境的民族性与地方性、整体性与碎片化；文化内容的完整性与局部性、扩展性与削减化；文化价值的全面性与片面性、内价值与外价值的矛盾始终纠缠在一起。恰恰在这些矛盾纠缠中，节日文化的生态性才得以保存和维护，因为矛盾才是事物得以发展的动力和源泉。

第四，西部少数民族传统节日文化的发展性。

任何事物都是运动变化的，世界上没有永恒不变的事物存在，节日文化也不例外。节日文化作为人们日常生活的再现，是随着人们的日常生活变迁而在不断发生变异的，这种变异首先是受到经济的影响。马克思主义唯物史观告诉我们，生产力和生产关系、经济基础和上层建筑两对社会基本矛盾是相辅相成的。生产力不断提高引起了社会经济结构的变迁，这就为节日文化注入了新内容。特别是节日文化里面的精神文化，受这方面的影响尤为突出。其次是受政治的影响。在过去，传统节日往往受到不同的统治阶级的干预，因为中国历代统治者往往都很重视通过节日民俗文化去

---

① 刘铁梁：《民俗文化的内价值与外价值》，《民俗研究》2011 年第 4 期。

② 李云华：《建设中国第一个生态彝族自治县》，《云南经济日报》2012 年 11 月 13 日。

达到稳固去政治统治的目的。所以在很多时候，一些涉及统治阶级政治利益的节日民俗活动就往往被统治者禁止，而有些新的符合统治阶级利益的民俗活动又在当政者的支持下出现。最后，受科学技术的影响。现代科学以快速方式不断渗透进传统节日，特别是现代光电技术运用于传统节日活动中，使得传统节日在形式和内容上焕然一新，节日活动的现代感和现代气息得以增强。比如，那达慕大会上骏马与摩托车并驾齐驱，三月三歌会上芦笙与电吉他碰撞产生共鸣，使得节日活动现场异彩纷呈。

具体来说，西部少数民族传统节日文化的发展性可以通过以下几个方面展现出来。首先，节日文化内容的丰富性。我国民间的许多节日，一直以来都有把很多活动事项结合在一起的传统，都是民族文化的综合应用，具有很强的包容性。在节日内容组成要素上，政治、经济、道德、艺术、宗教等贯穿其中，这对于促进节日文化内容的丰富性，是十分有益的。比如，政治性节日因为有文化的充实变得更富有人文性，物资交流节日因为政治因素的介入而变得更规范，宗教性节日因为歌舞艺术的融进而和生活结合得更紧密，旅游性节日因为有文化的内涵而格调上升。过去，由于受活动视野、交通条件、文化限制等多方面影响，使得传统节日文化在节日内容上显得单薄一些。如今，节日文化内容的丰富性使得节日文化变得丰富多彩。从这个意义上去说，节日文化跟随着社会发展的脚步也得到了不断发展。

其次，节日文化功能的多样性。随着传统节日文化内容的不断增加，其文化的功能也得到了不断提升。比如，在过去，“嘎汤帕”节是哈尼/缅甸和越南阿卡人辞旧迎新、祭祀祖先及结算村寨账目的村寨性节日。但在云南省西双版纳州政府主办下，新式节日“嘎汤帕”已经被建构成体现各民族团结、促进各民族文化传承与社会发展的文化符号。而在缅甸及老挝阿卡人社会中，也同样出现了新式节日“嘎汤帕”，但其表达的政治意义和中国有很大的差异。[①] 又如，新疆维吾尔族传统宗教节日古尔邦

---

① 马翀伟、张雨龙：《民族节日的拟仿与政治意义的表达——中、缅、老边境地区“嘎汤帕”节的人类学考察》，《开放时代》2015 年第 2 期。

节，在维吾尔族精神文化中占有重要的地位，其对维吾尔民众的生活起着十分重要的影响作用。作为宗教节日的古尔邦节，过去在宗教功能上的意义占据着主导地位。但随着节日文化的不断发展，其独特的宗教功能在得到继续保持的基础上，节日文化的其他功能也得到了进一步彰显和扩展。比如，追求和谐社会的理想、保护和传承文化传统，特别是口头文化传统、教育功能、保持艺术的传统及娱乐功能、经济和消费功能等功能。①

再次，节日文化规模和影响力的扩大。随着互联网技术的进一步发展，信息的传输渠道得到了拓展，“地球村”为越来越多人熟知。作为传统节日文化，特别是一些少数民族较为重大的节日，在互联网的帮助下，其规模和影响力得到了不断提升。比如，2018 年景颇族目瑙纵歌节在 3 月 2 日在芒市开幕，其规模之大、影响力之强，让人难以想象。节日上，各级领导、国际友人、港澳台同胞、侨胞、世界各国的摄影爱好者及国际友人，聚集一堂，和当地景颇族群众一起共度佳节。特别值得注意的是，为了增强节日文化传播，特邀请了五位网络名人去体验节日文化氛围，最终起到推介德宏生态之美、民族文化之韵和绿色发展之路的目的。我们可以想象，通过各大媒体，甚至官方网站的宣传和报道，其节日文化规模和影响力在未来必将得到最大限度的发挥。譬如目瑙纵歌节这样规模和影响力的节日，在中国少数民族中还不少。从这个意义上去看，时至今日，西部少数民族传统节日文化在历史发展长河中，其规模和影响力在节日文化创新中得到了进一步拓展。

西部少数民族传统节日文化的地域性、生态性、民族性及发展性，是从不同视角对节日文化特征进行的描述和概括。表面看起来，节日文化四大特征各有特点，但实质上，四大特征是合而为一的有机整体，它们结合起来，充分地展现了西部少数民族传统节日文化本质属性。总之，“中国传统节日的实质，是社会整体氛围趋向神圣化、仪式化的特殊阶段，是民

① 邢莉：《中国少数民族重大节日调查研究》，民族出版社 2011 年版，第 328—329 页。

众生活中文化活跃、精神丰富的非常时期，国家神圣、民族认同的意识就是以这种文化体验、精神洗礼为基础而得到强化的”①。

第二节 西部少数民族传统节日文化发展概况

马克思说：“生产生活也就是类生活。这是创造生命的生活。生命活动的性质包含着一个物种的全部特性、它的类的特征，而自由自觉的活动恰恰就是人的类的特性。”② 人的劳动、生产以及人的一切实践活动，实际上都是一种对象性的活动。而生活于其中的对象世界，作为人的实践活动的产物，在本质上就是人的劳动的对象化，也就是人的类本质的对象化。具体来说，节日活动是人的活动，是人把自己的需要、愿望、计划、目标等一切主观性的东西客观化到节日之中，从而在主客体双向活动中确证人的本质力量。当然，人的本质不仅仅只有追求自由自觉的理想性一个侧面，它还有现实性的一面。马克思说：“人的本质不是单个物所固有的抽象物，在其现实性上，它是一切社会关系的总和。”③ 因此，我们可以说，就是在社会关系的不断变化中、在人的现实性和理想性矛盾作用下，节日文化得到了不断变化与发展。

近年来，在政府层面的引导、学术研究的积极带动、媒体层面的传播推动、经济层面的刺激、民众层面的文化自觉等因素的共同作用下，节日文化发展呈现出良好的发展态势。不管是作为文化软实力的节日，或是作为文化传承载体的节日，还是作为发展资源的节日，更是作为民众生活方式的节日，都受到了上至政府的支持、下到全民的关注，节日文化呈现出了方兴未艾的发展局面。

---

① 张士闪、李松：《中国民俗文化发展报告 2015》，山东大学出版社 2016 年版，第 9 页。

② 《1844 年经济学哲学手稿》，人民出版社 1979 年版，第 50 页。

③ 《马克思恩格斯文集》第 1 卷，人民出版社 2009 年版，第 505 页。

在上一节中，我们已从节日内容的丰富性、节日文化功能的多样化及节日文化规模和影响力不断扩大三个方面对西部少数民族传统节日文化的发展性进行了一定的论述。在本部分，我们将在此基础上，主要从三个方面入手对西部节日文化发展概况作进一步的归纳和总结。

首先，传统节日文化内涵得以提升。随着节日内容的不断丰富，节日文化内涵也得到不断提升。节日文化内涵属于节日文化精神层面的内容，是节日的灵魂和核心。人文精神作为衡量一个地区和民族文明程度的重要标尺，在传统节日文化中得到了进一步彰显。比如，广西靖西县的抢花炮节，原来主要是求神保佑的祭祀节日。节日中以族老为主的祭祀队抬着神像，敲锣打鼓祭拜天地和灶神，然后才点燃花炮。后来，在文化馆相关人员的重构中，祛除了节日中存续的封建迷信东西，引入了“对山歌”等文化交流因素，节日面貌得以焕然一新。同时，节日文化内涵的提升还表现在节日文化中，自然文化、社会历史文化及个人的生活文化得到了有机统一。比如，汉族端午节在民族地区流行很广泛，少数民族都很喜欢过端午节，比如，毛南族的端午节也叫找药节；壮族的端午节又叫药王节。在节日中，民众把节日的时间坐标、祭祀屈原的活动及人们的日常生活有机结合，不断丰富了端午节原初的本质意义。正如乌丙安在《中国民俗学》中指出的那样，端午节本是围绕着禳毒祛瘟的主题进行的典型祭祀类节日，但是在随后的发展过程中，纪念屈原的内容得以扩大，增强了纪念性，延伸了游艺性质，端午节从此成为一个综合性大节。[①] 爱国爱民、团结协力、消除灾难、追求美好生活，成为今天端午节最为突出的文化特色。

其次，节日活动与国家建设关系紧密。随着节日文化的不断发展，节日功能呈现多元化的趋势。在这些功能中，节日文化对于国家层面的影响越来越大，而反过来，国家层面对于节日文化发展的影响也越来越大。在

① 乌丙安：《中国民俗学》，辽宁大学出版社 1985 年版，第 299 页。

文化的作用不断凸显的背景下，国家对于节日文化的重视也就不断提高，这就促使少数民族传统节日和国家建设间的关系日益紧密。国家通过政策文件，比如，2005 年《关于运用传统节日弘扬民族文化传统的意见》、2007 年《关于修改〈全国年节及纪念日放假办法〉的决定》以及 2018 年 6 月国务院关于建立的“中国农民丰收节”批复等；文化工程与项目，比如，非物质文化遗产保护工程、中国节日志项目、弘扬节文化研究项目等；活动，比如，1994 年凉山彝族国际火把节、2011 年中国雷山苗年暨鼓藏节、2018 年景颇族目瑙纵歌节、2018 年西双版纳傣族泼水节等，从不同侧面去促进节日文化的发展。而节日文化在发展中，不断强化了与国家建设之间的联系，成为文化建设、民族认同、社会维系、思想宣传、民族复兴的精神纽带和文化源泉。在当前的节日文化活动实践中，节日文化由于注入了很多的国家因素，其在文化传承、发展趋势、活动实践、时间制度及目标设定上，都呈现出了前所未有的新局面。

再次，节庆产业蓬勃发展。在我国，旅游与人们的生活有机结合，最早出现在改革开放之初，且在 20 世纪 90 年代得到了初步发展，但当时人们的旅游方式主要是以城市游为主。到了 21 世纪初，旅游活动在人们生活中得到了进一步发展，外出旅游成为当前国人的一种生活方式。国内游、国际游、城市游、乡村游、民族游等旅游形式和方式层出不穷。但在近几年，基于人们对于乡村生活，特别是未受现代文化冲击过大过多的乡村生活的回忆和向往，少数民族文化游受到了众人的喜爱和推崇。其中，节日文化游作为民族游的重头戏，也在这股浪潮中得到了发展。且不说节庆产业在最近十年的疯狂式发展态势了，我们仅从王春雷、赵中华主编的《2009 中国节庆产业发展年度报告》中，对当时处于经济社会发展低谷地区的贵州省的节庆旅游来说，其在 2009 年就开展各项节庆活动高达 44 项。比如，贵州（务川）仡佬族文化旅游节、台江苗族姊妹节、黄平苗族四月八、施洞苗族龙舟节、黄冈侗族喊天节、凯里国家芦笙节、三都卯文化艺术节、贞丰“六月六”布依风情旅游节、韭菜坪健康登高活动节、雷山苗年文化周等就已经开展得如火如荼。经过又一个十年的发展，在贵州经济社会不断发展的促进下，贵州节庆旅游产业得到了跨越式发展。比如，2018 年 4 月底到 5 月初，贵州黔东南州把传统节日姊妹节和五一节假日结合起来，取得了丰硕的成果。据统计，五一期间，全州共接待游客 504.44 万人次，旅游总收入 31.92 亿元，同比分别增长了 38.96% 和 43.72%。① 由此可见，节庆产业在西部地区旅游场域中得到了长足发展。

总之，近年来，西部少数民族传统节日文化在节日内容、节日规模、节日功能及节日影响力上都得到了长足发展。“20 世纪 80 年代以来日渐升温，以致形成轰轰烈烈的传统节日复兴运动，是中国难得的一次重新认识传统价值的社会总动员。传统节日的复兴经历了自下而上又自上而下，最终达成全面共识的推动过程。传统节日重新回归社会生活是不可逆转的文化趋势。”② 高丙中也指出：“生活世界是人的家园。人们在其中休养生息，其思想从此出发，到各种高层次的境界遨游。但是，不管它遨游多远多久，它最后还得回到这个一切都是那么熟悉，那么亲切的世界。事实上，我们看到，生活世界也就是民俗的世界。”③ 这或许就是传统节日文化发展的出发点和归宿。

第三节　西部少数民族传统节日文化发展趋势

当前，西部少数民族传统节日文化在内外因的合力作用下，得到了不断发展，呈现出了与以往不一样的发展趋势。但就节日文化的发展趋势来说，造成其如此发展趋势产生的缘由众多，但总的来说，我们还是比较赞同文化进化论学者的观点。文化是人的文化，只要人类社会在生产力决定

---

① 黔东南州发改委：《2018 年“五一”全州假日旅游情况综述》，http://www.qdn.gov.cn/xwzx/bmdt/201805/t20180503_2170870.html 黔东南州政府网，2018 年 5 月 3 日。

② 萧放：《全球化语境下的民族节日走向——以当代中国节日为例》，《民俗研究》2007 年第 4 期。

③ 高丙中：《民俗文化与民俗生活》，中国社会科学出版社 1994 年版，第 133 页。

作用下是不断向前的，节日文化也会随之得以变化及发展，这是节日文化生命力的表现和标志。因此，我们对待节日文化发展演变的最好态度，就是在保存保护好传统节日内部有利于现代生活的仪式和内容的同时，一定要用现时代的科学精神去改善和丰富它们，使传统节日更快更好地适应现代社会。具体来说，当前，由于受社会生产生活方式的影响，西部少数民族传统节日文化在发展过程中，呈现出了以下的发展趋势。

一、西部少数民族传统节日文化发展趋势

在 20 世纪 90 年代，节日研究专家高占祥就对当时的节日文化发展趋势进行了如此的描述：节日活动与时代精神、经贸活动、旅游活动、平时开发民族文化资源结合得日益紧密。① 节日文化有这样的建设基础，再加上“进入新世纪以来，传统节日文化的生存发展境遇一改过往被忽视、被压抑的状态，获得了前所未有的关注和发展空间。从政府、专家到一般民众，从国家战略、大众传媒到民众生活，保护、传承、利用、发展节日文化，已经成为一种共识、一种趋向、一股热潮。重新发现传统节日价值，全民共谋节日文化传承发展的态势已经形成”②。那么，经历了改革开放 40 多年的发展实践，当前的节日文化又呈现出了怎样的发展趋势？

首先，节日活动由神圣性向世俗性转化。节日是一种社会性时间制度下的非日常活动日，民俗学界对此是十分认同的。既然节日是一种社会性时间，那就说明节日文化不仅是一个时间节点的活动，而且带有很多社会赋予的深刻内涵在其中。因此，节日不是人们日常生活的日子，但却又是穿插于人们日常生活的日子。正如民俗学家高丙中所认为的那样，“节日是被赋予了特殊的社会文化意义并穿插于日常之间的日子，节日民俗是指这些特殊日子的文化内涵以及人们所表现的相沿成习的各种活动。节日民

① 高占祥：《论节日文化》，文化艺术出版社 1991 年版，第 13—15 页。

② 张士闪：《中国民俗文化发展报告 2012》，北京大学出版社 2013 年版，第 118 页。

族的组成要素可以划分为下列三项：（1）特定的日期。（2）祭祀或纪念的对象。包括相关的神话、传说、俗信、禁忌等观念性因素。（3）人们相沿成习的仪式性的、社交性的以及娱乐性的活动。当这三项要素有机地结合的时候，一定的历日就成其为节日，人们在这期间的有关活动就成其为节日民俗”①。节日是带有一些神圣性的，其神圣性主要是指在节日内部，支撑节日存续的宇宙观念和精神信仰的那些内容。而节日的世俗性，则主要是强调节日活动与人们日常生活的有机结合，满足人们现实性的各种需要。节日的神圣性和节日的世俗性主张，分别指向节日民俗的两大功能，也代表着民俗学界的两大研究派别。当前，随着社会主义市场经济在我国的不断深入，节日活动有从神圣向世俗转换的趋势，并且这种趋势越来越明显。比如，在云南省怒江州兰坪白族自治县，有个在当地流传甚广的传统节日“端午节”。其节日的性质属于社交类节日，节日主题和目的是为了促进当地青年男女交游结情。但从2004年开始，为了发展旅游业，提高当地的旅游收入，当地政府出资把“端午节”打造成为在当地具有一定影响力的“东方情人节”，节日时间也由农历五月初五改为每年公历的5月20日，意义为“我爱你”。每逢节日期间，政府花钱请当地各族群众轮番上台表演本民族特色歌舞。这样，本是青年男女山林私会的民间节日，摇身一变，成为政府组织的以民间歌舞展演为主的官方节日。正如杰姆逊所说：“后现代主义的文化已经从过去那种特定的‘文化圈’中扩张出来，进入了人们的日常生活，成为消费品。”② 总之，在“文化搭台、经济唱戏”中，一部分传统节日活动呈现出了神圣性淡化、世俗性强化的趋势。但不可否认的是，“现代节日的主题是以公共活动的方式，实现人们之间的情感沟通”③。

① 高丙中：《中国民俗概论》，北京大学出版社2009年版，第188页。

② ［美］弗雷德里希·杰姆逊：《后现代主义与文化理论》，唐小兵译，陕西师范大学出版社1986年版，第189页。

③ 萧放：《岁时传统——中国民众的时间生活》，中华书局2002年版，第239页。

其次，节日活动由单一性向复合性转化。过去，由于受时间、空间、地域及其人文环境等多种因素的影响，传统节日在节日主题、参与者、仪式过程、节日功效上都呈现出较为单一性的特点。当然，这里并不是指以前传统节日就没有复合性的特点，比如，中国人历来就喜欢把不同文化要素融合进一个节日文化事象的传统，因而这里只是从宏观总体上去看西部少数民族传统节日的复合性发展趋势。现在，随着节日生存的内外环境的变化，特别是旅游和商品经济的刺激，传统节日逐渐走向开放，节日在很多方面都不断地向复合性方向转换。具体来说，节日活动的复合性，主要是指节日活动在属性、内容及功能上的复合性。一般来说，节日文化分为岁首节日、农事节日、娱乐节日、宗教节日及祭祀纪念节日等，但在实际分类时，我们能感觉到很难把每个节日划分为某个单一的节日属性类别中去，特别是对于那些在现阶段影响力较大的传统节日，比如，泼水节、火把节、那达慕大会、姊妹节、纳顿节等，我们就很难用单一属性去定义它们。随着节日规模和影响力的扩大，节日内容也不断得到拓展。除了节日事项传统具有的文化要素之外，很多附加的文化因素融进了节日活动之中。特别是节日期间的物资交换与交流，基本成为传统节日活动中必不可少的一分子。比如，姊妹节是贵州黔东南地区的一个以青年男女社交为主题的苗族传统节日，但如今，这个节日发展成为黔东南地区各民族文化交流的大舞台及标志性文化。在 2018 年姊妹节期间，在姊妹节上，除了传统和现代的节日活动展演之外，还增加了黔东南州第八届旅游发展大会相关内容。比如，台江县、凯里市等地民间将开展万人唱响翁你河、苗族歌王歌后争霸赛、苗族圣坛祭祀、芦笙大赛、对歌大赛、手工和美食比赛、乡村体验游等活动，与姊妹节交相辉映。此外，节日功能也不断多样化。在过去，节日活动更注重节日对于个体和族群的作用、节日的文化意义高于经济功能，而如今，节日对于国家和民族的意义、节日的经济功能得到了凸显。总的来说，今天的传统节日变成为了当地民众和外界游客共度的一次大集会、各民族群众展示文艺才能的“大考场”、民族文化的“大宝库”和民族性格的“大窗口”。

第三，节日活动由非经济性向经济性转化。在1999年，国务院颁布了新的《全国年节及纪念日放假办法》，自此以后，春节、五一、国庆节的休假时间与前后的双休日进行拼接，进而形成连续7天的长假。特别是在1999年第一个国庆“黄金周”的成功举办之后，这一放假办法虽在后来的实施中有小的改动，但“黄金周”“节日经济”“旅游经济”等在神州大地一时间变得耳熟能详，影响极大。在旅游经济的大潮中，西部少数民族传统节日文化与经济之间的联系也变得越来越紧密。这里所说的经济性和传统商贸节日中商品交换和物资交换以及节日中的商品买卖所形成的经济是有所区别的。在过去，传统节日上的物资交流和商品买卖，其主要功能是为了解决人们对各种物资产品的需要，商品交换的目的是为了获得商品的使用价值，节日活动在其中仅仅是起到一个媒介的作用。至于节日活动本身，其自身创造的经济价值微乎其微，其主要功能还是在于满足人们对节日文化生活的需要。而如今，节日上的物资交流和商品交换，一如既往地在满足各族人民群众的各种需要，发挥着一定的经济性。但这种经济性，相对于旅游场域下节日文化创造的经济利益来说，显得微乎其微。当前，一部分少数民族传统节日文化作为一种旅游产品，在市场经济中迸发出了让人难以置信的力量。比如，2011年，楚雄火把节期间共接待游客71.83万人次，旅游总收入高达1.38亿元。2012年7月31日，楚雄火把节刚一拉开帷幕，就签约19个项目，引资总额达182.8亿元。2012年大理三月街民族节期间，仅大理市区就接待游客30.05万人次，旅游总收入达1.96亿元。[①] 又如，2014年4月，在贵州省台江县苗族“姊妹节”上，通过吃姊妹饭、对歌、盛装舞蹈等苗族民俗活动展演，并以“姊妹节”为媒介，同时还举办了苗族风情服饰展演、第二届“百佳绣娘”大赛、台江旅游商品展销会、能工巧匠作品成果展、经贸洽谈会等活动，共

① 李银兵：《云南少数民族传统节日文化创新研究》，云南大学出版社2015年版，第57页。

引投资 60.5 亿元。① 而 2018 年云南新平火把节，以“千簇万家吉祥火万人同跳烟盒舞各族共庆火把节”为主题，在 8 月 3 日至 6 日这四天中，把磨盘山钻木取火、万人同跳烟盒舞、溪湖小镇特色美食文化周、民族民间手工艺品展销、文艺歌舞表演等精品活动作为节日活动的主要事象，很好地吸引了众多省内外游客前来观光、度假、休闲。据当地旅游发展局统计数据显示，火把节期间，新平县接待旅游人数 15.87 万人次，实现旅游总收入 8800.68 万元。② 总之，节日的保护与发展与经济利益的提高之间是并行不悖的。节庆旅游作为绿色产业和朝阳产业，由于其内部蕴含着无限的经济潜能，在未来的发展中，其发展势头还会更加迅猛。相应地，节日文化从非经济性向经济性转换的趋势也会更为明显。

第四，节日活动由原生性向现代性转化。在过去，因受特定时间、空间及文化功能的限制，节日文化表现出来的特征是纯朴和自然的。而现在，传统节日在保持以往那种原生态的基础上，则在逐渐与现代社会相融合，展现出了节日文化现代性的一面。这是节日文化自我调适的结果，也是时代发展的需要。而节日文化的这种现代性主要体现在节日文化精神、节日文化形式及节日文化功能上的拓展。为了提高节日文化的品质和水准，传统节日中很好地融入了社会主义文化发展观，特别是新时期和新时代的文化建设理念和要求，而这些理念和要求对于节日文化的现代化转换起着积极的引导作用。比如，在傣族泼水节上，为了号召人们节约用水、珍惜水资源，主办方向人们提出了节约用水、文明用水的建议。而对于滇南很多少数民族传统节日中，历来就有体现人与自然和谐的生态内容，因此，这种理念在今天的节日中不断得到各级部门的重视、提倡和赞许。以往的目瑙纵歌节，由于受特定社会条件的影响，使得民众在节日活动期间

---

① 转引张士闪、李松：《中国民俗文化发展报告 2015》，山东大学出版社 2016 年版，第 308 页。

② 《新平火把节实现旅游总收入 8800 余万元》，http：//yuxi. yunnan. cn/system/2018/08/08/030038665. shtml 云南网—玉溪频道—旅游节庆，2018 年 8 月 8 日。

铺张、浪费现象十分严重。比如，在以往的传统陇川目瑙纵歌节上，一次祭祀活动就可能杀掉十几头至几十头牛、上百只鸡，消耗掉几千斤甚至上万斤粮食。而如今，在景颇族最盛大的这个节日上，节约、生态、环保成为办节的主旋律。社会主义先进文化的发展理念不断融入节日活动中，这对于节日文化的水准和档次提高都是一次很好的促进。同时，高科技的引入，使得节日文化显得既古朴又时髦。比如，最近几年，中央电视台相继对准格尔旗、鄂尔多斯旗等蒙古族群众的那达慕大会进行了直播。在直播中，现代高科技介入节日文化传统，不断增加了节日活动的现代感，而节日活动的现代感则充分表征了传统节日的现代性。在 2012 年第二届鄂尔多斯国际那达慕大会启幕之际，开展了漫瀚调艺术节展演活动。暂且不说这次展演活动中的现代元素，仅从节日会徽设计上去说，其中的元素选用主要是哈达与旗标，并且在标志图形右下角，设计者很巧妙地以音符形式区展现了“漫瀚调”的拼音首写字母“（m）（h）（d）”，进而形象生动地表达出了“漫瀚调”艺术节主题色彩。漫瀚调节日会标颜色十分明亮大方，而且颜色间还凸显了强烈的视觉美。这种设计的基本寓意是想表达出节日活动主要是为大众呈现一场丰富多彩的音乐盛会，进而达到充分展现当地民族民间艺术的魅力的目的。当然，在节日活动理念和形式的现代性得以彰显的同时，节日活动的现代性功能也就自然而然地产生了。比如，节日与旅游的有机结合、节日与政治文化的结合、节日和社会和谐的结合、节日与生态环保理念的融合等，都是节日在现代社会中的新作用的体现。

当前，传统节日文化除了以上几种发展趋势之外，还有一个最令人瞩目的变化趋势，那就是在西部少数民族地区，很多新生节日的相继出现。具体来说，在改革开放以来的 40 多年时间里，为适应社会主义文化发展的需要，且在经济、政治、文化等多方面因素的影响下，西部民族地区一大批新节日应运而生。比如、吐鲁番葡萄节、普洱茶叶节、元江金芒果节、内蒙古马奶节、南宁民歌节、西藏雅隆文化节、泸沽湖转山节、中国丝绸之路节、赫哲族的“乌日贡”、文山普者黑“花脸节”等。这些节日呈现出以下特点：有一定的节日文化传统基础、官方主办为主、旅游服务为核心、经济因素考量比较明显等。从传统意义上去说，这些新生节日不属于“传统”的节日，但它们也和传统民族文化有着天然的联系。因此，这些节日也可以归为传统节日这个类别之中，也是我们所研究的对象之一。

二、西部少数民族传统节日文化发展中出现的问题

今天，西部少数民族传统节日文化在总的发展态势上是积极向前的，这在很大程度上得益于人们对节日文化地位和作用认知水平的不断提高。一般来说，人们对于节日民俗的认知大体经历了“应铲除的封建迷信——应区别对待的民间文化——珍贵的非物质文化遗产”三个阶段。但在取得成绩的同时，不可否认的是，节日文化在其发展中也出现了一些问题和困难。比如，从节日文化供给侧入手去总结，王学文等学者认为传统节日表现得还不够丰富。比如，“1. 从内容上看，传统节俗内容有存有断，与当前时代还在磨合之中；新的节俗内容尚不能填补传统节俗内容消失断裂后留下的需求真空。2. 从形式上来看，宏大的仪式性的晚会、庆典等被滥用，深植人心的形式还不多。3. 从技术上来看，自觉利用现代技术保护传承节日文化的意识还不强”①。而对于节日文化发展中问题产生原因的探讨和分析，李松等学者指出：“当前围绕节日出现的大部分问题，在很大程度上与过度强调其产业价值有关。节日产业化在现代社会中有一定的合理性，但不应定为主流。”②

具体来说，对于西部少数民族传统节日文化来说，我们认为，其发展中主要出现了以下几方面问题。

---

① 张士闪：《中国民俗文化发展报告 2012》，北京大学出版社 2013 年版，第 136 页。

② 张士闪、李松：《中国民俗文化发展报告 2015》，山东大学出版社 2016 年版，第 9 页。

首先，节日文化数量众多，但标志性文化较少。西部少数民族地区文化多样、节日众多，有的地区甚至出现天天有节过、月月有节过的现状。特别是随着旅游经济的兴起及人们对于作为非物质文化遗产的传统节日的重视，以前那些未被人们重视或者消失的节日，在新形势下却以另外一种新的形式重新出现，因此，当前西部少数民族地区的节日数量呈现出“井喷”的发展态势。但在众多的节日文化中，标志性统领式节日文化则十分缺失。埃文思—普里查德（Evans-Pritchard）在描写尼罗河畔努尔人（Nuer）的生活方式和政治制度时，他说：“牛是努尔人的日常生活赖以围绕其身而加以组织的核心，并且是他们的社会的和神秘的关系得以表达的媒介，如果不借助他们，要想与努尔人讨论他们的日常事件、社会关系、仪式行为，或者实际上是任何主题，都是不可能的。努尔人对牛的兴趣也并不是囿于它们的实际用途与社会功用，而是体现在他们的造型艺术和诗歌艺术之中。”① 牛成为努尔人的标志性事物，而以牛为核心所形成的文化则成为努尔人的标志性文化。而刘铁梁教授认为，“所谓标志性文化应具有：一、能反映这一地方的特殊历史进程和贡献；二、体现地方民众的集体性格和气质，具有薪尽火传的生命力；三、深刻地联系着地方民众的生活方式和诸多文化现象等三个主要特征。”② 然而，西部少数民族传统节日数量众多，但具有一定影响力的节日却屈指可数。除了泼水节、火把节、那达慕大会、目瑙纵歌节、姊妹节等少数节日品牌的知名度较高之外，绝大多数节日活动规模小、档次低，甚至有些节日还出现鱼目混珠的现象，这不仅没有把节日文化的应有功能完全发挥出来，而且有时候还极大地浪费了社会资源。量变是质变的前提和基础，质变是量变的必然结果。当前，对于西部少数民族节日文化发展来说，必须在已有节日文化的

① ［英］埃文思—普里查德：《努尔人——对尼罗河畔一个人群的生活方式和政治制度的描述》，褚建芳、阎书昌、赵旭东译，华夏出版社 2002 年版，第 59 页。

② 刘铁梁：《“标志性文化统领式”民俗志的理论与实践》，《北京师范大学学报》2005 年第 6 期。

基础上，重点挖掘和打造一批有影响力的节日文化品牌出来，才能带动其他节日文化的不断发展。

其次，节日主题类型众多，但活动同质化现象严重。西部少数民族节日文化类型众多，有祭祀纪念类、娱乐类、商贸类、农事类节日等，这就为西部少数民族节日活动的开展提供了多样化的选择可能。但当前，由于受旅游经济、消费主义及工业化的影响，很多节日文化在主题选择上虽是不同的，但节日活动内容却呈现出了同质化的倾向。在节日中，人们注重的是文化符号的新颖，而不是文化实体的深刻；关注的是消费品的丰饶，而不是节日文化内容的丰富；在乎的是“狂欢”，而不是文化精神熏陶；重视的是社会和经济地位的展现，而不是文化气质和素养的提升。这就直接导致很多节日中，粘贴、复制、拟象等工业社会和机械化时代的东西进入了节日活动现场，祭祀、歌舞表演、娱乐狂欢、商品展销、经贸洽谈、美食品尝则成为当前大多数节日内容的固定内容。“中国传统节日主要源于对时间的分割或划界，属于中国人原初的时间体验形式和时间直觉形式，表现为异质性、周期性、具体性、可逆性，是一种存在论的时间，是一种神圣的和神话的时间，其多半指向过去。现代性时间观的特点则是同质性、直线性、抽象性和不可逆性，它指向未来，是一种生产使用价值的社会必要时间和机械钟表时间，也是一种‘霸权’时间。”① 这样，节日的传统时间观被打破，现代性时间观被建立，这就导致节日的时间感变得不那么重要，空间结构感则得到了不断提升。因此，传统节日变得就像一本书、一部电影一样，其活动就是程序化、模式化的机械复制的结果。节日内容复合化的趋势本是好事，但囿于节日个性和内涵没有得到很好的彰显，进而直接导致这种复合化呈现出拼凑、杂糅化、形象化、零散化的症状。同时，节日文化活动粗放式的同质化发展，导致的直接后果就是对节日真实性的伤害，节日本身自带的光晕、光环在一定程度上被消逝。比

① 户晓辉：《中国传统节日与现代性的时间观》，《安徽大学学报》2010 年第 3 期。

如，地处红河流域河谷地带的花腰傣，在每个节日活动上，都把整个族群的所有文化一股脑地展示出来。还有本来花腰傣支系没有过泼水节的习俗，但为了拓展节日内容，现在节日活动中又增添了一项泼水节活动。这样，节日内容看起来是更加丰富了，但节日的真实性存疑以及节日对于人们的新鲜感和文化性则大打折扣。节日活动同质化现象对于西部少数民族传统节日文化发展来说，其危害性很大，因为西部少数民族节日文化不仅仅是一个“节”，需要满足节庆的要求；也是少数民族的“节”，需要有少数民族的个性和特征在里面。一旦冲破节庆和民族的要求去过节，节日文化就会显得过于平淡、普通。的确，“高度集中化的舞台展演使传统节日内容脱离了原生的传承空间，削弱了节日的文化意义，从而显得空洞无味；节日集中在一个地方举办，消解了传统的过节氛围，且容易引发事故和造成环境破坏，节日活动存在严重的互相借鉴和模仿的现象，把传统节日带入了同质化的发展陷阱”①。

再次，节日功能多样化，但商业化氛围过浓。随着西部少数民族传统节日文化理念的先进性和现代化、节日内容的丰富化、节日形式的多样化以及节日体制的不断优化，其节日文化功能也变得更加多样化。对于节日文化发展来说，节日功能在现代社会的变迁，是十分可取的。但在这些功能中，节日的经济功能显得过于凸显，这就使得节日活动商业化氛围过浓。特别是在一些旅游节日上，节日活动中加入了过多的商业炒作成分，演唱会、各种选秀、时装秀、外国友人表演等与传统节日主题关联不大的活动纷纷登场，在赚取人们眼球的同时，达到了商业经济的目标。比如，在每年举办的贵州黄果树瀑布节上，邀请相关外国友人来助阵，则成为节日的常规内容。而在红河流域花腰傣举办的泼水节上，花腰傣女性独具特色的时装秀成为当地节日展演的规定动作。刘铁梁教授在谈到民俗文化价值时指出：“内价值是指民俗文化在其存在的社会与历史的时空中所发生

---

① 张士闪、李松：《中国民俗文化发展报告 2015》，山东大学出版社 2016 年版，第 308 页。

的作用，也就是局内的民众所认可和在生活中实际使用的价值。外价值是指作为局外人的学者、社会活动家、文化产业人士等附加给这些文化的观念、评论，或者商品化包装所获得的经济效益等价值。”① 一般来说，节日活动本应是内价值和外价值有机统一。但在一些旅游节日文化实践中，过分强调经济因素的现象较为普遍，以至于刘锡成教授批判道：“每到节日，‘假日办’、经济管理部门和商家总是把人们的注意力引导到旅游和商品消费上。有些政府主管部门几乎忘掉了文化，也许他们压根儿不懂文化。”② 比如，在南宁国际民歌节上，传统民歌用爵士乐演唱，使传统与现代发生了背离，甚至对立。由于在节日活动中过分商业化地包装，使得节日虽然热闹但缺乏深厚的文化内涵，容易使得游客产生一种枯燥乏味，甚至腻烦情绪，最终导致节日活动品牌感召力下降的结果出现。节日文化与旅游发展本来是没有任何矛盾的，只要合理处理好两者间的主次关系，就能够达到预期目标。但当今西部很多节日文化活动中呈现出来的“唯利是图”势头，一定程度上却破坏了文化与旅游之间应有的和谐关系，值得我们好好反思。比如，学者们在分析贵州黄果树瀑布节时，就很理性地看到了瀑布节对于贵州旅游业的发展和经济效益的提高上所带来的新的发展契机，但同时他们也指出，从民俗学的视角去看，瀑布节的举办就不那么乐观了。具体表现在节日的参与人群、举办时间和地点、内容和方式以及文化内涵等方面都表现出与传统节日的极大差异。③

最后，节日表现形式多样，但节日文化内涵挖掘不够。在现代社会，人们的需求日益多样化。这种多样化不仅体现在需求内容上，还体现在满足需求的方法、手段、载体和具体形式上。因此，传统节日要走向现代化，则必须要不断满足人民群众的这些需求，这就导致传统节日在形式上

---

① 刘铁梁：《民俗文化的内价值与外价值》，《民俗研究》2011 年第 4 期。

② 刘锡诚：《传统节日文化的继承与发展》，《徐州工程学院学报》2013 年第 4 期。

③ 杨昌儒、陈玉平：《贵州世居民族节日民俗研究》，民族出版社 2009 年版，第 31 页。

呈现出多样化。对于这种多样化，我们可以从节日主题类型、节日主办方、节日内容的表现形式、节日传播载体以及节日内涵的理解等方面去分析。但就节日传播载体去看，随着“互联网+”时代的到来，微博、微信、短信等新节俗的出现，数字化和信息化成为当前节日文化传播的主要途径。在这些新形式的形塑下，传统节日不再拘泥于过去的形式，成为具有多样化表现张力的民族文化展示舞台。当前，节日文化表现形式虽然多样，但在多样化形式中，却出现了舞台化、程式化、程序化等同质化趋向，在很大程度上，这是未能充分挖掘节日文化内涵所导致的后果。内容决定形式，形式反映内容。如果这些现象不加以制止，最终会导致为形式而形式的“形式主义”的产生。节日文化内涵作为节日所反映出的精神和思想方面的内容，是节日的灵魂和核心，而其核心和灵魂地位主要是通过从时间维度去处理人与自然、人与人、人与自我的关系中而得以体现的。比如，在处理人与自然关系上，西南地区诸多节日文化要充分展现生态文明的内涵气质，而西北地区诸多节日文化可以充分展示人对于自然环境的各种适应性的人文精神出来。在处理人与人关系上，则可以从节日文化在时空交织中的变迁为线索，彰显民众对于在生活中遇到的历时和共识关系的调适，充分体现传统节日的社会属性和内涵。在处理人与自我关系上，则应突出各民族对待生命的不同态度、价值取向与行为实践方式等，充分展现各民族的“心灵智慧”。但在当前的节日文化实践中，我们眼前呈现的多是节日活动丰富多彩的现象和形式，而对于节日文化内涵的追求则有所削弱。因此，只有回到节日民俗“本生态”内涵中，才能找回节日文化不断发展的基础和根源。

总之，矛盾是事物发展的动力与源泉。西部少数民族传统节日文化在当今的不断发展现状及趋势，不仅是对节日文化背后的时代的表征，更是各种矛盾不断交织下的产物。但不管如何，西部少数民族传统节日文化建设在现时代已经取得了很大进展，取得了显而易见的成就。这就使得少数民族传统节日文化在整体上得到了延续和弘扬，成为国家文化体系中不可缺少的一个组成部分。反之，西部少数民族传统节日面临着全球化、现代化、市场化、都市化的不断冲击，这就使得其在适应环境，保护、传承与发展自身文化中也出现了一些危机。但我们要相信，文化危机本质上是一种文化意识的偏颇，“对危机的意识和觉悟，是文化从危机中摆脱出来的最根本的希望，从而也就是文化复兴、文化重建的可能性的意向基础”①。因此，西部少数民族传统节日的文化创新实践活动，则是对文化危机偏颇意识的一次纠正和修复，也是西部少数民族传统节日文化发展的动力和源泉。

① 李鹏程：《当代文化哲学沉思》，人民出版社1994年版，第317页。

第二章　西部少数民族传统节日文化创新背景和原则

2016 年 5 月，习近平总书记在哲学社会科学工作座谈会上的讲话中指出："要加强对中华优秀传统文化的挖掘和阐发，使中华民族最基本的文化基因与当代文化相适应、与现代社会相协调，把跨越时空、超越国界、富有永恒魅力、具有当代价值的文化精神弘扬起来。要推动中华文明创造性转化、创新性发展，激活其生命力，让中华文明同各国人民创造的多彩文明一道，为人类提供正确精神指引。要围绕我国和世界发展面临的重大问题，着力提出能够体现中国立场、中国智慧、中国价值的理念、主张、方案。"① 习近平总书记的讲话，很好地把中华优秀传统文化的文化创新与其文化价值有机结合了起来，文化创新成为保留、推动、实现文化价值的最为有效有力的武器。当然，在分析文化功能之前，我们有必要首先对"文化""文化创新"概念进行一定程度的澄清。"文化"这个词和"社会"这个词一样，有着十分丰富的内涵和外延。对其内涵和外延的不同理解，则会影响到对文化创新的理解；而对文化创新的理解，又会影响到对西部少数民族传统节日文化功能的认识。事物都是普遍联系的。基于此，有必要首先对本书所涉及的最为基础和核心的两个元概念进行分析。

① 《习近平谈治国理政》第二卷，外文出版社 2017 年版，第 340 页。

第一节　文化创新与社会功能的关系

著名哲学人类学家兰德曼指出："文化创造比我们迄今为止所相信的有更加广阔和更加深刻的内涵。人类生活的基础不是自然的安排，而是文化形成的形式和习惯。正如我们历史地所探究的，没有自然的人，甚至最早的人也是生存于文化之中。"① 人总是文化的人，文化总是人的文化。然而，当我们停下来去思考什么是文化的时候，往往会有一种茫然失措、无从下手的感觉，这就是文化的特殊性所在。因此，对于文化的理解，也如对于人的理解一般，好像永远都是"斯芬克斯之谜"。

一、多维视域下的文化

文化的问题历来就是一个众说纷纭、争论不休而又歧义层出的研究领域。1952 年，美国人类学家 A. 克鲁伯（A. L. Kroeber）和 K. 克拉克洪（C. K. Kluckhohn）合写了一本专门就"文化"一词进行评述的专著《文化——关于概念和定义的评论》，在该书中，他们罗列和指出了 1871—1951 年间，较为正式的关于文化定义就有 160 种。后来，世界文献中的文化定义高达 250 多种。不同学者从不同视角去定义文化，充分说明了文化概念及人本身的复杂性。其实，对于"文化"一词的理解，学界出现多种多样的定义，这不足为奇。因为文化作为社会和历史现象，是随着社会发展而不断变化的，其内容、形式与结构总是在不断调整，以此来适应变化中的世界，进而展示出文化的地位和作用。

在我国，"文化"一词最早是分开使用的。"文"的本意是指色彩交错的纹理，《礼记·乐记》里有"五色成文而不乱"之说。"化"的本义为更易、生成、造化。如《礼记·中庸》云："可以赞天地之化育。"到

① ［德］米切尔·兰德曼：《哲学人类学》，彭富春译，工人出版社 1988 年版，第 260—261 页。

了战国秦汉时期，作为复合词的“文化”才正式见诸文章，其主要意思是指统治者治理民众、国家的一种理论、政措与方法。在后来漫长的封建制度下，“文化”一词总是与“武功”相对，表示中国封建统治者儒家伦理纲常对人的规范、制约作用。而在西方，“文化（culture）”的含义也同样有一个不断演变发展的过程。它最初的意思主要是指耕作、培养、教育。到了古希腊罗马时期，“文化”一词被用于公民参加社会生活和政治生活的能力上，与公民的知识水平、能力和素养有机结合在一起。在中世纪，“文化”的意义与基督教相连，特指神带给民众的创造力。文艺复兴时期，由于倡导人文主义精神，“文化”又再一次与人的形成、发展联系起来。到了 18 世纪的法国，在启蒙运动的推动下，“文化”和人的教养有关，与人的理性相连。到了 19 世纪的德国，文化被视为社会规范之外的绝对精神和绝对自由等。

直到 1871 年，人类学鼻祖泰勒在《原始文化》中，对文化下了一个较为全面的现代意义上的定义。他指出：“文化，或文明，就其广泛的民族学意义来说，是包括全部的知识、信仰、艺术、道德、法律、风俗以及作为社会成员的人所掌握和接受的任何其他的才能和习惯的复合体。”① 这个定义主要是把文化当作是一个精神复合体，而较少涉及文化的物质层面。后来美国的一些学者，比如奥格本等，对这一文化定义进行了修正。文化除了是精神复合体之外，他还加上了“实物”的部分。因此，文化的定义就变成了这样：“包括实物、知识、信仰、艺术、道德、法律、习俗以及任何其他能力和习惯。”② 在五四运动前后，中国学术界从西方引入民族学、人类学，特别是蔡元培、梁漱溟等学者，主要通过东西方文明比较的方式，不断加深了对文化内涵的理解。

真正的文化具有内在的生命力，它不断发展变化，以此来展示自己丰

① ［英］爱德华·泰勒：《原始文化》，连树声译，上海文艺出版社 1992 年版，第 1 页。

② 转引孙本文：《社会的文化基础》，世界书局 1932 年版，第 24 页。

富的存在和推动人类历史发展，这种认识是以斯宾格勒为代表。文化是人类文明的总称。这是从广义视角去认识文化，看到了文化的总体特征和外在特性，这种认识是以梁漱溟为代表。文化是人的第二自然。这种定义指出了文化与自然和本能之间的差别，彰显了文化中“人为的”性质，这种认识以兰德曼为代表。文化是给定的和自在的行为规范体系。这是对文化是人的第二自然的进一步深化，看到了文化对社会所起的行为规范作用，这种认识以 C. 恩伯（Carol R. Ember）和 M. 恩伯（Melvin Ember）为代表。

正如黄楠森教授所说：“我们对文化的含义必须有一个比较合理因而比较统一的理解，这是文化研究和文化建设必须首先解决的前提，否则研究与建设无从谈起。”① 因此，目前学界大多数人还是同意用《辞海》中对“文明”的解释来定义文化。文化可以从广义和狭义去看，广义上的文化是指人类社会历史过程中所创造的物质财富和精神财富的总和。狭义上的文化是指社会的意识形态，以及与之相适应的制度和组织机构。而在中国民族学界，学者们对文化定义则更为具体全面。比如，林耀华教授指出：“文化是人们在体力劳动和脑力劳动过程中所创造出来的一切财富，包括物质文化和精神文化，以及人们所具有的各种生产技能、社会经验、知识、风俗习惯等。”② 这个概念虽然看似是用文化的外延去定义文化的内涵，但毫无疑问，其很好地抓住了文化的复杂性特征，涵盖了目前对文化的所有释义，因而也是我们本书所认可的对文化的定义。

那么，对于广义和狭义上的文化，其内部的结构又是如何？中外学者由于所持的标准不同，因而导致意见也不尽一致。从广义文化上去看，主要有二元结构说、三元结构说、四元结构说等。二元结构说的理论基础是马克思主义唯物史观，把文化分为物质文化和精神文化。在文化结构二分法中，还有把文化分为“显在文化”和“潜在文化”、“硬文化”和“软

---

① 黄楠森：《论文化的内涵与外延》，《北京社会科学》1997 年第 4 期。

② 林耀华：《民族学通论》，中央民族大学出版社 1997 年版，第 384 页。

文化”等分法。文化的三结构说一般把文化分为“物质文化、制度文化、精神文化”，或者是把文化分为“实物文化、行为文化、观念文化”等分法。文化的四结构说主要有以下两种分法：精神文化、行为文化、制度文化及物质文化的四分法；智能文化、物质文化、规范文化、精神文化的四分法。此外，还存在文化多要素论或多结构说等。为了对文化有更为清晰的了解，笔者在这里主要对学界普遍认可的“精神文化、行为文化、制度文化及物质文化四分法”进行一定程度上的解析。具体来说，精神文化是文化的核心部分，主要包括宗教信仰、价值观念、审美意识、伦理道德等；行为文化是精神文化的具体表现，主要包括各种风俗习惯、节日、人的行为模式、生活方式等。制度文化是反映和协调社会关系的文化，主要包括经济制度和体制、政治制度和体制、法律和典章等；物质文化是附在物质上的文化，主要指衣食住行用及劳动工具等物化的文化现象。这四种文化由里到外，从最稳定到最不稳定。精神文化是人类文化的根基，是最稳定的；物质文化作为人类赖以生存的基础，是最不稳定的。①

狭义上的文化则特指是“精神文化”或者是“观念文化”，是指人类社会在长期实践中所形成的精神产品、能力及制度体制等的总和。精神文化主要以理论、观念、思想等方式出现，是属于社会意识形式，受社会存在的制约，和社会存在共同组成了人类的社会生活。在阶级社会中，社会意识形式中的哲学、艺术、宗教、伦理道德、法律等，则属于意识形态，则受经济基础所决定，在阶级社会中，具有特定的阶级属性。当然，在狭义的精神文化中，文化的内核则是价值观。此外，由于文化的内涵是对文化的本质属性的认定，因此，只要文化的内涵一旦得到确认，文化的本质也就得以确立。文化是人的文化，文化的本质就是人的本质。简单地说，人的本质就是人在实践中不断地文明化。在文化本质意义指导下，文化的后得性、适应性、属人性、社会性、普遍性与特殊性等特征也得到了

① 郑晓云：《文化认同与文化变迁》，中国社会科学出版社 1992 年版，第 32—35 页。

认可。

总之，虽然文化的表现形式多种多样、人们对文化的认识也是众说纷纭，但不可忽视的是，恰恰就在这些争论中，文化的内涵与外延在一定程度上得到进一步明确，文化特征和属性得到彰显，文化的地位和作用也在逐步得以提高。这正如美国学者彼得·德鲁克（Peter F. Drucker）所说的那样："今天真正占主导地位的资源以及绝对具有决定意义的生产要素，既不是资本，也不是土地和劳动，而是文化。"①

二、文化创新

21 世纪以来，创新与文化之间的关系受到了越来越多人的关注，文化创新随之也成为当下理论界和现代社会最为流行的词语。但学界对于文化创新概念的认识和把握，却始终是处于较为模糊的状态。

"创新"（innovation）一词，起源于拉丁语，其原意主要有三层，即更新、创造出新的东西以及改变。后来，"创新"一词在很多学科领域得到了广泛运用，其内涵也相应地得到了扩展。比如，哲学上的创新特指人的创造性实践行为；社会学上的创新是指为了满足社会的需要而进行的创造性活动；经济学上的创新则是指能给人们带来有益效果的行为。众说纷纭中，按照马克思主义基本原理和观点，我们认为，科学的创新活动必须具有以下特征：第一，创新是人的实践性活动；第二，创新必须具有主客观条件和基础；第三，创新是新事物产生、旧事物灭亡的过程；第四，创新的目标是推动生产力和社会的发展。基于这样的特征认识，我们认为，创新是指在一定的主客观条件下，人们改变原有或者常规的思维模式和方法，利用现有的知识、能力和物质，创造出新事物来不断满足人和社会需要的实践性活动。因此，这个概念就很好地把"创新""创意""创造"三个相雷同的词进行了一定程度上的区分。"创意"主要是指具有开创性

① 转引自沈壮海：《软文化 真实力——为什么要提高国家文化软实力》，人民出版社 2008 年版，第 15 页。

的思维、思想、观念等，侧重于精神性。“创新”强调利用新信息，开创新局面，侧重于系统性、过程性。“创造”是指从无到有进行开发的活动，侧重于实践性结果。本研究所涉及的创新活动，是建立在对于创新、创意和创造三者意义的区分和统一基础上的产物。

文化创新和理论创新、体制创新、科技创新等相比，其出现的时间较晚。在庆祝中国共产党建党80周年大会上和党的十六大报告中，“文化创新”的概念才得以进一步明确，进而成为中国社会创新体系中的重要组成部分。既然创新是指在一定的主客观条件下，人们改变原有或者常规的思维模式和方法，利用现有的知识、能力和物质，创造出新事物来不断满足人和社会需要的实践性活动。相应地，文化创新则是指“依据社会实践的要求，在继承民族文化传统和吸收外来民族先进民族文化的基础上，对原有的文化价值观念、文化知识体系、文化思维方式和文化体制的思维解构活动及其结果，是社会文化系统整体转换或部分质变，是一种既适应现代化又具有本民族特色的新型文化的生产过程”①。简言之，文化创新就是文化主体在先进理念和技术的基础上，立足于社会实践，不断继承与发展传统文化过程中的文化再生产过程。基于社会文化系统的复杂性和系统性，文化创新作为人类独有的具有创造力的实践活动，其内部结构表现为一个复杂的整体系统。在这个系统中，文化创新背景、文化创新内容、文化创新目标、文化创新原则等要素则是作为前提语境部分去分析；而对于文化创新的实践路径、策略及评价标准，则更多地体现在对文化创新理论要素的实践操作环节，笔者因此把它们纳入文化创新的实践机理部分去思考。

诚然，文化创新不同于简单的文化变迁，而是文化变迁过程中那些推动文化不断发展的文化变迁。文化创新是人类独有的具有创造力的实践活动，这就规约了文化创新要充分体现“以人为本”的人文精神和科学实

① 李春华:《新时期中国共产党文化创新研究》，中国社会科学出版社2012年版，第32页。

践的各项要求。具体来说，文化创新的本质表现为“扬弃”。“扬弃”则具有以下几层意义：第一，“扬弃”就是既克服又保留，去其糟粕，取其精华。这要求我们在文化创新中，一定要摒弃文化保守主义和文化虚无主义的错误思想，在祛除文化中的糟粕部分的同时，把文化中的精华部分保留下来。第二，文化创新的本质的另一层面意义则表现为“扬弃”中蕴含着“发展”。文化发展就是指在保护与传承中华优秀传统文化的过程中，文化通过创造性转化而实现创新性发展，呈现出前进和上升的发展趋势。这就是说，在任何一个文化创新实践中，我们一方面要按照时代要求和标准对文化中的那些糟粕部分进行摒弃，对文化中的那些精华部分进行保护和传承。同时，在此基础上，还要遵照文化发展的规律性和时代发展需要，进一步对文化进行创新拓展。特别是对于少数民族传统文化来说，在创新中保护和继承好其自身文化的独特性和优越性，避免其自身文化的狭隘性和落后性，在发展中辩证处理好文化的“一”与“多”的关系，实现少数民族传统文化与社会主义主流文化的有机统一、共生共融共荣，就成为当前少数民族传统文化创新中要处理好的关键问题。总之，要抓住和把握文化创新的实质，关键就在于弄清楚克服和保留、继承和发展这些基本概念及其之间的辩证关系。如果脱离了对少数民族传统文化的批判和摒弃、保护和传承、延扩与发展，那么一切创新活动都没有意义，一切创新价值也将无法实现。

正如前文所说，作为一个系统工程的文化创新，其中主要包括文化创新背景、文化创新内容、文化创新目标、文化创新原则、文化创新路径、文化创新策略以及文化创新标准等相关要素。基于文化创新背景、内容、目标及原则等几要素在文化创新中的先在作用，所以我们把其放在文化创新的理论基础性部分去探析，而文化创新策略、方针、路径及评价标准等要素，则和文化创新具体实践紧密相连，因而我们把其放在文化创新的实践逻辑中去分析。此外，文化创新是一个整体性的创新实践活动，要求我们一定要在创新中遵循事物整体性要求和辩证性方法。总之，从党的十六大报告中明确提出“文化创新”，到党的十九大报告中进一步强调“文化创造性转化与创新性发展”。这一切都表明了文化创新已然成为党和国家关注的热点和重点，也是当前民众关心的热点和重点。在这样的背景下，西部少数民族传统节日文化创新已成为当前社会和当今时代的必然之势。

三、社会功能

作为本书的落脚点和关键词的“功能”概念，我们也是在承认“功能”和“作用”这两个词之间存在辩证关系，可以互换使用的同时，还把“功能”和“作用”进行了一定程度上的区分。具体而言，从事物内涵视角去看，功能是指事物内部固有的特殊效能，是由事物内部各要素相互结合而形成的结构系统所决定的和推动的，是内在于事物内部的相对稳定而又独立的一种机制。作用是指事物与外部环境发生关系时所产生和反映出来的外部效应和结果。同样的功能对外界所产生的作用，可能是正面的，又可能是负面的，这主要取决于功能与外部环境的互动模式和方式。因此，功能是作用产生的内部依据和前提基础，作用是功能按照外部客观需要而产生出来的实际效能，是功能的外部条件和表现形式。

具体对于本书来说，文化创新视域下西部少数民族传统节日的社会功能研究，并不是单纯地去研究文化创新下传统节日的内部功能，也是在不断强调处于文化创新下的传统节日对于社会发展所带来的效应和作用。由于文化创新是指文化主体在先进理念和技术的基础上，立足于社会实践，不断继承与发展传统文化过程中的文化再生产过程。这种对于文化创新的内涵和性质的认定直接决定了文化创新实践所产生的社会功能一定是正面的。因此，在本书中，笔者在使用社会功能和社会作用这两个词的时候，都是从其褒义词性的角度去认识和理解它们。同时，经过文化创新的实践，创新主体很好地把传统节日内在的社会功能和外在作用有机结合了起来，扩大了传统节日的社会功能的内涵和外延。这样，本书所指的“社会功能”也就理所当然地成为“社会作用”的同义词。总之，以上两个前提和预设是本书的基本出发点和落脚点，本书是建立在这样的认识基础上的产物，在此特别说明。

而对于本书所讲的“社会功能”，意指事物或方法对社会发展所发挥的有利作用或效能。这种作用或效能是指广义视角下的社会功能，而不是指狭义层面上的社会功能。按照文化作用的对象不同去划分，广义视角下的社会功能主要包括经济功能、政治功能、文化功能、狭义上的社会功能以及生态功能五大功能要素；狭义层面上的社会功能，主要是指文化对社区稳定、社会和谐、社会交际及社会教育等方面所起的作用。而广义视角下的社会功能和狭义层面上的社会功能、广义视角下的五大功能要素之间，是一种既对立又统一关系，它们之间相辅相成，共同形成了文化创新视域下西部少数民族传统节日文化的社会功能总系统。而至于为什么把本研究中的“社会功能”认定为广义视角下的社会功能去进行分析，主要是基于以下几个方面的考虑。

首先，这是文化本身的属性使然。文化本身就不是和政治、经济、社会等因素相并列的现象，而是政治、经济、社会领域中不可分割的一部分。特别是在文化创新的背景下，文化与政治、经济、社会等领域的融合变得更为频繁。因此，从这个意义上看，本书所指的文化的社会功能就不是指狭义上的社会功能，而是包括经济、政治、文化、社会及生态等方面的广义上的社会功能。

其次，这是文化创新强大驱动力的结果。在传统社会，由于文化与其他社会要素之间的联系不是十分紧密，人们往往把文化和经济、政治等要素分离开来对待和处理，这就直接导致文化对于其他社会要素的影响力和作用力难以得到充分显现。但在现代社会，随着人们对于文化的地位和作用的认识的不断增强，特别是 20 世纪 90 年代，哈佛大学著名学者约瑟夫·奈提出“文化软实力”这一概念肇始，文化的力量和作用逐渐得到了人们的认可。在这样的背景下，文化创新强大的驱动力主要表现在以下两个方面：一是把文化与经济、政治、生态等社会因素有机结合起来，使文化成为这些社会因素内在的一部分，也就产生了诸如文化经济、文化政治、文化社会、文化生态等说法；二是把文化的功能凸显出来，不断认识到文化对于经济、政治、生态等社会领域发展所起到的促进作用，进而明确了文化的经济、政治、社会、文化及生态功能。

再次，这是和中国特色社会主义“五位一体”总体布局相契合的。2020年是我国全面建成小康社会的关键时间节点，“小康”是指发展水平，“全面”蕴含着发展的平衡性、协调性、可持续性。全面小康，覆盖的领域要全面，是“五位一体”全面进步的小康。坚持以经济建设为中心，全面推进经济建设、政治建设、文化建设、社会建设、生态文明建设，则成为社会主义现代化建设的应有之义。而文化作为社会主义现代化建设中不可缺少的要素，早已成为了推动社会主义现代化建设的深沉的、持久的、基本的力量。因此，探讨文化创新视域下西部少数民族传统节日在推进中国特色社会主义“五位一体”总体建设布局中所起的作用，就显得极具价值和意义。

此外，基于文化创新是一个文化保护与发展的过程，因此，本书所研究的文化创新下所产生的社会功能，既包含着创新中保护和传承的文化创新之前传统节日所具有的正向能量的社会功能，也包含着文化创新过程中所挖掘和发展出的传统节日的社会功能，这两种功能共同组成了本书所研究的文化创新视域下西部少数民族传统节日的社会功能。这样，本书所指的“创新功能”，就和研究主题中所指的“社会功能”在内涵和外延上是一致的，两者在使用中可以互换。

四、文化创新与社会功能的关系

经过上文对于文化、文化创新及社会功能等基本概念的分析，我们知晓了文化创新就是文化主体在先进理念和技术的基础上，立足于社会实践，不断继承与发展传统文化过程中的文化再生产过程。社会功能意指事物或方法对社会发展所发挥的有利作用或效能。当然，对于文化创新与社会功能之间的关系的认定，恰恰就在对研究涉及的基本概念中得到了确定。简言之，在文化创新与社会功能的关系中，文化创新是社会功能实现的动力和源泉，社会功能是文化创新的必然结果，两者是一对相辅相成的矛盾统一体。

当然，由于创新本身就是一个继承与发展的“扬弃”过程，因此，这就使得我们在具体分析两者关系时，特别是对于创新功能的实现的分析中，就必须要对此种关系进行进一步细分。在文化受到外界各种因素的不断冲击下，文化主体在先进的创新理念和技术的指导下，理顺创新机制，更新节日形式，实现最大限度地发挥节日文化的社会功能，最终达到持续不断地对节日文化进行有效保护与发展的目的，这是发挥节日文化创新内在驱动力的表现。而在节日文化创新动力的驱动下，传统节日文化中那些被人们所忽视或忘却、对于社会发展所起到的作用或效能得到了最大限度的恢复，传统节日文化中以往没有、对于社会发展所起到的作用或效能得到了进一步补充，传统节日文化中现今保存完好的、对于社会发展所起到的作用或效能得到了进一步的强化和巩固，这是发挥传统节日文化创新内在驱动力的必然结果。因此，可以这样说，没有文化创新，传统节日文化的社会功能就不能得到最大限度的保护、彰显和拓展。

当前，随着一批历史文化悠久、文化底蕴深厚、影响力和传播力强的传统文化，经过创新方式，在经济、政治、文化、社会及生态上取得了令人瞩目的成绩，这就在无形中会激励那些有一定文化基础、没有进行创新发展或者正在进行创新发展的传统文化不断加快创新步伐，实现自身文化的创新蜕变。因此，文化创新与社会功能之间是一对相辅相成的矛盾整体，两者缺一不可，共同推进文化的保护与发展。

具体就西部少数民族传统节日文化创新来说，传统节日作为西部少数民族的生活方式和民俗习惯，其在现时代要积极进行创新发展，主要基于以下几个方面缘由：第一，节日文化是灵动的，其本身具有内在的创新驱动力，才能使节日文化与人民生活在动态中达到平衡。第二，节日文化需要与现代社会保持一致，才能获得自身生存与发展所需的养料。现代社会对传统节日的内容、形式、理念、运行体制等都提出了现代化的基本要求，节日文化如果达不到这些基本要求，早晚就会被整个时代所抛弃。第三，现代社会需要充分利用节日文化去促进社会的全面发展。传统节日在现代社会可以作为文化软实力的节日，也可以看作是人们生活方式的集中反映的节日，还可以是文化传承载体的节日，甚至可以视为社会发展所需资源的节日。因此，从节日文化与时代的互动关系中，传统节日需要通过文化创新的方式来实现自身的保存与发展，社会也需要传统节日通过创新方式来满足其对节日文化功能的希望。这样，节日文化创新就能得到社会的支持和帮助。第四，节日文化发展可以作为西部地区完成脱贫攻坚的先导。对于西部欠发达地区来说，传统节日特色鲜明，种类繁多，影响力大，因而是西部各民族文化的集中体现。基于传统节日在西部文化中的地位和作用，其走文化创新及其功能实现之路就显得更为急切和必要。总之，西部少数民族传统节日需要和能够文化创新，文化创新能提升传统节日的社会功能。因此，西部少数民族传统节日创新不仅必要，也是可能的。

第二节 西部少数民族传统节日文化创新背景

党的十七届六中全会指出："文化越来越成为民族凝聚力和创造力的重要源泉、越来越成为综合国力竞争的重要因素、越来越成为经济社会发展的重要支撑，丰富精神文化生活越来越成为我国人民的热切愿望。"① 习近平总书记在2015年十二届全国人大第三次会议上海代表团审议时强调，"创新是引领发展的第一动力。抓创新就是抓发展，谋创新就

① 《中共中央关于深化文化体制改革推动社会主义文化大发展大繁荣若干重大问题的决定》，《人民日报》2011年10月26日。

是谋未来。"[①] 这都说明了西部少数民族传统节日文化创新的急迫性、重要性及前瞻性。而西部少数民族传统节日文化创新，是建立在对世情、国情及区情的充分认识下，结合节日文化发展特点及规律的产物，也是国家非物质文化遗产保护与发展过程中的重大举措。

一、全球化对西部少数民族传统节日文化的冲击

今天，全球化主要是通过技术化、市场化、工业化等方式对西部传统节日文化进行渗透，使得节日发展在传统与现代之间游离不定。传统节日活动由于采用了过多的现代科学技术手段，这就使得节日活动自身所带的神秘性和神奇性在"聚光灯"下被暴露无遗，导致节日活动的吸引力和魅力大大降低。比如，在很多的传统节日中，都有祭祖、纪念以及展示文化神奇力量的部分。流行于西南、中南地区的傩文化，在节日活动中经常得以展示，但自从与光电相关的现代器具介入节日中，比如扩音器、投影仪、聚光灯等，傩文化内在的神秘性和神奇性随之就受到了极大的削弱。同时，在当前，少数民族传统节日走向市场化、商业化的趋势十分明显。为了迎合大众感官化、娱乐化的需求，节日文化被进行商业包装，节日文化的整体象征符号已经难以完整保存。因此，在西部很多少数民族节日活动中，保持着节日"本生态"完整文化元素的节日正在迅速减少。特别是在全球经济一体化潮流的冲击下，处于弱势文化地位和经济地位的少数民族，由于缺少必需的文化自信和文化自觉，使得他们很难用一己之力去应对这种冲击，最后只有被慢慢卷入进全球经济化这股浪潮中。此外，节日文化与旅游业的结合，使得节日文化变成了能给民众带去经济利益的文化"资本"，而处于文化展演中的节日文化，其文化的本真性又一次受到了冲击，导致节日旅游场域中的伪民俗、假民俗现象层出不穷、比比

① 《习近平到上海代表团审议：创新是引领发展第一动力》，http://www.chinanews.com/gn/2015/03-06/7108692.shtml 中国新闻网，2015 年 3 月 6 日。

皆是。

文化与经济、文化与技术、文化与市场之间的关系并不是矛盾的，它们之间的关系可以说是和谐共生的关系。但在实践运行中，全球化则给传统节日文化带去了威胁。因此，在节日文化保护与发展中，应该创新机制，找准目标，用创新驱动和带动节日非物质遗产保护工作的开展。当前，国家非物质遗产保护工程、中国节日志的撰写、节日法定假日制度的实施等实践工作的开展，都是中国政府面对全球化对传统节日文化冲击的一种积极回应。当然，在全球化背景下，对于传统节日文化的保护与发展工作是一个系统工程，单靠政府一方面是不够的。我们应该抓住政府重视、积极引导这个契机，联合各方力量，利用节日文化创新这个动力，不断去推进全球化与西部地方节日文化之间的良性互动。总之，全球化在不断影响和冲击着世界文化的多样性，保护文化的多样性应该像保护生物多样性一样重要，势在必行。

二、国家对西部少数民族传统节日文化创新的推动

文化是一个国家、一个民族的精神灵魂。文化兴则国运兴，文化强则民族强。中国作为一个有着五千年文明历史的国家，其文化建设从未中断过，在世界上形成了独具特色的中华文明。特别是新中国成立以来，党和国家对于社会主义文化建设工作更是十分重视。比如，“双百”“双为”“两创”方向或方针的提出，就为当前的文化建设指明了明确的发展方向和路径。具体对西部少数民族传统节日文化创新来说，国家在其中起着积极的推动作用。而国家在文化上的推动作用的产生，是建立在以下几个方面认识基础上的产物。

文化的重要作用。自从 20 世纪 90 年代以来，“文化软实力”的提法和精神实质受到了各国政府和人们的关注、重视，并积极地把其付诸文化建设实践。在不断的文化实践中，文化对于社会发展的作用得到了进一步彰显。美国哈佛大学学者约瑟夫 · S. 奈提出“软实力”的初衷，主要是

对在国际关系分析中，一些学者过分强调和夸大战争和使用武力为主的现实主义模式，在解释世界问题上的作用的做法的不满而提出来的。文化还可以为社会发展提供思想保证、智力支持、精神动力等作用。基于文化在现时代的重要作用，国家充分看到和认识到了加强文化建设的重要性和紧迫性，而作为习近平总书记指出的中国特色社会主义文化建设三大来源和根基之一的中华优秀传统文化，和革命文化、社会主义先进文化一道，其保护与发展工作也就顺势得到了来自国家层面上的重视和推动。

文化创新的动力作用。江泽民同志在1995年全国科学技术大会上提出：“创新是一个民族进步的灵魂，是国家兴旺发达的不竭动力，如果自主创新能力上不去，一味靠技术引进，就永远难以摆脱技术落后的局面。一个没有创新能力的民族，难以屹立于世界先进民族之林。”① 胡锦涛同志在党的十八大报告中强调：“建设社会主义文化强国，关键是增强全民族文化创造活力。”② 习近平总书记在党的十九大报告中进一步指出：“坚持创造性转化、创新性发展，不断铸就中华文化新辉煌。”③ 党和国家对西部少数民族传统节日文化创新的支持和扶助，是在充分看到文化创新对于文化建设的重要作用下的产物。正如党的十八大报告中指出的那样，文化创新是建设社会主义文化强国之关键。国家层面对于文化创新地位和作用的认定，定会推动少数民族传统节日文化创新实践的顺利开展。

节日文化发展现状。在前面的分析中，我们得知了西部少数民族传统节日文化在不断发展的同时，也存在一些不足。总的来说，中国作为一个有着五千年文明历史发展的国家，传统文化对于国家和人民的滋养是十分丰富和有效的，但文化的力量对于当前社会发展的推动作用还没有充分地发挥出来。梁漱溟在《中西文化及其哲学》、亨廷顿在《文明的冲突与世界秩序的重建》中，都对中国文化的未来发展前景进行了展望。他们都

---

① 《江泽民文选》第一卷，人民出版社2006年版，第432页。
② 《胡锦涛文选》第三卷，人民出版社2016年版，第637页。
③ 《习近平谈治国理政》第三卷，外文出版社2020年版，第32页。

指出，中国文化是世界文化发展的未来和希望。因此，国家层面介入文化创新实践，其目的是在于进一步推动文化建设，发挥文化对于社会的重大推动作用。就西部少数民族传统节日文化发展来说，正如有的学者认为的那样，“中国传统节日文化蕴含着丰富的家国认同内容，如何巧用善用，使之成为强大的国家凝聚力量，关系重大”①。因此，国家对于西部少数民族传统节日文化创新的推动，是有利于国家与民众的两全其美的事情。当然，国家对于地方性节日文化的推动，主要是“通过国家的管理和社会化制度非常明确的有意的文化建构：尤其是法律、教育体系和媒体”②来进行的。比如，国家法定节假日制度的颁布实施，对于节日文化创新上的人员保障、活动保障以及时间保障等都起到了极大的推动作用。总之，节日文化发展现状促成了国家层面对节日文化创新的重视和实践推动。

三、文化经济成为西部地区经济社会腾飞的有力杠杆

中国的西部地区，地域辽阔、资源丰富、人口稀少、经济落后、民族众多、文化多元，总的来说属于中国欠发达地区。随着 2000 年“西部大开发”的开展，西部地区的面貌得以焕然一新，西部地区随之成为国人创业的沃土、休闲的好去处。近几年来，西部地区后来居上，在经济增长率上独领风骚，成为中国经济发展新的增长区域。特别是西部地区旅游产业的不断发展，更是成为带动西部地区经济社会发展的一大杠杆。

当前，全国各地都在大搞文化建设，各地都试图通过文化来推动整个区域社会的全面发展。在文化建设上，除了江苏、浙江、广东、山西、河南、陕西等中东部地区声名鹊起之外，西部地区也不甘示弱。西部各省区充分利用自己独特的多元民族文化和生态文化，走出了一条与其他地区文

① 张士闪、李松：《中国民俗文化发展报告 2015》，山东大学出版社 2016 年版，第 9 页。

② ［美］戴维·赫尔德、［英］安东尼·麦克格鲁：《全球化理论：研究路径与理论论争》，王生才译，社会科学文献出版社 2009 年版，第 186 页。

化建设不同的道路来。比如，在陕西建设文化强省实践中，提出了建设文化事业强、产业强、队伍强、创意强、影响力强的目标。并指出“文化强”主要体现在文化的凝聚力、保障力、竞争力、创新力及影响力上。又如，地处西南边陲的云南省，早在1996年，就把建设民族文化大省作为全省发展的三大战略目标之一。后来，又提出了把民族文化大省建设向民族文化强省迈进的战略目标。自此，香格里拉品牌、茶马古道品牌、七彩云南品牌、聂耳音乐品牌逐渐树立起来，走出了一条文化与旅游、文化与产业、文化与科技相结合的创新发展之路。毫无疑问，节日文化在云南文化强省建设中，起着十分重要的作用。从某种意义上说，正是火把节、泼水节、“三月街”“目瑙纵歌节”“花脸节”“花街节”“十月年”等积极创新发展，才为外界认识云南、理解云南、建设云南搭起了一座桥梁和一扇窗口。

不仅仅是在陕西、云南等地，在西部其他地区，开展节日活动的势头也一直未减。据不完全统计，目前我国基本每三天就有一个比较大型的“节”。且不说现在，就是十年前，这股“节庆热”就早已经成形。比如，2009年，全国各地举办比较大型的节庆活动就高达956个，其中，地处西部的四川81个、贵州44个、重庆20个、宁夏14个、内蒙古32个、甘肃45个、西藏23个、新疆9个、广西17个、云南19个。① 在西部地区节庆活动中，节日类型和主题十分丰富，涉及了有关文化的方方面面。但在节日活动中，“文化为媒，经济为主”的趋势十分明显，节日活动成为推动当地经济发展的一种有效载体。比如，重庆彭水县连续举办了七届中国乌江苗族踩花山节，迄今为止，当地踩花山节已经打造成一个系列产业，其节日内容极其丰富，且贯穿于全年不同时期。因此，踩花山成为重庆彭水县构建以旅游产业为纽带的生态经济体系的排头兵。就拿2018年举办的第七届踩花山节日活动来说，活动内容主要有：2018·第七届中国

① 王春雷、赵中华：《2009中国节庆产业发展年度报告》，天津大学出版社2010年版，第1页。

乌江苗族踩花山节·民歌会、苗族歌舞篝火晚会、苗装秀、民俗会、蚩尤祭祀大典、开幕式暨万人踩花山、舞林会、九黎庙会等，节日活动从4月22日一直持续到10月7日。同时，全年还为踩花山节配以各种配套活动。据统计，在踩花山节为首的旅游产业带动下，2017年全县累计接待游客2095万人次，比2012年的340万人次增长516.1%，实现旅游综合收入91.8亿元，比2012年的10亿元增长817.7%。①

总之，节日作为集中展现各民族文化的“文化丛”，在现时代不仅起着展示各民族传统文化的作用，还可以通过丰富多彩的节日活动，扩大西部地区的影响力和知名度，进而为西部地区的发展带去经济收入、发展机会等。因此，节日活动对于西部地区经济社会发展起着重要的杠杆作用。基于创新是文化的灵魂、动力和源泉，自主创新能力是文化产业的核心能力的认识。笔者认为，文化创新能进一步带动产业创新，产业创新才会推动西部地区的经济社会发展。

四、创新性思维已成为西部少数民族传统节日谋求发展的主导模式

发展是新事物的产生、旧事物的灭亡。发展是事物内部的自我联系、自我否定、自我发展的环节，其实质是“扬弃”。新中国成立以来，特别是改革开放40多年来，西部少数民族传统节日文化在节日形式、内容、功能及作用等方面都得到了巨大发展，但在其发展中，也出现了一些不足。因此，西部少数民族传统节日文化要进一步得以发展，则必须走自我创新发展之路，因为创新是文化发展的动力和源泉，是文化本质之所在。并且，西部少数民族传统节日文化的当前发展为其进一步创新提供了必要性和可能性。因此，西部少数民族传统节日文化创新活动的产生不仅是必要的，也是可能的，因而是必然的。

① 《2018·第七届中国乌江苗族踩花山节暨中国·彭水水上运动大赛》，http：//ps.cq.gov.cn/zfxx/10/2018-5/24938.html 重庆市彭水县人民政府网，2018年5月15日。

当前，西部少数民族传统节日文化需要文化创新去推动，这是其创新发展的必要性。具体来说，这种必要性主要是体现在以下几个方面。

首先，节日文化创新是时代的要求。社会变迁引发文化变迁，社会结构发生变化了，文化结构也应该随之而发生变化。今天，中国特色社会主义已经进入了新时代，中国特色社会主义文化建设要求节日文化要和社会主义本质相一致。因此，对于传统节日文化内部存在的有益于社会发展的东西，我们要加以保护，而对于传统节日文化内部存在的那些不符合社会发展的因素，则要加以摒弃或改造，使其更好地适应社会主义发展需要。

其次，节日文化自身发展的需要。在外在性的指引下，节日文化内部也需要自我更新、不断发展。文化的本质是“人化”，也就是人的文明化。基于节日文化与族群心理、价值观念、文化象征等有机结合的现状，因此，当节日活动和内容与这些心理、观念相冲突之时，节日自身内部就有一种改革更新的内驱力，这就会导致节日文化自我创新的产生。当然，节日文化的这种内驱力主要是通过文化自身的超越性和自在性、自为性和自在性之间的矛盾来实现的。

再次，节日文化产业化需要节日创新。文化产业属于“朝阳产业”“创意产业”“绿色产业”，其自身有着其他产业不具备的优势和特点。在当前节日文化与旅游产业有机结合之际，则需要节日文化改变原有的方式和形式等，不断去适应旅游产业的发展需要。在这个过程中，传统节日与现代节日、民族文化与大众文化、文化事业与文化产业、文化独特性与文化大众化之间的矛盾博弈关系始终存在，这就要求我们用创新的方式去把这些矛盾加以解决，才能实现节日文化的跨越发展。

最后，节日文化创新是解决节日文化发展问题的需要。当前，在节日文化发展中，出现了这样那样的不足。如果这些不足不得到正确的认识和解决，势必会对节日文化的进一步发展造成影响。比如，节日活动的同质性、标志性统领式节日欠缺、节日内涵挖掘不够不深以及节日商业化色彩过浓等问题，这些问题的解决都需要我们用创新的思想去引导、丰富的内涵去弥补、独具慧眼的创新手法去创造以及协调发展的理念去实践等。总之，“创新”的本意是“固本开新”。因此，我们只有在看到节日文化发展中出现的这些新问题、新情况，才能看到节日文化发展的必要性，最终才能把这些必要性变成可能性。

当然，西部少数民族传统节日文化不仅有创新的必要，其发展状况和态势也为其文化创新提供了可能。

首先，节日文化的当前发展为其进一步创新发展打下了坚实的基础。西部少数民族传统节日文化众多，保存较为完好；节日文化特色鲜明，影响力较大；节日文化产业化基础扎实，潜力无限；传统节日创新工作开展得如火如荼，收效明显；节日文化主体的文化自觉意识和创新意识不断得以提高。总之，当前节日文化良好的发展现状，为节日文化进一步创新发展奠定了基础。

其次，社会需要是节日文化创新发展的目标诉求。当前，随着我国社会主要矛盾的变化，人民群众对美好生活的需要与不平衡不充分的发展之间的矛盾成为新时代的主要矛盾。在新的矛盾下，人民群众对于节日文化的需要层次也就更为高级，这就需要节日文化以人民群众需要为动力和目标诉求，加快节日文化的快速发展。生产决定消费，消费反作用生产。社会对于高层次和独特文化的需要倒逼着节日文化创新发展。因此，从这个意义上去说，社会需要为节日文化创新不仅提供了必要，而且还创造了可能。

再次，丰富的文化累积是节日创新的重要条件。文化累积主要是指人们具有的保存文化、创造文化、再创造文化、再保存文化的能力。随着西部地区一大批节日进入非物质文化遗产保护名目，政府、民众、传承人之间良性互动，充分展示了上自政府、下到民众对于文化保护的能力和素质。而西部一些传统节日，比如，泼水节、火把节、那达慕大会等节日在市场经济上办得红红火火，则在一定程度上说明了人们的文化再创造能力的广泛存在。

最后，政府和民众的支持是节日文化创新的重要支撑。政府作为民众生活的管理者和组织者，能从法律法规、规章制度、经济利益、社会环境等多方面对节日文化创新提供保障；而民众对于节日文化创新的理解和支持，则是节日文化创新能够顺利开展的主体性支撑。节日是民众的生活，民众的生存智慧的展现，在政府和民众的共同努力下，一定会大放光彩。

总之，西部少数民族传统节日文化创新虽一直都在进行，但今天显得格外紧迫和重要。全球化对地方性知识的不断冲击和渗透、国家层面对于传统节日文化创新工作的重视和推动、节日文化在西部地区跨越式发展中的地位和作用以及节日文化内外部力量对于节日文化更新创新的诉求，这些要素共同组成了西部少数民族传统节日文化创新背景。当前，“中华优秀传统文化与社会主义市场经济、民主政治、先进文化、社会治理等还存在需要协调适应的地方。弘扬中华优秀传统文化，要处理好继承和创造性发展的关系，实现中华文化的创造性转化和创新性发展”①。因此，只有理性看待和分析这些背景，尊重节日文化发展规律、顺应人民和时代的要求，节日文化创新工作就一定能顺利进行。

第三节　西部少数民族传统节日文化创新原则

西部少数民族传统节日文化创新是主客体相结合的实践活动，在创新活动中，人的智慧和能力得以充分体现。“文化创造渗透在人的文化活动的一切方面，集中体现为知识的创造和价值的创造……文化创造力也就是人在创造新观念、新知识、新价值的活动中所表现出来的观察问题、处理问题、解决问题的各种能力的总和。”② 创新内容的创造是人的能力的体现，而创新原则和目标的设定也是人的能力的展现。创新原则是创新过

① 中共中央宣传部：《习近平总书记系列重要讲话读本（2016 年）》，学习出版社、人民出版社 2016 年版，第 203 页。

② 田丰、肖海鹏等：《文化竞争力研究》，中国社会科学出版社 2007 年版，第 41 页。

程中必须遵循的规则，创新目标是创新活动要达到的结果。没有规则的创新活动是杂乱的，没有结果的创新活动是盲目的。因此，西部少数民族传统节日文化创新，必须结合实际，设立标准，才能达到预期的创新目标。

“原则”，是指一个人在说话、做事中应该遵循的法则或标准。俗话说：没有规矩，不成方圆。当前，人们对于传统节日的性质、功能和作用的认识是多种多样的，比如，有的把节日看作是非物质遗产来对待，有的把节日认为是民众的日常生活，有的认识是旅游发展中的重要资源，有人认为是一个娱乐的时节，有人认为是历史遗留下来的流俗。同时，人们对创新内涵的理解也是五花八门，比如，有人认为创新就是简单的推陈出新，有人把创新等同于变化变迁，有人认为创新就是促使事物发展，有人主张创新就是对事物的“扬弃”。如此种种，但不可否认的是，这些认识对于传统节日的发展态势和功能作用的影响是十分重大的。基于此，我们认为，西部少数民族传统节日要进一步得以发展，必须要采众家之长，找到符合自身发展的创新原则来。而对于文化创新原则，学界这方面的论述很多，比如，文化创新要坚持为最广大人民服务、文化民族性、培育和弘扬民族精神、开放性以及批判继承等原则。① 因此，笔者认为，文化创新必须要反对历史虚无主义、文化虚无主义，坚持用马克思主义文化建设思想去指导，推进文化的大繁荣大发展；必须要坚守文化的本质、遵循文化发展的规律、结合时代的要求、听从民众的呼声。只有这样，文化创新工作才能有规范、出成效。

一、坚持客观性原则

科学性或客观性是构建人类文化的基石，也是马克思主义理论和思想的基石。在科学性指导下，要求我们对事物要做到一切从实际出发、实事

---

① 魏恩政：《中国特色社会主义文化建设》，中共中央党校出版社 2006 年版，第 227—230 页。

求是。科学是对客观事实及其规律的把握和认识，简单地说，科学就是人们对客观世界的理性把握。科学的具体化就是技术和技艺。同时，科学不仅仅是一种认识，而且也指一种理念。一般而言，科学性一般包含三个方面的内容：事实、规律和实践。改革开放以来，中国共产党人在尊重客观规律的基础上，坚持用科学的态度和理念去指导文化建设，使文化建设领域呈现出了欣欣向荣的景象。当前，对于传统文化创造性转化和创新性发展来说，坚持创新发展的科学性和客观性，是创新实践最为根本的特征和原则。在西部少数民族传统节日文化创新中坚持科学创新原则，就是要求我们要从西部少数民族聚居地方经济文化发展现状出发，在认真把握各少数民族节日文化资源及其发展现状的基础上，通过制定具有前瞻性而又合乎文化发展规律的创新策略，然后开展积极有效的创新实践活动，最终达到节日文化创新目标。

具体来说，西部少数民族传统节日文化面临着文化全球化、文化经济化以及国家对于文化创新工作的积极主张和推动的客观背景下，因此，节日文化创新要充分体现时代性的要求，而这个时代性最大的要求就是需要传统节日文化要为中华民族伟大复兴提供文化支持。这就需要节日文化创新要与中国共产党的革命和建设实践有机结合起来，在发挥节日文化对社会发展的促进作用中，去充分体现节日文化创新工作的实践性和客观性原则。同时，当前，西部地区很多传统节日文化已经走向旅游市场，但在这个市场里面，学者们最为强调的则是文化的真实性问题。因为只有真实性才是整个旅游活动的基础，同时在此基础上才会彰显节日文化的地方性和独特性特征。进一步说，也只有在此基础上进行的创新活动，才是更为有效的实践活动。因此，客观性原则是西部少数民族传统节日文化创新的基本原则。

二、坚持民族性原则

民族性是西部少数民族传统节日文化最大的个性，而节日文化的个性就是节日文化最大的优势性。对于地处中国西部的各省区来说，区域内多民族交错杂居，形成了众多独具特色的节日文化。比如，作为中国少数民族族类最多的云南省，经过几十年的发展，省内外人士形成了这样的共识：云南最宝贵的资源是民族，最经典的品牌也是民族，最耀眼的名片还是民族。民族文化极具地域性特征，是一个地区或民族生理、心理长期交融的产物，是民族的生存方式、生活方式和心灵智慧的展现。西部少数民族独具个性特点的文化，比如，服饰、艺术、美食、宗教、建筑、生态等民族文化，更是少数民族傲立于世的最大“资本”。把这些民族传统文化在民族节日活动中展示出来，本身就是创新。因此，在创新中，一定要坚守着西部少数民族地区最大的“民族性”资本，然后在此基础上进行节日文化创新，才能充分保持住节日文化的特点和优势，创新工作才会取得最大的成效。当然，西部少数民族传统节日文化创新，一方面要求我们要充分考虑和运用好西部各民族的现有民族性，即是已经变化发展了的民族性特征；另一方面则要考虑进一步去挖掘少数民族文化中，潜存着的那些反映民族特性的内容和资源，发掘出更多更好、大众喜爱、符合各民族习性的节日文化资源来。反之，脱离西部地域和各民族民族性的节日文化创新，会使民族特性丧失，最终会对民族文化发展造成障碍。总之，西部少数民族传统节日文化创新中坚守的民族性原则，就是为民族节日文化多样性服务，为民族个性的保存服务。这是西部少数民族传统节日文化创新的前提性原则。

客观性和民族性原则在本质上是一致的，都告诉我们要在文化创新中抓住西部地区特点和西部少数民族的特性。苗族由于支系特别多，号称“百苗”。但就贵州苗族过与农历春节相关的节日来看，与春节相关这个节日主题是一致的，但每个地方在节日名称、节日活动要素以及节日举办时间上都有所差别。据我们粗略计算，贵州苗族过与春节相关的节日一共加起来大概有 18 个种类，但每个种类的节日名称、节日活动要素和节日时间都有所不同。比如，在黔东南的凯里，节日叫舟溪芦笙会，节期是农历正月十六至二十，节日活动元素主要有跳芦笙、赶集和爱情。在安顺地区，节日叫跳花，节期在正月初四至初九，节日活动主要有集会、交往、农事和植物。在六盘水的盘县，节日叫滑石板踩花洞，节期是正月初一至初三、正月十五，节日活动要素主要是集会、风景。而同样是过与春节有关的节日，贵州地区的布依族则有大概 8 个种类，这些节日分布于独山、都匀、惠水、盘县、水城、贵阳等地。比如，在黔南平塘地区，节日叫清水乡“嫩信”节，节期为腊月二十五至来年正月三十，节日活动要素主要有年货、植物、铜鼓、聚会、饮食及爱情。通过以上案例，我们就可以知道，在西部少数民族传统节日创新中，必须要因时因地制宜，才能取得满意的效果。

三、坚持整体性原则

整体性原则主要是针对节日文化变化发展中出现的“碎片化”趋势而言的。这种“碎片化”趋势，主要表现以下几个方面：对节日文化生态系统的“碎片化”理解、对节日文化内容的“碎片化”展示以及对节日文化功能的“碎片化”认识。因此，在节日文化创新中，提倡坚持整体性原则，首先是强调创新过程中要对节日文化生态系统、节日内容以及节日文化功能进行整体性、系统性认识和把握；其次是主张用整体性思维去不断拓展节日文化相关内涵、形式等；再次是在文化创新实践中，要从强调整体性原则视角入手，对于文化创新中出现的问题及要处理的复杂关系，进行恰如其分的整体性解决和处置。当然，除了是对以上三个“碎片化”方式进行批驳之外，还要把文化创新工作本身作为一个系统的整体性实践活动来把握之意。比如，在节日文化创新的意图、目的、过程、结果及反馈中，都要体现出一致性、整体性特征来。总之，整体性原则就是系统性原则，这个原则始于事物的普遍联系性原则，要求在处理要系统与要素之间的各种关系时，真正做到整体性、开放性、层次性、发展性原则。这是西部少数民族传统节日文化创新的方法论原则。

四、坚持生活性原则

在传统节日中，节日文化、生活世界与日常生活是有机结合在一起，共同反映着民众的生活方式和生产方式。但随着现代工业文明的进入，这种和谐关系在一定程度上被打破，节日文化的生活性被消费性所取代。消费性具有的“物化”“异化”“狂欢”“快餐式”现象，使日常生活产生了变形和扭曲，因而受到了学者们的批判与反思。节日文化创新要使传统节日回归生活，则需把生活世界与日常生活统一起来。首先，对传统日常生活和现代日常生活进行比较甄别。传统的日常生活是一个民俗的世界，也是一个极具神圣性和仪式感的文化事象。现代日常生活则是一个拼凑的世界，也是一个“拟象”和虚假的影像。从文化意义、社会价值的角度上去看，两者区隔明显。这是节日文化创新回归生活的前提。其次，关注民众传统日常生活。这里所说的“传统”，特指在时代发展变迁中，留下来能反映当时当地民众的精神世界和精神家园的环境和要素。这就要求在创新中，如无必要，尽量减少一些形式化、高科技的装饰和渲染，真实而全面地去呈现民众的生活方式和生产方式。这是节日文化创新回归生活的理论基础。再次，修复节日创新中的各种关系。针对一部分节日文化创新屈从于商品化的现状，应该理性地看待和理顺节日文化的经济利益与文化保护和发展的关系，重塑文化保护与发展优先的创新策略。相应地，在支持生产决定消费的基础上，也不能忽视消费对生产的反作用，倡导合理消费、适度消费及健康消费的理念。这不仅符合民众的生活和需求实情，也尊重了节日文化发展规律。这是节日文化创新回归生活的重要条件。最后，用民众生活的方式、思维和形式去创新节日。在传统节日“本生态”下，民众的一言一行、一颦一笑、一举一动最能表征他们生活的方式、思维和形式，最能反映出他们当前的生活样态。因此，在节日文化创新中，用这种生活样态去取代现代节日创新中的工业化思维、机械化形式和富裕化生活方式，则是节日文化创新回归生活最为接地气的实践方式。这是西部少数民族传统节日文化创新的方向性原则。

五、坚持主体性原则

在西部少数民族传统节日文化创新中，要充分考虑不同主体对于节日文化的需求，坚持节日文化创新的主体性原则。人创造了文化，文化塑造了人。文化创新的根本目的是为了人，满足人对于文化的各种需求。因此，节日文化创新的主体性原则，首先应该承担起对节日文化主体文化扶贫和唤起文化自觉的作用。相对于发达地区的人们来说，西部少数民族节日文化的独特性和丰富性是其引以自豪的宝贵财富，也是其迅速摆脱贫困的法宝之一。特别是在文化创新中，传统节日文化与旅游结合，不仅在一定程度上很好地完成了改善文化主体经济状况的任务，而且还间接地唤起了节日文化主体的文化自知、自觉、自信及自强，这些都能为节日文化的保护和发展打下坚实基础。同时，节日文化创新的主体性原则，则是为了满足人民大众这个主体对于文化的需要。当前，在人民群众对美好生活的需要之中，其中一个重要部分就是对于高层次和高品位的文化需要。传统节日文化，其节日自带的“光晕”（特指节日文化珍贵、特殊、权威、永恒的独一无二性质），通过在创新中融入先进思想和科学理念、用人民群众喜闻乐见的方式展现出来，可以满足人民群众对于文化稀奇性、原生性、神圣性的需求。因此，节日文化创新有满足人民群众对高品质文化生活需求的功用。当然，节日文化创新坚持主体性原则的最大功效，则是为中华民族这个统一整体的文化复兴提供精神滋养。作为中华优秀传统文化的节日文化，在创新中，要和社会主义核心价值观有机结合，用科学的方法不断挖掘文化资源、丰富节日内涵和外延，就能更好地发挥节日文化凝聚族群、激励斗志、教育民众、保存记忆等文化功能。同时，节日中富含的民间智慧和地方性知识，可以涵养和扩展中国文化的内涵和外延，进而为中华民族的伟大复兴提供精神动力和智力支持。这是西部少数民族传统节日文化创新的目标性原则。

节日民俗是老百姓自己的生活方式，它能充分反映当地老百姓对自身文化的理解和认识。但在当前的文化发展背景下，我们不仅要充分发挥文化主体的作用，也要调动各方力量，一起去为节日文化创新发展服务。特别是对处于旅游带动经济发展的民族节日来说，创新中坚持多元主体并存则显得尤其重要。比如，西部少数民族有丰富的文化资源、独特的节日文化、良好的生态环境、能歌善舞的各族群众等优势，但如何把这些优势转换为民族地区经济社会发展胜势，则需要来自各级政府、民族学者以及大众媒体等不同主体的介入，多方力量精诚合作，才能推动西部地区传统节日文化产业化和事业化的双丰收。比如，遵义务川作为中国两个以仡佬族为主的自治县，为了展示改革开放 40 年来农村改革发展取得的巨大成就，进一步提升人民群众的荣誉感、幸福感、获得感，汇聚起脱贫攻坚、全面建成小康社会的磅礴力量，当地政府在 2018 年 9 月 23 日把首届“中国农民丰收节”和当地仡佬族传统节日“仡佬族吃新节”结合起来举办。节庆活动不仅展示了仡佬人民欢庆改革开放四十周年的喜悦之情，也起到了保护、传承和发展仡佬族传统节日吃新节的目的。但从这次节日活动参与主体的规模去看，就有以下人员参与：1. 贵州省仡佬学会（5 人）；2. 仡佬族聚居地代表（102 人）；3. 新闻媒体：（24 人）；4. 市县摄影家协会（20 人）；5. 县四家班子领导（40 人）；6. 各乡镇（街道）分管文化、旅游、民宗领导（32 人）；7. 观光旅游团（县旅投公司对接的旅行社，1200 人）。[①] 2019 年，按照《农业农村部市场与信息化司关于全国 70 地庆丰收全媒体直播活动等有关事项的通知》要求，务川县又被确定为 2019 年中国农民丰收节“全国 70 地庆丰收全媒体直播活动”直播点之一，活动主会场设在大坪街道龙潭古寨九天水榭。为了完成这项光荣的直播活动，务川县聚集了县内外各方力量，才使节庆活动取得了圆满成功。

总之，西部少数民族传统节日创新中所坚持的五大原则，或为文化创

---

① 《务川自治县首届“中国农民丰收节”暨第十届“仡佬族吃新节”活动方案》（内部资料），2018 年 8 月 7 日。

新的基本性原则，或为文化创新的前提性原则，或为文化创新的方法论原则，或为文化创新的方向性原则，或为文化创新的目标性原则。但五大互为前提、不可分割，形成了“五位一体”的关系。西部少数民族传统节日文化创新，应该在顺应国家文化建设大背景下，坚持节日文化创新的五大原则，积极推进节日文化创新实践。在文化创新的推动下，假以时日，西部少数民族传统节日文化一定实现繁荣发展的目标。

第三章　西部少数民族传统节日文化创新目标、内容

马克思说："人应该在实践中证明自己思维的真理性，即自己思维的现实性和力量，自己思维的此岸性。""哲学家们只是用不同的方式解释世界，而问题在于改变世界。"① 在这里，马克思强调的是实践对于认识的决定作用，实践是检验真理的唯一标准，实践是认识的最终目标。实践是主体能动地认识世界和改造世界的对象化活动。对于西部少数民族传统节日文化创新实践活动来说，创新背景、创新内容、创新目标与原则等属于创新实践中的理论基础部分，而要把这些理论基础内容运用到具体文化创新实践中去，则需要文化创新的实践机制或实践逻辑去实现。一般来说，实践机制就是在实践活动中，系统各要素之间的结构关系和运行方式。这也就是说，在整个文化创新实践活动中，创新背景、创新内容、创新目标和原则等内容，从总体上去看，是属于创新实践活动需要的理论性要素，它们主要关注实践活动的前提条件和内容基础，而创新机制则是创新实践活动中的实践操作性要素，主要关注实践活动的实施路径、评价标准和实践模式的形成。具体来说，文化创新的实践机制主要是指在创新背景下，把创新内容、原则和目标有机结合起来的运行方式。在这个运行方式中，创新策略的选择、创新效果的评价标准、创新路径的确定以及创新模式的建构，就成为其中不可或缺的组成部分。只有这样，理论基础和实

① 《马克思恩格斯选集》第1卷，人民出版社2012年版，第138—140页。

践逻辑的有机结合，才能推动实践活动的正常实施。

第一节　西部少数民族传统节日文化创新目标

在西部少数民族传统节日文化创新体系中，创新目标处于核心的地位，它决定着整个创新活动最终的发展方向和所要达到的效果。创新目标的设定必须要尊重传统节日文化发展现状、相关创新者的智力和能力、社会和时代对于文化创新实践活动的期望。也就是说，创新目标要符合事物规律性的标准，也要符合人的目的性标准，最后要符合把主客体统一起来的实践标准。基于文化建设中，整合资源树品牌、因地制宜定目标、创意规划定方针、两业比肩共发展的总的发展思路，我们认为，西部少数民族传统节日文化创新主要有三个层次的目标设定。即近期目标：就节日文化本身来说，创新活动是对西部少数民族传统节日文化的保护与发展；中期目标：就社会和国家来说，在创新活动引领下，实现西部少数民族传统节日功能最大化；最高目标：就人类及其文化来说，在创新实践中，西部少数民族传统节日文化为实现人类文化多样化作出自己的贡献。当然，从本质上去看，三个目标层次是“三位一体”的关系。但从目标逻辑结构上看，则有着以上三个层面的区分。

一、为西部少数民族传统节日文化的保护与发展保驾护航

学界对于文化遗产的保护与发展间的关系的认识，说法众多。基本上有以下几种：要保护就不要发展，保护好文化本生态；要发展就不要保护，去旧创新；保护就是发展，发展的实质就是保护；在保护中发展，在发展中保护。笔者比较赞成最后一种说法，因为文化是灵动的，是人的日常生活，它要随着人的生产生活方式的变迁而变迁。西部少数民族节日文化在现时代发展中，面临着诸多因素的影响和冲击。比如，文化全球化引起的文化趋同的态势、市场经济对于文化主体地位的改变、旅游经济对于

节日文化内容本真性的影响、节日文化空间遭到一定程度上的破坏等。因此，不管是作为文化事业的节日文化，还是作为文化产业的节日，都需要靠创新理念、创新形式、创新内容及创新体制几个方面对传统节日文化进行改造，使其尽快和人们已经变化了的生活相适应。

对于文化建设来说，世界各国都有把文化建设分为文化事业和文化产业建设之分的说法。对于文化事业的建设，则主要需要政府本着公益性、大众性、人性化、差异性及互动性的建设目标，在政策法规、财力物力等方面对文化事业进行全方位的支持，充分调动和依靠大众的力量，建构起完善的公共文化服务体系，不断提高文化事业服务于公众的数量和质量，进而促进文化事业的不断壮大。满足人民群众对于文化的多种需要，是文化事业发展的核心目标。而对于文化产业来说，其是文化、创意与经济相结合的产物，因此，文化产业需要走市场化道路。在其走市场化道路中，政府主要是为文化产业发展提供必要的外在条件，产业发展所需的资金则需要采取多渠道的方式筹集，文化创意则由多部门、多行业相关专业人士组成，产业发展的最大目标则是在满足人民群众对于文化产业需要的同时，实现文化产业利润的最大化。

具体对我国文化建设来说，不管是对文化事业，还是对文化产业，国家都有着具有中国特色文化建设方针。在文化事业建设上，一直坚持以政府为主导、以国家公共财政作为支撑、以基层特别是农村作为建设重点，不断发展和壮大了公益性文化事业。公共博物馆、农家书屋、公共图书馆、文化信息共享工程等，一大批文化事业工程的建成，使覆盖城乡的公共文化服务体系已经建成，极大地丰富和提高了人民群众的文化生活水平。而对于文化产业的发展，基于“一手抓繁荣、一手抓管理”的方针，到 2017 年，在我国有些省份，比如，北京、上海、广东、云南、湖南等地，文化产业增加值已经占国民经济比重的 5%左右，但对于全国大多数省份来说，文化产业在国民经济中所占比重还是不高。据国家统计局报告，2017 年文化及相关产业增加值 35462 亿元，占 GDP 比重 4. 29%，比

2016年占比4.14%增加0.15个百分点，继续向国民经济支柱性产业迈进。[①] 但与同时期的其他国家相比，美国占31%左右、日本占20%左右，欧洲国家普遍占10%—15%，韩国高于15%，这就说明我国离文化产业强国还差距甚远。

当前，和发达国家相比，我国文化事业和文化产业在规模、水平、影响力及竞争力等方面都处于欠发达的位置。而对于兼具文化事业和文化产业双重身份的西部少数民族传统节日来说，也不例外。在节日文化保护和发展的理念、方法及目标等方面，都存在着一些不足，但西部地区文化的丰富性使得传统民族文化在西部发展战略中又处于十分重要的地位。因此，在这样的背景下，西部少数民族传统节日文化建设任重道远。面对中国文化建设现状和面向文化未来指望，早在党的十七届六中全会上，国家就对文化大发展大繁荣提出了建设目标、方针、指导思想及具体保障措施等，这些举措对于西部少数民族传统文化创新来说，也具有高屋建瓴的指导作用。比如，对于文化事业的发展，国家提出要构建起完善的公共文化服务体系、发展现代传播体系、建设中华优秀传统文化传承体系以及积极推进城乡文化一体化进程。对于文化产业的发展，在高度认识到其是满足人们对于文化多样性需要的重要途径的同时，提出在坚持社会效益和经济效益相统一的基础上，要重点构建现代文化产业体系、形成以公有制为主体，多种所有制并存的文化产业发展格局、积极推进文化科技创新以及不断提高文化消费水总量和水平等。而这一切的取得，都需要用文化创新这一动力和手段去实现。因此，节日文化创新的首要目标就是为西部少数民族传统节日文化保护与发展保驾护航。

二、为提升西部少数民族传统节日文化的社会功能服务

文化创新不仅只是着眼于西部少数民族传统节日文化的保护与发展工

① 张玉玲：《2017文化产业最新“成绩单”：增速保持两位数增长》，《光明日报》2018年5月30日。

作，还有最大限度地提升西部少数民族传统节日文化的社会功能的作用。对于节日文化的功能和作用的探析，学界由来已久，学者们或从经济入手，或从文化视角入手，或从个人需要入手，或从社会需求入手去探析，但尚未形成一套整体性的理论认识。这种认识反映在节日文化保护与发展工作实践中，直接导致节日文化保护与发展工作在范围、视野、角度、措施、路径等方面出现了些许不足，而这些不足的直接后果则是导致传统节日的功能难得充分发挥。因此，对西部少数民族传统节日文化的创新工作来说，要充分考虑到如何通过创新，促使节日文化功能达致最大化。

对于传统节日社会功能最大化的发挥，主要是指两个层面上的最大化。一是指如何通过创新实践去挖掘出西部少数民族传统节日文化原有体系中，那些对当前社会和时代发展有用的功能和属性，同时做到对节日文化内部存在的“负功能”进行修正和改造，真正做到扬长避短，充分发挥传统节日对于现代社会发展的“正能量”；一是按照时代和社会对于节日文化的要求，把一些有利于发挥节日文化的因素融进传统节日文化中，实现节日文化“老树发新芽”的作用。“内部挖潜、外部增补”，双管齐下，促使传统节日文化更好地发挥出自身功能。而文化创新在其中所起的作用，不外乎是通过更新节日文化观念、创新节日文化形式、理顺节日文化体制以及挖掘和丰富节日文化内容等方式去实现。比如，可以通过组织专家学者、文化主体以及文化管理部分中相关人士等，广泛讨论、共同协商，重点对于节日文化的来源、精神实质、现代性危机、发展前景、文化功能等进行多方面的论证，然后选择一个行之有效的活动方案，开展对于节日文化的创新发展工作。又如，对国外对于传统节日文化功能发挥的机制和途径等进行多方面的考量，借鉴其中对于我国传统节日文化功能发挥的因素，把其融入传统节日文化发展工作中去，这也是实现节日文化创新功能的一个有效途径。

同时，对于提升传统节日文化创新功能工作来说，光有理论规划还不行，还需要在不断解决节日文化发展过程中遇到的相关问题中去落实。虽然当前节日文化发展取得了长足进步，但在发展中也出现了一些问题。比如，文化内涵的表层化、文化内容和形式的模式化、文化功能的过度经济化、文化历史的虚无化等现象较为严重，这就直接导致节日文化在深度、广度及厚度方面出现了危机。特别是节日文化复制品的广泛出现，对于节日文化主体的创造性和自尊心来说，无疑具有巨大的冲击力。如果让节日沿着当前的发展趋势前进，则会对节日文化的长远性发展十分不利。因此，必须用创新方式，从政策、财力、技术、人才、市场导向等方面对传统节日文化发展提供保障，才能最终达成节日文化对于社会的最大功能化的目标。

总之，要充分发挥西部少数民族传统节日文化的社会功能，单靠节日文化常规发展模式是不能实现的，必须在节日文化发挥中，融入更多的新思想、新观念、新形式、新体制，才能推动西部少数民族传统节日文化功能的最大化。因为文化不仅仅是一个自变量，也是一个因变量，影响文化的因素很多，包括地理位置、气候、政治、历史的变换等。节日文化是属于人的，人又是一定社会发展的产物，因此，文化与社会之间不可分割的关系。就这样意义上去说，文化创新就是要通过发挥人的主动性，在实现文化自觉中，利用影响文化发展的相关因素，实现节日文化功能的最大化目标。

三、为保存人类文化多样化目标尽力

文化多样性和生物多样性一样，对人类社会的发展起着十分重要的作用。西部地区地域辽阔、民族众多、文化多元，不仅是我国重要的生物多样性区域，也是我国文化多元化的地带。就西部地区传统节日文化来说，节日历史悠久、类型众多、独具特色、异彩纷呈，是我国西部地区人们丰富生活的展现和写真。但如今，在各方面因素的影响下，一部分传统节日文化内涵没有得到很好的挖掘、一部分传统节日没有得到很好的保护、一部分传统节日没有得到很好的传承，这就使得一些传统节日的文化生态受

到了威胁。一般来说，文化生态主要由四部分内容组成。第一，是激活文化资源再生运用的机构、文化发展所需的人才以及文化存在的地域；第二，文化主体参与文化活动、保护和传承文化的情况以及传播价值的情况；第三，公私营相关部门对于文化生存和发展而建构的支撑系统；第四，物质文化与非物质文化在表现形态上的多样性。这四个内容组成了文化生态形成的四个条件，且这四个条件环环相扣，共同维护着文化生态系统。[①] 因此，对于文化创新工作来说，如何抓住节日文化资源再生的条件、调动民众参与节日文化保护与发展工作、构建起一整套完善的节日文化支撑机制，最终才能实现节日文化多样性的保存。文化创新对于文化生态系统的维护，乃是基于对文化多样化的诉求。因此，这是当前文化创新工作的重中之重。

费孝通先生生前对文化发展提出了“和而不同”的期望，这个期望也就是他对于不同文化间关系的认识，即“各美其美、美人之美、美美与共、天下大同”。各美其美，强调的是每种文化都有自己独特的个性和价值，这就要求对待不同文化时要保持平等态度；美人之美，则是要求我们要有充分的文化自觉意识，不断挖掘出自身文化内部丰富的内涵和外延，这是对待自身文化时的自知品格；美美与共，这是要求在不同文化间建构起和谐并存的关系，处理好不同文化间复杂关系；天下大同，则是要求我们要充分看到文化在人类社会发展中的功能和作用，这是对在文化和谐基础上所产生的人类社会的未来展望。在人类命运共同体建构过程中，提倡对文化多样性的尊重、理解和倡导，无疑会对人类命运共同体建构工作起着重要的作用。因此，在西部少数民族传统节日文化创新中，树立起为保存文化多样性尽力的目标，无形中能增强西部少数民族传统节日文化创新工作的现实感。

“民族的，就是世界的。”世界因为文化多元和谐而变得丰富多彩。

---

① 祁述裕：《中国文化产业发展战略研究》，社会科学文献出版社 2008 年版，第 69 页。

任何一个传统文化，都是本民族风土人情、经济社会、宗教信仰以及伦理道德长期融合的产物，都是世界文化遗产中不可或缺的一部分。2001 年联合国教科文组织第 31 届会议上通过的《世界文化多样性宣言》，对于文化多样性的内涵及其作用做了详细的论述，这对西部少数民族传统节日文化创新目标的设定产生了巨大影响。尊重文化多样性就是尊重人权、尊重发展、尊重和谐。我们把西部少数民族传统节日文化创新的最高目标设定为为文化多样性保存尽力，一方面体现了对西部少数民族及其文化的尊重，对我国民族政策的拥护；另一方面则是展现了中国对于世界文化多样性宣言的尊崇、践履和决心，对世界文化多样性的期待以及对世界文化繁荣发展的展望。因此，对西部少数民族传统节日文化多样性的追求，是文化创新对于国际社会倡导的对文化多样性保存，推进世界和平的一种间接呼应，能彰显西部少数民族传统节日文化创新的世界意义。

下面我们将以湘西凤凰山江镇苗族四月八文化保护、传承与发展的案例来说明西部少数民族节日文化创新目标。

苗族主要分布在贵州、湖南、云南、广西、四川、重庆等地，人口约 800 万人，贵州苗族人口最多，达 430 万人，几乎占全国苗族人口一半。国内苗族主要居住在几大山区：湘黔川边的武陵山，黔东南的苗岭、月亮山，黔南的大小麻山，广西的大庙山，滇黔川边的乌蒙山区。苗族节日众多，但就贵州省的苗族来说，其节日就高达 88 个，其中黔东南就有 77 个。苗族节日涉及季节性、纪念性、娱乐性、祭祀性节日等种类。

而就湘西苗族来说，除了过汉族所有节日之外，其主要的民族节日就有三月三、赶清明、看龙场、四月八、端午节、樱桃会、六月六、赶秋、跳香会、赶年场等。但在这些节日中，四月八无疑是参与人数最多，影响力最大的节日。由于各地对四月八节日传说的认识不同，在不同地方就不同类型的四月八节日。比如，农业生产类，农业生产类兼社交类，纪念英雄、先祖类，纪念英雄、先祖兼工业生产类。就贵州和湖南苗族过四月八的地点来看，贵州省内有贵阳市中心四月八、紫云县城关苗族四月八、长顺县苗族四月八、龙江四月八、黔东南黄平飞云崖四月八、摆金和鸭寨四月八、黔东南麻江东家四月八、花溪高坡四月八、铜仁地区松桃县四月八等。湖南省内有湖南城步四月八、湘西凤凰四月八、湘西花垣四月八、湘西凤凰山江镇四月八等。当然，除了各地苗族过四月八节日之外，有的地方的土家族、布依族、侗族、壮族、仡佬族、藏族、土族、汉族等也过四月八节日。当然，由于各地节日来源不同，节日也就有不同的名称和主题，也展现出了不同的节日活动要素。比如，贵州贵阳市中心喷水池附近的四月八，节日别名为祭牛王节，主要是为了纪念民族英雄祖狄弄，因他反抗官府欺压而被斩首于此。当地民众把牛视为苗王灵魂，加以崇拜。节日活动要素主要是牛角上挂紫糍粑，用染饭叶擦牛的全身，为牛驱邪去病，让牛休息，中午让孩子提着饭篮子到青草茂盛的高山上放牛。而土家族四月八，又叫嫁毛虫，敬婆婆神。四月八传说是牛王的生日，因此，节日要素主要是祈求上天不要降下病虫灾害，让牛休息一天，喂青饲料和稀饭慰劳牛等。

节日是各民族祖先在长期的生产、生活过程中逐渐形成的生产生活方式，是以全方位展现各民族文化的文化丛方式存在，因而其是观察地域文化和民族文化的窗口和研究地域文化和民族文化的一把钥匙。湘西凤凰县山江镇苗族节日主要有祭土地神、祭祖先、过年、清明节、端午节、吃新节、赶秋节、八月十五、九月重阳等节日。但在这些节日中，四月八无疑是最为隆重的。四月八节日类型属于农业生产类兼社交类娱乐节日，节日内容主要是以娱乐活动为主。随着传统节日在现代社会的复活及发展，当地民众不断融合和增加节日内容，使四月八节日成为了全面展示湘西凤凰县山江一带地域文化的重要载体。在现代节日中，节日内容有祭祖敬神、跳鼓跳笙、跳花跳月、商贸活动、社交娱乐等，节日活动把当地苗族服饰、民族美食、文学艺术展露无遗。和大多数节日功能一样，节日活动具有促进文化传承、民族认同、文化交流、经济发展、社会和谐等多方面作用。

通过对同一民族不同区域的不同节日、不同民族同一节日、同一地区和民族同一节日的不同表现的描述，我们就能很清晰地把握西部少数民族传统节日文化创新的目标所在。同时，我们通过以上案例也可以得知，任何传统节日文化创新都必须要在把握时代背景的基础上，遵循文化创新的客观性、民族性、生活性、整体性及主体性等原则，才能最终实现文化创新的最终目标。本部分我们所列举的案例是湘西凤凰山江镇苗族四月八，但把这一节日放在世界节日体系、中国节日体系、苗族节日体系以及地方节日体系之中，其身份就不单单是一个个案了，其价值和作用也不仅仅是节日文化本身对于当地的价值和作用而已。湘西凤凰山江镇苗族四月八，不仅具有自我文化意义上价值，也具有比较文化意义上价值；不仅具有狭义文化或社会上的价值，也具有广义文化或社会上的价值；不仅具有地域文化意义上的价值，也具有了世界文化意义上的价值等。由此可见，西部少数民族传统节日文化创新的目标不仅在于保护与传承文化，也在于发挥文化的社会功能，更在于实现人类文化多样性的诉求。

第二节　西部少数民族传统节日文化创新内容

2014 年，习近平总书记在《在纪念孔子诞辰 2565 周年国际学术研讨会暨国际儒学联合会第五届会员大会开幕会上的讲话》中指出："传统文化在其形成和发展过程中，不可避免会受当时人们的认识水平、时代条件、社会制度的局限性的制约和影响，因而也不可避免会存在陈旧过时或已成为糟粕性的东西。这就要求人们在学习、研究、应用传统文化时要坚持古为今用、推陈出新……努力实现传统文化的创造性转化、创新性发展，使之与现实文化相融相通，共同服务以文化人的时代任务。"① 的确，文化事业的发展，基础在继承，而关键在于创新。继承和创新，是推动民

① 《习近平谈治国理政》第二卷，外文出版社 2017 年版，第 313 页。

族文化发展的两个重要轮子。对于西部少数民族传统节日文化而言，在新时代高起点上不断推动节日文化形式、内容、体制、观念等方面的创新，是节日文化发展的必由之路。

西部少数民族传统节日文化创新是一个系统工程，其中包括创新背景、创新内容、创新目标、创新路径、创新原则、创新标准等。内容决定形式，形式反映内容。在创新工程中，创新内容无疑是处于基础地位，是其他创新要素得以实施的前提条件。而节日文化创新内容也是一个有机整体，在这个体系中，观念创新是前导，内容创新是基础和核心，形式创新是重要条件，体制创新是保障。总之，“巧妇难为无米之炊”，要认识节日文化创新的社会功能，还是要从节日文化创新内容这个创新实现的基础谈起。

一、西部少数民族传统节日文化观念创新

文化观念创新是文化创新的内在必然。文化观念与其他观念一样，是特定历史条件下文化现实的反映，它随着时代的发展必然要发生变化，因而不存在永恒的和抽象的文化观念与文化理念。依据时代发展需要，实现文化观上的变革或革命，是文化时代性的体现，也是文化观念的与时俱进。观念和思维支配着人的行为活动，只有观念和思维获得了变革和更新，人的行为才有可能发生质的改变，进而才有可能对关乎民族文化的一系列关键性问题获得一种合乎未来发展的认识。一般来说，文化观念有两层意义：一是对文化整体上的认识和把握。如文化的地位和作用，文化与政治、经济的关系，文化与市场的关系，文化的管理方式、方法等。二是将之作为文化内容的重要组成部分。如价值观、道德观、理想信念、民族精神等。本部分所讲的文化观念主要是第一层意义上的文化观念。同时，文化观念创新要求必须树立“全对象融合、全层次交流、全人类视角”的战略理念。具体来说，全对象融合理念：其实是文化渗透力、亲和力在观念上的反映。吃饭讲究色香味形，穿衣崇尚时尚与品位。既然吃饭穿衣

透着文化，那么经济、科技、市场、旅游等又何尝离得开文化呢？因此，全对象融合需要真正做到文化与经济融合、文化与科技融合、文化与市场融合、文化与旅游的高度融合、文化与区位优势的融合。全层次交流：全层次理念充分认识到文化交流越充分，其使人不断完美和促积累保发展的文化功效将发挥得越完善。为此，可以根据不同的层次，在不同的形式中以不同的内容进行交流，达到交流双方的互惠共赢。

具体来说，对于西部少数民族传统节日文化而言，观念创新主要应该从如下几方面入手。首先，要有先进文化思想的指导。文化是人的文化，而人是思想的动物，人之为人关键在于有思想。先进的思想指引成功的实践，错误的思想导致失败的结果。在西部少数民族传统节日文化创新中，必须要用中国特色社会主义先进文化作为其创新实践的思想基础，用先进文化破除民族文化中的一些僵化、落后的意识，用符合科学的、民族的、人民的文化标准去衡量节日文化创新效果。从毛泽东思想到今天的习近平新时代中国特色社会主义思想，中国化的马克思主义和马克思主义中国化的实践，始终是以一切从实际出发，理论联系实际，实事求是，在实践中认识和检验真理的理论认识路线为基础，不断开启中华民族伟大复兴的序幕。节日文化创新也应以这种科学理论为伴，不断地为创新提供永不枯竭的理论基础和思想动力。

其次，要有和谐的创新理念。针对西部少数民族传统节日文化创新领域中存在的问题，我们一方面要用先进思想去指引人们正确实践，一方面则要树立起和谐的创新理念。和谐就是矛盾的对立统一，其实质就是要求我们全面、辩证而又有重点地去看待和分析问题。具体在节日文化创新上，则要求我们必须反思和超越“自我中心论”，形成开放整体思维；反思和超越“两极对立论”，形成共存互补思维；反思和超越“线性发展论”，形成多元发展思维等。比如，“文化搭台，经济唱戏”的理念本身就具有片面性，文化和经济作为社会发展的两个方面，文化的繁荣以经济为基础，经济的兴盛蕴含着一定的文化内容，没有文化内容的经济、没有经济内容的文化，都是难以立足和持久的。又如，作为非物质文化遗产的节日文化，也具有物质性，要把节日的非物质和物质性结合起来、统一起来。“物质性就是文象，非物质性就是文脉。”但在物质性和非物质性之间，非物质性则是节日文化的灵魂所在。节日为什么几千年能传承下来，最为关键的就是民俗节日有灵魂、有精神、有神韵。“一脉文心传万代，千古不绝是灵魂。”文脉是一个民族的魂脉。因此，我们应该在批判简单、片面的割裂两者关系的错误认识基础上，进一步放弃急功近利的思想，坚持走“两手抓，两手都要硬”的和谐创新道路。

再次，要有以人为本的创新诉求。节日民俗是思想性、艺术性和观赏性相统一的文化艺术，其贴近时代、贴近群众、贴近生活“三贴近”充分说明了节日是人民的精神寄托和艺术乐土，是来自于人民，表现人民，服务人民，受人民评定的民族文化艺术。对其的创新，要以“保护为主、抢救第一、合理利用、传承发展”的方针，让节日以人民大众喜闻乐见的形式可持续地发展下去。以人为本，文化人民。在守护中传承，在传承中发展，在发展中创新，在创新中繁荣。比如，究竟谁应该为节日主体？是民众，是官员，还是学者，还是文化企业？就西部少数民族传统节日创新现状来看，大部分地方举办的大型旅游节日，节日主办主体都为政府。政府在节日举办中的主角地位，往往会伤害老百姓的民族情感，节日本来自于民间，就应该还归于民间，在老百姓自娱自乐中，文化就得到很好的传承与保护。因此，我们主张旅游节日的举办，办节主体应以民间组织为主，还节于民，进而才能达到保护文化生态、理顺节日举办机制的作用。因此，这里所讲的“人”，主要是节日真正的主体——各民族大众。只有他们，才是真正的节日主人，才有权决定自己如何去过节。至于学者、政府及文化企业，他们的活动都是为了让各民族群众的生活过得更好，而应无其他利益所求。总之，西部少数民族传统节日文化观念创新一定要以参与构建国家主流价值、展现人类普同人性为理念，彰显出西部少数民族传统节日与先进理念之间的良性互动，最终实现节日文化的人文关怀为目标和诉求。

最后，要把西部地区各民族生态精神渗透进节日文化创新。西部地区民族众多、文化多元。西部民族的文化精神内涵丰富、意蕴深厚，充分凸显了西部地域特色。传承西部地区的民族文化、彰显时代特征，既是长期历史积淀的结果，又是当今现实的客观反映。比如，云南精神——高远、开放、包容的高原情怀和坚定、担当、务实的大山品质，是从不同侧面对云南各族人民精神特质的形象概括。云南精神根植于云南历史与文化的丰厚沃土，形成于改革开放的时代，是传承与创新相统一的结晶。同时，云南精神体现了社会主义核心价值体系的基本要求，是实现全面建成小康社会目标的精神支撑，是云南文化软实力的重要内容。无论是在过去、现在和将来，云南精神都对云南的经济社会发展起到巨大的推动作用。特别是在建设绿色经济强省、民族文化强省和面向西南开放重要桥头堡的伟大实践中，其精神支撑的作用将会更为明显。① 又如，地处西北的宁夏，结合革命历史和宁夏地理环境实际，其文化建设中提出了“不到长城非好汉”的宁夏精神。这种精神饱含着理想主义激情、英雄主义气概、集体主义精神、乐观主义情怀，其对宁夏650多万各族儿女走好新时代长征之路具有十分重要的引导和激励作用。再如，地处西南内陆省份的贵州省，近几年GDP增速高居全国前三，创造了新时代的“贵州神话”。面对着全省没有一块大的平原和90%以上土地是喀斯特地形地貌的现实，贵州人民最早凝练出的贵州精神是“不怕困难、艰苦奋斗、攻坚克难、永不退缩”。后来，这种精神得到了进一步的提升，新时代贵州精神为“团结奋进、拼搏创新、苦干实干、后发赶超”。在这种精神的指引下，“大数据”“射电望远镜”“茅台酒”“老干妈”等应运而生，成为贵州走向世界的响亮名片。因此，在西部少数民族传统节日文化创新中，我们要大力弘扬西部各省区精神，增强西部各族儿女对西部各省区精神的认同，促使各族人民积

① 中共云南省委宣传部：《云南精神读本》，云南人民出版社2013年版。

极和科学践行西部各省区精神。

二、西部少数民族传统节日文化内容创新

内容是文化生产、传播和消费的本质。当前，人们越来越认识到，通过内容创新占领文化发展的制高点，是当今世界文化发展的主流。内容创新是在既有文化要素和价值目标基础上的进一步拓展。文化内容创新必须反映时代特征，反映当代中国特色社会主义建设实践，反映全面建成小康社会的客观要求。具体对于西部少数民族节日文化创新来说，在内容上创新主要要做到以下几方面。

第一，突出个性、彰显特色。我们处在时代的交叉路口，它是一个以求异而非趋同作为自己谋生之道的时代。尽管全球化沿着经济、政治一直到文化领域蔓延，但是人们却自觉地在不断反抗这种同化趋势。这种自觉反映到文化内容的创新上，就是要求我们在创新中使文化个性化得到张扬，文化内容自身“彰显个性化，突出差异性”。或以感恩为主题，或以和谐为主题，或以狂欢为主题，或以商贸为主题，或以宗教祭祀为主题，总之，节日开展一定要突出这些主题的某一方面，不要过分杂糅，而使主题模糊。在这方面，云南有些少数民族传统节日文化创新给我们提供了成功的范例。比如，近年来，地处哀牢山中段、红河上游地区的花腰傣，充分借助自己“古滇王国后裔”的身份、鲜艳奇特的民俗服饰及保存完好的农耕文化等节日文化要素，大打“红河谷中的情人节——花街节”，取得了经济效益和社会效益的双丰收。就其原因，主要是节日主办方充分发挥了节日的新奇特点。这些新奇特点主要体现在以下几个方面：在外界传统婚恋习俗遭到破坏之下，花腰傣人传统婚恋观能唤起人们对浪漫婚恋情怀的思绪；新奇在花腰傣人传统的打扮和着装；新奇在当地保存完好的农耕文明；新奇在花腰傣节日文化与德宏和西双版纳傣族节日文化的巨大差异上。独具特色的花街节节日文化特色，造就了新平花街节在众多同主题类型节日中脱颖而出，声名鹊起。在花街节的带动下，新平县其他节日也

得到了不同程度的发展。因此，花街节对于当地文化的发展起到了标杆和示范作用。总之，只要传统节日文化一旦成为当地民族认同、地方认同的象征物，成为“地方性知识”形成的关键和核心要素，其文化发展就是自然而然的事情，其文化的辐射和带动作用也会随之而来。

其次，面向大众、壮大文化产业。民俗本来是属于大众的风俗习惯、传统礼仪等，是来自大众，服务于大众的文化。随着节日旅游时代的到来，节日中的大众则指所有享受节日文化的群体，节日内容大众化就是要为这个群体提供优质的大众节日文化，这是节日文化创新开放性和产业化的要求。大众文化产品具有时尚性、浅显性甚至媚俗性的特点，但并不表明节日文化可以无视基本的思想性、艺术性和原创性，可以千篇一律、粗制滥造、趣味低级。同时，大众文化的时尚性、娱乐性、消费性和商品性，使它成为文化产业的主角。从总体上去看，我国文化事业和文化产业缺乏原创的活力，缺乏具有自主知识产权的优秀作品，缺少核心产品和国际竞争力。因此，大众文化亟待提升自己的文化品位，壮大文化产业①。比如，怒江兰坪白族自治县素老就有以男女交游结情著称的“端午节”，2004年怒江州政府和兰坪县政府在云南省政府支持下，打造兰坪“东方情人节”，节期改为公历5月20日，按当地方言读音就是“我爱你”。“情人节”会场在罗古箐情人树下，县内普米族、白族、彝族等各民族表演队轮番上场，普米族三大男高音联袂演出，获得了当地民众和外来游客热烈欢迎。虽然兰坪“端午节”的举办也存在这样那样的不足，但是其对怒江当地繁荣文化，丰富民族文娱生活，促进当地旅游经济发展还是大有帮助。西部地区大大小小民俗节日有上千个，节日中蕴藏着无限深厚的民俗文化内涵和底蕴，这些节日当前正在陆续成为民俗资源开发的重点。但在开发中，一定要坚持文化真实性的建构原则，遵循面向大众、服务大众的指向，才能不断壮大西部少数民族节日文化产业。

---

① 张华：《全球化语境下中国文化内容创新的原则和路径》，《求实》2009年第2期。

再次，打造精品力作，树立方向标杆。文化精品是一个国家、一个时代文化发展的标志，是文化发展水平的集中反映，是文化发展方向的重要标杆。要最大限度地发挥文化引导社会、发展社会、教育人民的重要功能，必须进一步推进文化内容创新，创作生产更多思想深刻、艺术精湛、群众喜闻乐见的文化精品。就西部少数民族传统节日来说，应该在现有节日类型的基础上，着重选取历史悠久、文化内涵丰富、和时代发展相适合、节日主体数量多且有一定影响力的民族节日为代表，深入挖掘节日内涵，做好文化宣传等相关工作，打造西部地区节日精品，以此带动其他节日文化的纵深发展。西部地区少数民族节日众多，节日精品的打造可以为其他传统节日发展起到引领的作用，同时也在向外界展示西部地区丰富的节日文化的同时，凸显出西部少数民族节日文化发展链条中的关键节点，树立西部少数民族传统节日品牌意识。当前，火把节、泼水节、姊妹节、那达慕大会、古尔邦节、那顿节、“三月三”、目瑙纵歌节、花山节等节日已经初具规模，节日品牌已经树立起来，节日功能得到了较大彰显。因此，西部地区其他少数民族应该以这些节日为标杆，强化自身节日品牌意识，打造独具特色的节日文化品牌出来。只有这样，西部少数民族传统节日文化内容上的多样性并存，节日文化精品独树一帜，节日文化基础和精品相得益彰，才能提升西部少数民族传统节日文化的影响力和传播力，才能促使西部少数民族传统节日文化享誉海内外。

最后，适当增添新内容、新要素。内容创新可以指以前节日中没有的内容独立出来，也可以指把以前有的内容创新组合，以一种新的方式呈现出来，还可以指在以前内容的基础上增添一些新的内容。但在内容创新的各种形式中，一定要遵循内容的真实性、完整体、系统性等要求。比如，在云南少数民族传统节日文化内容创新中，以前没有的“云南民族艺术节”“中缅商贸活动节”“大理民族文化旅游节”“普者黑花脸节”等节日一经开展，便在经贸洽谈、招商引资、旅游收入上获得了极大成功。因此，西部地区可以借助西部少数民族丰富的文化资源，再生产出一些符合时代、大众需要的民族节日来。比如，针对云南、广西、西藏及新疆等地各少数民族节日存在时空状况，可以选取一个主题，开展跨民族民俗节庆系列游活动；开展以一个民族节日为主题，全面展示本民族文化的节日游系列活动等。这样，对于受众来说，既可享受节日带来的好处，也经受一次传统民族文化熏陶；同时，要积极开展对民族节日文化起源、内涵、仪式、功效等多方面内容的研究，增添节日文化相关要素，丰富节日内容，弥补当前节日文化活动单调、陈旧、程式化的不足，赋予节日更多的新鲜要素和内涵。内容上的创新会给传统节日文化一次新的生命，对于传统节日文化的保护与发展都具有重大意义。

因此，节日文化内容创新一定要坚持节日文化民族性、大众性、客观性等要求，关注最新的思想观念、知识成果，广泛地进行文化交流。在继承、引进、熔铸、超越传统节日文化和外来文化进行内容创新的过程中，创造出属于西部少数民族独有的新概念、新理论和新知识来充实西部少数民族传统节日文化内容。

三、西部少数民族传统节日文化形式创新

内容决定形式，形式反映内容。在实现内容创新的同时，还要不断进行形式创新，才能实现内容和形式的有机统一。因此，一切文化建设活动都离不开活动形式、活动载体，都要通过物质载体或物质运动形式去表现节日丰富的内容。当前，古为今用，洋为中用，百花齐放，推陈出新，是实现文化形式创新的基本方针和原则。

具体而言，西部少数民族传统节日文化形式上创新，具体应该做到以下几个方面。

首先，形式创新要贴近民族生活实际。形式始终是为内容服务，但并不表示形式可有可无。当前，在西部少数民族传统节日文化中，至今还保留着很多优秀的传统节日文化形式，因此，在文化创新上，我们要充分尊重和延续这些形式，不能因为特定目的去人为改变这些形式。因为在有些

传统节日中，一旦有些传统形式被改变，节日的意义就将发生本质变化。比如，举办于2004年11月23日到24日的“首届中国绿春哈尼十月年”，是云南省红河州首次在县城举办哈尼族传统节日“十月年”，节日的重头戏就是成串摆开1028桌相连的长街宴，此项活动受到了上海吉尼斯世界纪录的公证。但1028桌长街宴由两部分组成，一是由政府补贴每户150元，每户做好一桌菜后，就按编号抬到大街上摆好；二是由县府机关各部门准备酒菜，然后到大街上按编号摆放。长街宴首桌由民间“龙头”围坐，在做过一系列祭祀活动后，首桌动筷后全场人才能开吃。我们暂且不管这样的节日活动对旅游开展有多大的积极意义，但就节日文化活动来说，长街宴纯粹变成了一场商业活动，远离了民族的日常生活。因此，这样的形式创新对当地民族文化遗产的保护意义不大。又如，西部地区有很多宗教祭祀类节日活动，但在一些祭祀类节日活动中，为了满足游客大众的需要，提高旅游经济收入，当地文化主体在大庭广众之下把节日活动中的很多机密和秘密进行公开展演，甚至有的节日仪式还被现代录像设备记录下来，随时播放。这对于应该在神秘环境下开展的节日祭祀活动来说，节日的神秘性和神圣性一旦公之于众，就会带来节日文化的灭顶之灾。因此，节日形式创新一定要切合民众生活，切合民族的文化实际、尊重节日文化的神圣性，只有这样的节日形式创新，才能对节日保护与发展起到积极的促进作用。

其次，形式创新要符合民众表达习惯。文化艺术的表达形式离不开人民的习惯、感情、语言及历史发展。在很多民族旅游节日开展期间，我们随处可以看到用英文写作的对游客的欢迎之词，而少见用本民族语言书写的祝福语。这种文化形式的表达现象，一方面没有真实表现民众的言语行为，另一方面可能会导致游客的反感。今天的一部分少数民族群众，已经由以前的“大字不识”的文盲变成了对本民族文化和知识了如指掌的乡野文化人。因此，我们可以借助他们对节日文化的理解和认识，创造出符合本民族人们表达习惯、符合时代发展、民众喜闻乐见的节日表演形式和展演形式来，才能满足本民族群体和外界大众的不同需求。在这一方面，云南新平花腰傣农耕文化的展示就是一个很好的例子。在花街节举办期间，小卜少和小卜冒们穿着民族服饰，扛着秧箩，或者下田插秧，或者捕泥鳅和黄鳝，或者锄地，在劳动闲暇中，男女在树荫下一起吃秧箩饭，谈情说爱。花腰傣族妇女们则在一起织土布，制土陶，做花腰傣传统美食等。男人们则赶着自己的牛到半山腰放牛，砍柴。这本是花腰傣族人的生活方式，只是在特定的节日展演中把其文化浓缩起来展演给大众看。这种表达自己文化的方式，本民族大众能接受，这本身就是他们的生活；游客也喜欢，这种华而不实的文化就是大家寻找已久的、极具生活气息的生活方式，简单、传统、朴实而又生活化。

再次，形式创新要多样化。不管是旧瓶装新酒，还是新瓶装旧酒，只要表达的方式是真实可靠的，都会得到民众的喜欢。现有文化形式都是人类长期精神劳动的结果，是人类智慧的结晶。在保护好利用好已有文化形式的同时，也要不断去挖掘现有形式的潜力。创新的含义既包括推陈出新，也包括以取得新价值为目的已有形式元素的重新组合。至于采取什么形式与什么形式叠加，则要看效果，这要在实践中摸索，可以是两种形式也可以是多种形式的叠加，只要把持着以满足人们精神生活的丰富性和多样性为标尺就行。比如，云南玉溪文化发展主要是以广场文化与其他文化形式相叠加为主。针对云南玉溪这种模式，我们认为还可以探讨其他聚合模式，比如电影或话剧和玉溪古老传说的聚合、花灯与宣传社会主义核心价值聚合、花腰傣和服饰文化聚合等。总之，玉溪等地开展的文化形式创新对于西部少数民族传统节日文化形式创新，会带去众多的有益启示。

最后，保留和恢复传统节日仪式和符号也是节日文化形式创新。节日符号和仪式，是传统节日活动的重要组成部分。一般来说，其一方面具有蕴含节日文化精神的内涵因素；一方面则是体现这些精神文化内涵的外在形式和物化的载体，对节日文化保护与发展起着重要作用。在传统社会，传统节日有着非常精密和完整的符号和仪式系统，而且它们非常深入人心，传承久远。但随着现代化进程的推进，传统节日上的符号和仪式受到了一定程度的冲击，一些符号和仪式已经消失。而传统节日仪式和符号被遗忘、简化和淡化，会对传统节日文化的保护与发展带去不可挽回的损失。因此，在节日文化形式创新中，我们遵照节日文化规律和历史去保留和恢复传统节日符号和仪式，也是当前传统节日形式创新的一种方式。因为保留和恢复传统节日符号和仪式，才能留住和重建传统节日的"味道"和氛围，才能促使传统节日文化影响力得到更好的彰显。比如，春节上如果没有红灯笼、红蜡烛、门神、年画、对联、福字、挂件、窗花、守岁、拜年、闹元宵等符号和仪式，就会使人们感觉缺少"年味"，心里就会觉得这个年就当没过一样。"一旦斩断了过年的传统文化根脉，就会永远失去年味。"① 这对于西部少数民族传统节日文化来说，一旦失去了维系节日文化的符号和仪式，也会造成传统节日文化的味道缺失。

此外，当前节日形式创新的重点还是应该放在利用现代传媒技术手段上，因此，"互联网+"时代下，我们要积极利用现代传媒技术手段去保护、记录及传播传统节日文化，丰富和发展文化工作手段。比如，要充分利用好数字电视、数字电影、网络出版、网络动漫、微博、微信、抖音等现代文化的重要传播形式。当然，形式始终是为内容而服务的，不要走以形式为形式的路径，也要摒弃只讲内容、不要形式的错误观点。总之，在西部少数民族传统节日文化形式创新中，要分清楚节日文化表演和展演②

---

① 乌丙安：《中国春节：祭典与庆典严密组合的传统行事》，《江西社会科学》2011年第1期。

② 以民俗生活为研究对象的民俗整体研究，其取向是以表演为中心，但是并不止于审视表演，而是把发生民俗表演生活事件作为一个整体进行研究。在这里出现的"表演"和"表征"是有区别和联系的。"表演"和"表征"是文化研究中经常谈及的概念，"表演"强调的是对民俗文化的自然演示，把其本来的程序、过程等展示出来，英文中用"performance"来表示；而"表征"同样强调的是表演、展示，只是这种表演、展示是在人为的建构下进行的，是组织者和领导者把一定意义和目的附加在这些表演和展示中的产物，在表征中学者最为关注的是权力如何渗透进文化中的问题，英文中用"representation"来表示。因此，"表演"和"表征"其实都是表演，这是两者之间的共同点；是否带上人为建构的意义和目的进表演中是区别两者的关键。

之间的区别和联系，在尊重节日文化历史与传统的基础上，充分利用一切对节日文化发展有利的形式，进而去促进节日文化发展。

四、西部少数民族传统节日文化体制机制创新

经济基础决定上层建筑，当经济基础发生变革的时候，上层建筑也必须发生调整。在当前经济体制改革发生重大变革之时，也必然要求文化体制进行改革。文化体制创新是指人们在文化行业和文化领域按照某种价值观有计划地改变原有陈旧的制度安排，建立与现有经济社会环境相配备的新的制度体系，以形成统一、开放、竞争、有序的文化市场体系和文化开放格局，推进社会主义文化大发展大繁荣。而文化机制创新则要求通过文化创新的方式，达到理顺文化建设和发展中所涉及的各要素之间的结构关系以及制定文化发展的具体运作方式。

从 2002 年党的十六大上要求抓紧制定文化体制改革的总体方案开始，我们文化体制改革经历了几次重大变革，实现了由点到面、由易到难、由浅入深的全方面的实践过程，取得了令人瞩目的成效。具体来说，我国文化体制改革步伐主要是分为五个阶段去逐步开展的："第一阶段：从 2003 年初到 2005 年 12 月，主要是开展试点、探索经验。第二阶段：从 2005 年 12 月到 2010 年 7 月，主要是扩大试点、逐步推开。第三阶段：从 2010 年 7 月到 2011 年 10 月，主要是加快推进、全面展开，部分领域基本完成改革任务。第四阶段：从 2011 年 10 月党的十七届六中全会召开到 2013 年 10 月，主要是攻坚克难、完成任务。第五阶段：从 2013 年 10 月党的十八届三中全会召开至今，中央对文化体制改革进行新的战略部署，文化体制改革进入全面深化的新阶段。"① 在文化体制改革迈入全面深化的新阶段，2013 年党的十八届三中全会首次对我国文化体制改革作了战略部署，提出要以激发全民族文化创造活力为中心环节，以完善文化

① 蔡武：《我国文化体制改革的历史进程及理论创新》，《中共党史研究》2014 年第 10 期。

管理体制、建立健全现代文化市场体系、构建现代公共文化服务体系、提高文化开放水平为重点任务。2014 年 2 月中央全面深化改革领导小组第二次会议上审议通过《深化文化体制改革实施方案》，进一步为文化体制改革拟定了实施方案，即文化体制改革要始终做到“四个坚持”（坚持社会主义先进文化前进方向、坚持中国特色社会主义文化发展道路、坚持以人民为中心的工作导向、坚持把社会效益放在首位、社会效益和经济效益相统一）、紧扣“一个围绕”（紧紧围绕建设社会主义核心价值体系、社会主义文化强国）、着眼“两个巩固”（巩固马克思主义在意识形态领域的指导地位，巩固全党全国各族人民团结奋斗的共同思想基础）、突出“一个中心环节”（以激发全民族文化创造活力为中心环节）、推动“三个方面工作”（促进文化事业全面繁荣、文化产业快速发展、优秀传统文化传承弘扬）。在文化体制改革战略部署和实施方案下，当前要重点完成以下五个方面任务：一是着眼激发文化创造活力，推进文化体制机制创新。二是着眼保障和改善文化民生，构建现代公共文化服务体系。三是着眼提高文化产业发展效益，构建现代文化市场体系。四是着眼扩大中华文化国际影响，提高文化开放水平。五是着眼引导和支持文化改革发展，加强文化政策法规建设。

遵循党和国家有关文化体制改革的指导方针、原则及实施措施，笔者认为，当前西部少数民族传统节日文化体制创新应该从以下几个方面入手去落实。首先，建立和完善好有利于节日文化创新的政策法规。各级政府作为少数民族传统节日文化的管理者，应该通过制定法律法规，以政策文件的方式去进一步明确节日文化发展的地位、作用及价值意义；阐明节日文化的“魂”与“体”关系，文化经济效益和社会效益的双重属性、文化事业和文化产业“双轮驱动”的发展思路、市场的基础性作用以及节日文化传承体系构建的必要性等；进一步完善民众节日制度，调动民众参与节日活动的积极性和创造性；明确文化交流和传播的主体、方式及路径等。在完善的文化政策法规的指导下，政府对于节日文化发展的指导作用才能凸显。

其次，理顺不同文化主体的关系，明确不同主体在文化创新中的角色定位，调动不同主体的文化创造力。西部少数民族传统节日文化创新作为一项系统工程。在其创新活动中，涉及的主体是十分多的，比如，政府、文化持有者、学者、游客、媒体，而不同主体在创新实践活动中所发挥的作用是不同的。因此，西部少数民族传统节日文化创新能否取得成功，这和不同主体创造力和作用的发挥是息息相关的。

再次，构建起完善的节日文化服务体系，满足人民的文化生活需要。当前，随着西部地区经济的不断发展，人们对于文化生活的需求也日益高涨。而传统节日文化作为西部地区各民族文化生活的一部分，在满足人民群众日益增长的文化生活需要方面发挥着重要作用。因此，在西部少数民族传统节日文化创新中，既要做到对传统节日文化的保护与传承，又要结合民众需要，不断拓展节日文化内涵和外延，建构起一套完整的节日文化服务体系，才能最终达到满足人民群众需要的目的。

最后，不断扩大节日文化市场，提高节日开放水平，提升节日文化的传播力和影响力。在旅游节日创新中，节日活动规模和成效在很大程度上取决于参与人数的多少及人员的组成结构。因此，在西部少数民族传统节日文化创新中，除了调动本地本民族及周边各民族积极参与之外，还应该通过各种新型媒介，把自身节日文化的特点和优点传播出去，进而才能吸引海内外不同群体来参与节日活动。随着节日规模的不断扩大，节日的价值也就随之得到扩展，节日的影响力和传播力也就得到不断增强。基于西部少数民族传统节日文化创新体制与下面将要分析的节日文化创新策略和路径有相互渗透的关系，因而对于这些体制的建立，我们在这里只是简单概括，具体的论述将在后面的论述中进一步开展。

经过接近二十年的文化体制改革创新实践，我国在文化体制改革中取得了许多经验和启示。比如，坚持党管文化的大文化格局，正确认识和处理发挥政府作用与调动全社会力量参与文化建设的关系，以创新政府职能为突破点，变“办文化”为“管文化”，不断提升引领文化建设科学化水平的能力，形成文化建设的强大合力。坚持“以人为本”原则，正确处理保障人民群众基本文化权益与满足群众多样化文化需求的关系，始终把人民群众作为文化建设的主体，不断实现好、维护好群众的基本文化权益。坚持“双为”方向、“双百”方针，正确处理弘扬主旋律与提倡多样化的关系，文艺精品创作保持了稳中求进的态势。坚持把社会效益放在首位，正确处理文化与经济的关系。以实施文化兴国强国战略为抓手，大力推进社会主义核心价值体系建设，充分发挥文化建设引领思潮、凝聚人心、整合力量的功能和作用，为西部地区经济社会提供强大的精神动力、智力支持和文化条件。坚持解放思想，以改革创新和科技进步为动力，破除制约文化发展的体制性障碍，坚持团结干事，为解放和发展文化生产力提供体制机制保证。坚持立足本土特色文化，正确处理传统文化与现代文化的关系，逐步形成以弘扬多样性文化共同发展的格局。

简言之，文化体制是指文化产品或商品的生产、管理和传播的运行方式，也就是文化产品或商品专业化生产、管理和传播的组织构架与制度安排。而在这种组织构架与制度安排的具体实施中，我们认为，理顺各种主体的各种关系无疑是最为基础和重要的，在此基础上，西部少数民族传统节日文化的运行机制才能形成。因此，下面我们将主要从关系视角入手去论述西部少数民族传统节日文化机制的运行。

但就西部少数民族传统节日来说，其机制上的创新具体要注意以下几个方面。首先，理顺政府和民众的主次关系。少数民族传统节日是少数民族自己的节日，一般情况下，节日的开展与政府直接关系不大。但在如今的市场经济下，受经济利益的驱使，有的地方政府不断转变职能，直接进入文化产业和文化保护的工作中去。一般来说，民众才是节日的主体，无论是节日等非物质文化遗产保护，还是节日的产业化开发，政府都只能起到引导管理的作用，而不能成为举办节日的主体。当然，在节日保护和开发的早期和关键时刻，政府在一定程度上进行直接参与，也是可取的。但是一旦节日文化发展起来，政府就应该适时退出而去发挥自己宏观管理文化的能力，则不能一直参与进节日活动而不退出。比如，文山普者黑花脸旅游节至今已经开展了十四届，前十三届都是以当地政府为主导，当地彝族民众参与，但自从 2018 年第十四届开始，当地政府与民众的角色发生了改变，变成了当地政府为辅，民众为主的办节模式。这是节日文化发展的另外一种模式，虽然当地政府、学者、民众对这种文化发展模式都存在一定的消极看法，但是在总体上，这种文化发展模式还是得到了各方的认同。因此，在节日文化创新中，我们要适时调整非物质文化遗产保护模式和改变节日产业化过程中“当地政府主导，民众参与”的传统对立关系，充分发挥政府和文化主体在文化发展中的地位和作用。

其次，理顺文化企业与民众之间的关系。除了公益性的文化事业之外，非公益性的文化企业逐渐成为当今文化发展的主力军，西部地区节日文化产业开展较早，取得了很好的成绩。但在取得成绩的同时，文化企业和民众间经济利益获得不平衡现象十分严重，经济效益与文化效益冲突矛盾突出，那么，如何在两者之间寻找一条合适的路径，促进经济和文化事业双丰收？但就目前状况来说，我们还应特别重视文化产业的发展。因此，我们只要做到在保证民众文化性要求的前提下，努力实现经济效益。同时，较为公平的在民众和企业之间进行利益分割，这样不仅能提高民族节日文化的竞争力，还可以充分发挥节日文化的“经济要素”。

再次，理顺游客和民众之间的关系。市场经济下的民俗旅游，是为了满足大众对于民俗文化的广泛需求而进行的，但是有些地方过分去迎合游客致使节日表演不分时间和空间、不顾及民众接受度和习惯等现象时有发生。这种做法，最后只能导致游客和民众两败俱伤。比如，云南民族村“天天有节过、日日有狂欢”的伪民俗现象负面效应极大；兰坪情人节上隐秘浪漫的男女青年山林私会，一旦被搬上舞台，放在荧光灯之下的时候，传统节日那种神秘、浪漫情调一下就变得苍白、俗气起来，民众演员装腔作势，伤害自己，也伤害游客。因此，在处理看客和民众关系上，民众要表现出不卑不亢，自尊自爱，维护好传统节日文化本质；看客则要提高自己的文化素养，不断提高自己的旅游素质和人格品质。

最后，理顺民众与民众的关系。节日是一个系统，是在一定生态环境下人们的日常群体活动。在传统节日仪式中，由于外界因素的干扰甚少，因此传统节日活动开展十分顺利，充分发挥出了传统节日的功能。但在如今传统节日产业化过程中，一部分民众被特别挑选出来进行节日仪式表演，直接地就能获得比一般民众更多的收益，这在民众中将会引起一些不必要的矛盾出来。还有对于同一节日活动，由于各种利益关系权衡，活动开展地点、民众选取等都会引起一部分民众的不满。因此，在进行节日文化体制创新下，一方面要充分调动广大民众的积极性和参与度，又要利用好民众精英人物的带动作用，协调好民众群体间的各种关系。只有这样，传统节日才能保存良好，持久发展。

以上几个方面的创新平台形成了一套整体性的文化创新联动系统，共同构成了节日文化创新全面提升的动力。节日文化创新是一种持续不断的创造性活动，又是一种必须长期坚持的实践活动。在节日文化创新中，不论用什么方法，走何种路径，一定要坚持“内容为王”、思想为纲、精神至上；把思想引导和精神提升放在首位，赋予节日以先进思想与崇高精神；继承民族优秀文化传统，积极吸收借鉴世界优秀文明成果，使之具有更加鲜明的时代特色、地域特色和生活特色，从而给观众和民众以有益的启迪，让观众和民众产生审美的心理共鸣，进而在潜移默化中使人民群众的需要到了满足，他们的综合素质包括文化素质得到了真正提升。

因此，我们一定要以文化创新去化解传统节日文化变迁中的各种矛盾和冲突，建构一种和谐的民族传统节日文化来。一言以蔽之，节日文化创新就是要顺天时，合地利，遵风俗，出新意，得民心，达民意，让群众皆大欢喜。西部少数民族传统节日文化创新要达到以上目的，则必须在理顺主体间关系的基础上，建构起完整的节日创新机制来。

首先，要不断完善政府在节日创新中的引导机制。在党和国家制定的文化体制改革实施方案中，政府对于文化改革的作用主要体现在引导作用上。这种引导不仅体现在要对西部少数民族传统节日创新提供具体的实施方案，更要通过立法或制度等各种方式确保这个方案的顺利实施。除此之外，中国特色社会主义先进文化建设必须要坚持社会主义方向、遵循社会主义文化发展道路、落实以人民为中心的文化建设导向以及实现文化事业和文化产业双丰收，这就要求在节日文化创新中要把社会主义核心价值观和马克思主义融进创新实践中。总之，在西部少数民族传统节日文化创新中，政府应为创新树立旗帜、指明方向及道路，发挥政府在创新中的管理和引导职能。

其次，要形成一套行之有效的主体激励机制。对于西部少数民族传统节日文化创新来说，其创新实践中涉及的主体众多，因此，在明确不同主体在创新中的角色基础上，要形成一套行之有效的主体激励机制来，才能更好地发挥出主体的积极性和创造性。比如，重庆彭水为了大力发挥当地旅游业，特别对旅行社组团来彭水旅游实施了奖励制度。在这个制度中，对旅行社、自驾游组织以及达到规定人数的游客团体的激励办法作了详细的规定。在奖励标准上，有景区门票优惠奖励、总量奖励、年度增量奖励以及其他奖励四类。又如，在榕江侗族古榕群每年的萨玛节上，当地政府和企业都会对积极参与祭萨活动的人员进行一定的物质奖励，以此来带动民众参与节日活动的积极性。总之，在遵循合法合理的规则下，各级部门和组织应该大力实施激励机制，调动起西部少数民族传统节日文化创新的能动性来。

再次，要构建起完善的节日文化保障机制。相较于中东部地区而言，西部地区历来是以民族众多、文化多元而著称。基于节日在西部少数民族文化中的地位和作用，我们今天大力去发展西部地区节日文化产业，以此带动西部地区全面建成小康社会。而要大力发展西部少数民族节日文化产业，则需要依托西部地区节日文化及其他文化做发展基础和支撑。因此，在西部少数民族传统节日文化创新中，一定要保护、传承弘扬好当地优秀传统文化。节日文化事业蓬勃发展、节日文化产业的方兴未艾、传统文化的保护与传承机制健全，才能建构起完善的西部少数民族传统节日文化创新的保障机制。

最后，要培育起完整的市场运作机制。西部少数民族传统节日文化创新及其功能能否得到最终实现，除了需要政府的引导、不同主体的能动性及扎实的文化创新保障之外，发挥出市场的开放、平等、高效率及人员聚居等优势也十分重要。游客纷至沓来、节日物品琳琅满目、节庆环境安全有序、节日氛围喜庆祥和、节庆报道准确及时，这一切都需要有一套完整的市场运作机制才能实现。总之，在中国特色社会主义市场经济下的西部节庆产业创新中，只有把西部特色、社会主义及市场经济有机融合在一起，才能实现西部节庆产业的健康、持续发展。因此，在西部少数民族传统节日文化创新中，培育起完整的市场运作机制是大势所趋。

总之，在全球一体化、文化全球化、国家大力对文化创新进行推动以及节日文化成为西部少数民族地区经济社会发展的杠杆的当前，西部少数民族传统节日文化有了创新的必要和可能，因而节日文化创新是节日文化发展的必然产物。但在节日文化创新中，我们一定要遵循节日文化创新的规范与标准，真正做到推动节日文化在理念、内容、形式及体制上的大变革、大提升。只有这样，节日文化创新工作才能为实现西部少数民族传统节日文化保护与发展、文化功能的最大化以及文化多样性的保存，发挥出最大的贡献。这是西部少数民族传统节日文化创新的前提语境，也只有在这个前提语境下，才会有西部少数民族传统节日文化创新的实践机制的产生。最后，用联合国教科文组织颁布的《世界文化多样性宣言》第 7 条来结束本章节的写作：“每项创作都来源于有关的文化传统，但也在同其他文化传统的交流中得到充分的发展。因此，各种形式的文化遗产都应当作为人类的经历和期望的见证得到保护、开发利用和代代相传，以支持各种创作和建立各种文化之间的真正对话。”因此，节日文化创新的背景、创新内容及目标，理所当然地就成为西部少数民族传统节日文化创新的理论基础。

第四章　西部少数民族传统节日文化创新标准、路径及模式

近年来，在党和国家的支持下、西部各民族的共同努力下，西部地区少数民族文化发展势头十分迅猛，取得的社会效益和经济效益也十分可观。一大批文化生态保护区得以建立、一大批文化事项进入国家级人类口头与非物质文化遗产名录、民族文化旅游对经济的贡献率越来越大。比如，随着民族文化资源的开发和宣传，西部地区民族旅游业得到了快速发展，旅游业成为西部地区经济发展的巨大引擎。就如以前以“天无三日晴、地无三尺平、人无三分银”而著称的内陆省份贵州省来说，2007 年全省旅游接待人次、外省入黔游客人次、旅游总收入分别达到 7.44 亿人次、3.27 亿人次、7116.81 亿元，分别比上一年增长 40%、31.17%、41.6%，其旅游收入超过了云南这个以旅游业著称的老牌省份。[①] 但在取得成绩的同时，我们也要看到西部地区文化发展中出现的不足。比如，在谈到近几年民俗文化发展策略得失时，有学者这样总结道：保护与发展的理念尚存误区，民俗与非物质文化遗产保护发展的评估体系没有建立、经费短缺造成民俗文化保护工作难以有效可持续进行、有关民俗文化保护发展的研究工作相对滞后。[②] 甚至有学者指出，在民俗文化保护发展中，个别地区出现了保护性破坏、开发性破坏以及创新性破坏的现象。保护性破

---

① 周清：《新年伊始，贵州旅游业交出 2017 的成绩单》，《贵州日报》2018 年 1 月 22 日。

② 张士闪：《中国民俗文化发展报告》，北京大学出版社 2013 年版，第 65—67 页。

坏主要是重项目申报与开发、轻保护与管理；开发性破坏是为了达到经济目的，利用商业化、人工化手段对文化进行超负荷的利用；创新性破坏是指借创新之名，肆意篡改文化内容、形式、风格等。① 因此在当前的文化发展工作中，急需一个文化发展的标准和尺度去规范人们的各种行为，让人们在文化实践中找到文化建设的正确路径和发展模式。

第一节　西部少数民族传统节日文化创新标准

对于西部少数民族传统节日文化来说，其在现代社会中的转型发展主要是通过内部的文化创新和外部的文化整合两种方式去实现的。文化本质上是人的文明化，因此，节日文化内在的创造力转换实质上是人的创造性实践活动的产物；文化内部实现的自在向自为的转变，其实质就是文化人从自在走向自为的一个过程。节日文化创新作为一个完整而又系统的实践活动，其在创新实践中应该遵循客观性、民族性、生活性、主体性、整体性原则，那么，在此基础上，对创新实践结果的评价又应该采取什么样的评价标准呢？简单地说，这个评价标准主要包括两个层次：一个是宏观层次上的评价标准，一个是微观层面上的评价标准。基于对节日文化创新中的五大原则的认识，笔者认为，西部少数民族传统节日文化创新在宏观上的评价标准应该是客观性标准、主体性标准以及把主体和客体结合起来的实践标准相结合。而在这个宏观评价标准基础之下，节日文化创新对于节日文化的生产力、竞争力、传承力、传播力以及批评力等方面就显得具有可操作性和具体性，因而它们成为节日文化创新的具体评价标准和实现形式。

一、西部少数民族传统节日文化创新的评价标准

马克思主义哲学告诉我们，物质观是马克思主义哲学的理论基石，物

① 周耀林、李珊珊：《我国非物质文化遗产保护的现状与对策》，《忻州师范学院学报》2011 年第 5 期。

质观的方法论意义在于要求我们做事要一切从实际出发、实事求是。西部少数民族传统节日文化创新总是在一定的自然条件、社会条件和文化条件基础上进行的，这些客观条件就组成了整个文化创新的前提和基础。同时，人是文化的创造者、拥有者及享受者，也是文化创新的主体和受益者，因此，满足人民群众不断增长的文化需要就是文化创新的起点和归宿。脱离文化创新所需的客观条件，则会犯主观主义的错误；忽视文化创新中主体性的地位和作用，则会犯形而上学的错误。在节日文化创新中，只有把两者有机结合起来，才能最终实现合规律性和合目的性的有机统一。而实践作为马克思主义理论首要的、基本的观点，是连接主观与客观、人与自然、个人与社会等各种关系的纽带，能很好地推动文化创新的顺利进行、检验文化创新的成果。从这个意义上去看，客观性、主体性以及实践性，理所当然地成为西部少数民族传统节日文化创新成效的评价标准。

首先，客观性评价标准。客观性评价标准属于知识性问题，是以主观必须符合客观为条件，追求的是创新工作及其创新成果的真实性，也就是求“真”的问题。而要达到真实性目标，则需对客观事物及其规律的正确性认识。对于西部少数民族传统节日文化创新来说，在创新活动中，是否抓住和反映了节日文化本质、遵循了节日文化发展的相关规律，则成为检验创新成效的主要途径。传统节日文化内涵主要是指节日文化内在所反映出来的精神和思想方面的内容，是节日的灵魂。针对当前节日文化创新中存在的形式多样、内涵物化、仪式简化及活动异化等现象，应该用节日文化内涵去统率、引领和校正，使传统节日的内涵得以回归。节日文化创新在抓住和反映节日文化本质基础上，还要遵循节日文化发展的相关规律。一般来说，节日文化创新要遵循自然规律、社会规律及文化创新规律，因为自然文化、社会历史文化、个人生命文化是传统节日文化的三个重要属性。

自然规律是自然界固有的、不以人的意志为转移的必然的、内在的联系。人离不开大自然，人类文化同样离不开自然界。在传统社会，节日是重要的时间坐标。人们不仅在节日中充分地表达出自己的信仰和情感，也在日常生产生活的活动上，以节日为时间点，来进行安排和记忆。因此，传统节日在本质上属于时间概念，是民众以自然季节与人文活动为基础所进行的时间符记，其主要目的是用来指导民众休养生息、消费和狂欢等活动。遵循自然规律是我国传统节日文化最具本质性意义的属性，而这个属性的本质意义在于要求节日文化要源于自然、回归自然、天人合一。比如，《岁时百问》中说："万物生长此时，皆清洁而明净，故谓之清明。"清明时节恰恰是气温升高、雨量增多，春耕播种的大好时节，故民间有着"清明前后，种瓜点豆"的说法。由此可见，节日与气象、农业生产等人事活动有着密切联系。诚然，节日文化创新是一种超越性的、创造性的活动，但这种活动一旦脱离了自然界，违背了自然规律，则会导致节日文化出现空洞化、主观化，创新工作就只能以失败告终。因此，节日文化创新必须遵循人与自然的和谐原则、坚持文化的可持续发展方向。

社会规律是社会内部存在的、本质的、必然的、稳定的联系，其是推动社会发展和进步的动力。按照马克思主义唯物史观的说法，生产力和生产关系、经济基础和上层建筑之间的矛盾运动是推动社会发展的基本规律，生产方式是决定社会发展的最终决定力量。节日文化作为文化的一种，也是属于一定经济基础之上的观念上层建筑，其创新活动也应遵循人类社会发展的基本规律。传统节日由于受社会历史条件的制约，在节日内容、仪式活动、文化价值上都存在一些与现时代不相适宜的地方。因此，这就要求我们在尊重节日文化的社会历史条件基础上，不断扩大节日文化内容、增强节日文化的社会功能、在创新中实现节日文化历时性和共时性之间的调适和融合。当前，随着传统节日生存空间内生产生活方式的变更，传统节日内部所蕴含着的社会历史文化意义逐渐代替了节日文化中的自然律令，而在节日文化意义中占据了主导地位。比如，人们今天对于端午节节庆活动的重视，更多的是从爱国主义精神、文化遗产保护、民族团结、人们的民间生活智慧等方面入手，去彰显节日文化对于现代社会功能和意义结构的重大作用。当然，我们强调节日文化的社会历史规律，并不是要忽视或者忽略节日的自然规律和属性，而是从更高意义上入手，把节日文化的自然规律融进其社会历史文化规律中，最终实现人与自然、人与人、人与社会、人与自我关系的调适，实现节日文化创新所生产的巨大的社会功能。

文化创新规律是文化得以延续和发展的客观规律，是文化创新主体在认识和把握文化内外部各要素、各层级关系，推动文化不断发展过程中所形成的必然、本质的关系。文化受社会规律制约，但文化发展也有相对独立性。因此，文化创新规律是建立在对文化基本特征的认识和理解基础上的产物，是对这些基本特征之间及节日要素和外部环境间的本质性关系的概括。一般来说，文化具有普遍性与特殊性、后得性、适应性、分化与整合、变异与涵化五大特征。除此之外，文化还具有继承性、与经济社会发展的不同步性和不平衡性、能对社会具有反作用等属性。而对于节日文化创新来说，是否遵循文化创新规律，主要是指在创新中，是否充分把握和遵照了节日文化内部诸要素之间的内在关系以及节日文化内在要素与外在环境之间的互动关系，进而促进了节日文化发展。从节日文化内部去看，创新规律主要体现为文化创新主体把握了节日文化形式与符号、结构与功能、价值与意义的内在关系性，并利用这些关系之间的矛盾运动去推动了节日文化发展，实现了节日文化创新的内在驱动力建构。从节日内外关系去看，主要是指节日文化主体充分利用外在条件去影响节日文化内部诸要素，使其内部诸要素发生变化，进而促进节日文化发展，找到了节日文化创新的外在推动力。在节日文化创新规律中，主体的作用不可忽视。节日文化创新是创新主体把自己的主观意图渗透进对节日的自然文化、社会历史文化的认识和理解中，从而形成的融主体性和客观性于一体的实践活动。因此，从这个意义上去说，遵循节日文化创新规律，是更为高级的实践活动，因为它把节日创新要遵循的自然规律、社会规律有机结合起来，实现了主体和客体的共同性和共在性。

总之，客观性标准追求的是创新工作的真实性、客观性，这种真实性和客观性也决定了创新工作的科学性。因此，客观性标准不仅是推动节日文化创新活动开展的前提和基础，也是衡量节日文化创新结果最为基础和基本的标准。在西部少数民族传统节日文化创新中，坚持着这个客观性标准，也就坚守了节日文化创新的基本原则，能对节日文化创新功效的发挥提供最为根本性的保证。

其次，主体性评价标准。马克思主义哲学认为，物质决定意识，意识反作用于物质。文化创新必须遵循客观性标准，但也要符合主体性要求。没有主体的能动性和创造性，一切创新工作都难以进行。“无论历史的结局如何，人们总是通过每一个人追求他自己的、自觉预期的目的来创造自己的历史，而这许多按不同方向活动的愿望及其对外部世界的各种各样作用的合力，就是历史。”[①] 这就说明人是按照自己的目的和要求来对客观世界进行改造和创造的。当然，这里不是说创造历史的是单个人，而指的是由无数单个人所组成的人们的合力才创造了历史。因此，对于节日文化创新来说，就存在个人评价标准和社会评价标准之分。在节日文化创新中，存在着很多主体，他们对创新活动起着不同的作用。比如，节日文化主体对创新活动起决定作用、政府对创新活动起主导作用、媒体大众对创新活动起辅助作用、专家学者对于创新活动起着指导作用、一般民众对于创新活动起推动作用等。基于各主体对于创新活动的作用，那么，创新活动的结果应该由哪个主体的标准来衡量？这就涉及不同主体间的关系处理。

理想性和现实性、阶段性和长远性、个体性和整体性之间的矛盾，交织在节日文化创新主体性评价标准的制定中。矛盾是事物发展的动力和源泉、矛盾具有同一性和斗争性两个基本属性、矛盾由于地位和作用不同，

① 《马克思恩格斯文集》第 4 卷，人民出版社 2009 年版，第 302 页。

矛盾在事物中还存在发展不平衡性。基于这样的理论指导，我们应该在充分尊重不同主体的认定标准的同时，还要看到国家制定的社会效益和经济效益双丰收的创新标准的决定性作用。各级政府始终代表着最广大人民群众的利益和要求，其在制定节日文化创新标准时，能充分考虑个人与集体、局部与整体、短期与长期、现实与理想等矛盾关系，用一种高屋建瓴的方式统率各方主体利益要求。社会效益的评价标准能强化对节日文化的保护，推动节日文化的可持续发展；经济效益的评价标准能最大限度满足不同主体对于文化的各种需要，为节日文化保护与发展提供现实推动力。但总的来说，社会效益优先于经济效益，是经济效益的前提和基础；经济效益反作用于社会效益，促进社会效益的进一步发展。两者主次分明、相得益彰。

总之，主体性标准是关注节日文化创新的评价性认识，它是以知识性认识为基础，以客体服从于主体为目标，追求的是节日文化创新结果的“善”和“美”层面。主体性标准包含着节日文化创新中的不同主体的利益需要，也蕴含了整体性，实现了对集体主义的重新认识。这是一种新型集体主义的建构，也是一种新型集体主义价值观的表现。“它应该是以市场经济为物质基础的，以为人民服务为核心的，既能够体现出以集体为本位，又能够充分尊重个人价值，通过保障和维护个人利益而达到对共同利益实现为目的，从而实现个人利益与集体利益有机统一的新型集体主义价值观。”①

因此，在西部少数民族传统节日文化创新中，创新主体必须坚持节日文化“真”“善”“美”有机结合的标准，才能使其节日文化得到充分发展，节日功能才能最大限度上的实现。节日的“真”强调节日创新工作的客观性标准，节日的“善”和“美”追求的是节日创新工作的主观性标准，只有把两者结合起来，才能达到尊重客观规律和发挥人的主观能动性、合

① 李春华：《新时期中国共产党文化创新研究》，中国社会科学出版社 2012 年版，第 156—157 页。

目的性和合规律性的有机结合。比如，泼水节是中国云南傣族、布朗族、佤族、德昂族等民族、东南亚泰国、老挝、柬埔寨等国家人们普遍欢度的传统节日，存在历史十分悠久。但在节日不断发展的过程中，节日时间、活动内容及文化价值却保持着十分完好。泼水节作为傣历新年，在西双版纳，泼水节节日一般在阳历 4 月 13 日到 15 日举行，节日内容有传统的浴佛活动、互相泼水、划龙舟、放高升、文艺表演、丢包及商贸活动。但在保持这些传统内容的同时，节日活动组织方式、参与人数、活动地点及社会价值等都在一定程度上发生了变化。当地政府为了发展旅游业，兴建了很多专门用于举办泼水节活动的广场、度假村等，节日内容也出现了泼水节非物质文化遗产展演等新内容，参加人数也不局限于当地傣族及各族群众，节日活动中的游客和民族主体之间的互动得到了加强等。此外，在节日活动中，主办方通过各种方式不断提醒参与者注意事项。节日活动保护和传承了文化，展现出了傣族温柔、善良、美丽的文化气质和傣族文化博大精深、稀有珍贵、兼容并蓄的文化品质，节日活动取得了物质文明和精神文明的双丰收。西双版纳傣族泼水节文化创新之所以能取得如此成效，必然是文化主体在节日创新中坚持“真”“善”“美”标准实践的结果。

再次，实践性评价标准。马克思说：“环境的改变和人的活动的一致，只能被看做是并合理地理解为变革的实践。”① 实践作为主体能动地认识和改造世界的对象性活动，具有客观物质性、自觉能动性和社会历史性三个基本属性。西部少数民族传统节日文化创新活动，作为人的实践性活动中的一种，除了要坚持客观性评价标准、主体性评价标准之外，还需要实践性评价标准去统率前面两个标准，把三个标准有机结合起来，才能共同推动节日文化创新工作的顺利进行。因为丧失了节日文化创新的客观性标准，节日文化创新就缺少活动前提和基础；丧失了节日文化创新的主体性标准，节日文化创新就失去了活动前进的目标和归宿。在节日文化创

① 《马克思恩格斯选集》第 1 卷，人民出版社 2012 年版，第 138 页。

新中，不仅只是需要这两个标准，还要把这两个标准结合起来，做到合规律性和合目的性有机统一，不能偏废。而实践观点作为马克思主义哲学首要的、基本的观点，具有把主体和客体连接起来的功能，并能在主体客体化、客体主体化的运行机制中，推动实践目标的顺利达成。

具体来说，实践性评价标准是客观性标准。西部少数民族传统节日文化创新不仅要在实践活动中要遵循客观性标准，也要靠客观性标准去检验实践效果。这个标准以事实为依据、以规律为对象、以实践作为检验标准，充分体现出西部少数民族传统节日文化创新的突出特征。因此，客观性标准是实践性批评标准首要的、最为根本性的标准。实践性评价标准是主体性标准。西部少数民族传统节日文化创新的出发点和归宿点是不断满足最广大人民群众的利益和要求，这是节日文化创新最为鲜明的立场，这也是西部少数民族传统节日文化创新和以往创新的最大区别的地方。人民是历史的创造者，是建设社会主义的依靠力量。节日文化创新坚守人民群众的利益为上，是节日文化创新最大的特点和优点。实践性评价标准是实践性标准。这里的实践性，主要是指节日文化创新在实践中把客观性和主体性标准有机结合起来，坚持了节日文化创新的整体性和系统性，为节日文化的可持续发展提供了依据。此外，还强调了实践性标准内在的发展性特点。西部少数民族传统节日文化创新，不是一个封闭的实践活动，而是一个开放的过程。它必须要与时代发展有机结合，在时代中不断推动节日文化创新，在创新中不断促进节日文化发展。正如马克思在1845年撰写的、被恩格斯称为“包含天才世界观萌芽的第一个文件”《关于费尔巴哈的提纲》中这样说道：“从前的一切唯物主义——包括费尔巴哈的唯物主义——的主要缺点是：对对象、现实、感性，只是从客体的或者直观的形式去理解，而不是把它们当做人的感性活动，当做实践去理解，不是从主体方面去理解。……他不了解‘革命的’‘实践批判的’活动的意义。”① 因此，

① 《马克思恩格斯选集》第1卷，人民出版社2012年版，第137页。

坚持实践性评价标准，是对以往的形形色色的实践观进行不断反思的结果，是马克思主义科学实践观在西部少数民族传统节日文化创新中的反映。总之，实践性评价标准是客观性标准和主体性标准的有机统一，是合规律性和合目的性的统一，是人与文化的统一，是人与外部世界的统一。

综上所述，节日文化作为人类特有的存在方式、生活方式，对它的创新效果的评价，一方面要遵循客观性的标准，另一方面也要遵循主体性标准，还要遵循把客观性标准和主体性标准合而为一的实践性标准。主体性标准、客体性标准、实践性标准的“三位一体”，不仅能论证节日文化创新的民族性、时代性、真实性等创新原则的正确性，也顾及了包括个体、群体及人类等不同主体对于文化创新的需求。总之，节日文化创新的宏观性评价标准对节日文化创新提出了整体性、前瞻性、指导性的原则和标准，这为节日文化创新效果的实现奠定了基础。但节日文化创新效果的实现，还需要有更为具体的表现形式和实施标准去指引和增强节日文化创新的可操作性。“文化创造力源于实践的创造力。人的实践是文化的动力和源泉，实践的经验为思想文化发展和变革提供感性基础，实践的需求激发文化的创造活力。”①

面临着当前国际国内社会文化发展大背景，西部一些地区在不断遵循传统节日文化发展的原则、规律等基础上，走出了一条自我发展之路。在我国，苗族人口众多，在西部地区的分布也十分广泛，但在节日文化发展中，每个地区却能很好地发挥主观能动性，抓住文化优势，走出一条节日文化事业和文化产业并肩前进的发展之路。比如，重庆彭水作为国家级贫困县，紧紧抓住当地苗族人口数量中国第一的优势，利用苗族先祖蚩尤，着力打造蚩尤九黎城，同时，借助当地阿依河天然水道，把踩花山节和水上运动有机结合，走出了一条自我发展的成功之路。而贵州黔东南台江县则充分当地苗族人口在全县人口中占有率97%的优势，不断挖掘当地苗

① 田丰：《论文化竞争力》，《马克思主义研究》2006年第2期。

族文化和地方文化，大力发展社交节日姊妹节，也走出了一条成功之路。又如，彝族作为西部地区人口较多的少数民族，在其节日发展上，火把节无疑是其最为盛大的节日，而其中的凉山和楚雄彝族国际火把节早已声名远扬。因此，其他地方的彝族在欢度火把节的同时，也找到了自己的发展之路。云南省文山州丘北县的彝族，充分借用普者黑旅游景区，把当地流传已久的花脸节打造成为中国民族民间节日文化精品，取得了物质文明和精神文明的双丰收。云南大理南涧的彝民族，则是在完整保留和传承当地哑神舞会仪式的同时，不断推陈出新，从创新节日观念、内容、形式及体制方面入手，使得这个无量山中的小节日在现代社会中办得有声有色，影响力极大。再如，贵州黔西南州的贞丰和望谟是两个以布依族和苗族为主体的自治县。近几年，随着两县联合申报的布依族“三月三”入选 2011 年第三批中国非物质文化保护名录，两个县在打造布依族“三月三”节日上也就展开了良性竞争，这在一定程度上很好地促进了当地布依族文化的发展。从两个县布依族“三月三”节日发展态势去看，两个县在保护和传承布依族“三月三”节日文化内涵的基础上，都充分利用了当地布依族古老村寨、旅游景区以及县内外各种文化资源和人脉资源。这是两个县开展节日的共同之处，但两个县布依族节日文化也呈现出不一样的特点。贞丰布依族“三月三”节日稍显古朴，望谟布依族“三月三”则更为现代；贞丰节日内容相对较为简单，望谟节日内容更为多元；贞丰节日功能侧重于文化保护与传承，而望谟节日功能旨在于多元功能的实现。

总之，遵循节日文化创新的客观性标准、主体性标准，就是实现了节日活动创新的实践性标准，三者是“三位一体”关系。而在西部少数民族传统节日创新中，只要遵循了这三个标准的节日文化创新，都取得了十分显著的成效。

二、西部少数民族传统节日文化创新标准的实现形式

以上三种评价标准是从宏观层面上对西部少数民族传统节日文化创新

成效的认定，而从微观视角去看，节日文化创新则表现为文化的几种核心能力的提高，比如，文化生产力、文化传播力、文化影响力等。正如哲学人类学家兰德曼所说：“‘作为创造者的人’（Homo creator）在其文化创造中不朽，其创造力的成就，即是文化的创造。文化创造具有广泛得多的范围，而且比以前所认为的能达到更深刻的程度。”① 因此，对于西部少数民族传统节日文化创新来说，在坚持文化创新的一般评价标准的基础上，不断提高节日文化创新力，则是节日文化创新的具体评价标准。

首先，文化生产力。学界对“文化生产力”相关研究从20世纪末开始，但大规模的研究则出现在2004年，党的十六届四中全会所作报告上首次正式提出“文化生产力”之后。总的来说，“文化生产力”一般包含以下三个方面的内涵：一是指物质生产力和市场经济活动中所包含的精神文化因素以及这些因素所发挥的作用；一是把文化本身作为一种经济形式和产业形式，即文化商品化、文化市场化以及文化产业化；一是指文化自身所具有的创造力，是人所独有的创新力和创造力。从创造能力的视角去认识文化生产力，是从哲学层面对文化生产力进行形而上的认识；从精神文化和文化产品层面去看文化生产力，则属于从现实层面对文化生产力进行形而下的认定。我们认为，对于西部少数民族传统节日文化创新来说，以上对文化生产力的三个方面的理解都是不可或缺的。但在这三个层次的内涵中，文化创造力显得更为重要，因为没有文化创造力的提升，文化在社会生产生活中所起的作用就会受到限制。文化生产力本质上就是文化创造力。这种创造力主要通过两个方面得以展现。从文化哲学层面去看，文化创造力主要表现为文化主体创造力水平的提升；从社会学层面去看，文化创造力主要表现为精神文化和文化产品或商品的极大丰富。总之，文化生产力具有一般生产力具有的物质属性，但其本质则更强调的是其精神属性。文化表现的不是直接呈现出来的物质对象，而是其物质对象中所表现

---

① ［德］米切尔·兰德曼：《哲学人类学》，阎嘉译，贵州人民出版社2006年版，第203页。

出来的意义和价值，这种意义和价值是人的自我创造、自我创新、自我实现的表征。就西部少数民族传统节日文化创新来说，其首要的创新实现形式则是节日文化创造力的提升，也就是人的创造能力的不断增强。

其次，文化竞争力。文化竞争力是指一种文化在多元文化比较中所表现出来的一种竞争优势。文化生产力的提高是文化主体文化自觉的表现，也能推动文化主体文化自觉的提升。文化生产力决定文化竞争力，文化竞争力是文化生产力的重要表现形式。在全球化的今天，世界范围内各民族文化的共存与竞争一直是文化发展的常态。因此，增强文化竞争力，也是体现一个国家和民族"文化软实力"的集中表现。随着亨廷顿《文明的冲突与世界秩序的重建》、福山《历史的终结》、萨义德《东方学》等一系列著作的出现，"文化热"背后的意识形态竞争使得提高文化竞争力的现实意义和世界意义得到了彰显。具体而言，提高文化竞争力，是实现文化安全的迫切需要。在全球化的今天，如果一个国家或民族自身文化在全球文化竞争中处于劣势，这对于这个国家或民族的文化自信、文化自立和文化自强的主体心态的影响是十分巨大的。因此，文化安全是一个国家或民族长治久安的精神保证。提高文化竞争力，是保存文化多样化的现实需要。"文化多样化可能是人类这一物种继续生存下去的关键。"① 文化多样性是世界多样性的前提和基础，能为人类发展提供无限多的智慧，是文化及社会得以不断发展的源泉。但在文化霸权主义和文化渗透主义肆虐的当前，一种文化要保存自己的完好无损，必须借助文化创新这个动力，在坚守文化传统的同时，广泛吸纳其他国家或民族的先进文化因素，扬长避短，使自身文化在创新中得到保存与发展，在文化竞争中实现既保持自身文化的民族性、也能展现自身文化的价值和生命力的发展目的。提高文化竞争力，能对社会发展提供巨大的促进作用。随着国与国之间综合国力竞争的加强，文化作为软实力在竞争中的作用不断得以凸显。文化的力量，

① 联合国教科文组织：《世界文化报告：文化的多样性、冲突与多元并存》，关世杰等译，北京大学出版社 2002 年版，第 159 页。

深深地熔铸在民族和国家的凝聚力、向心力、影响力之中。

再次，文化传承力。文化传承力主要是指文化主体基于对文化的认知和理解，采取一定方式去促使文化得以保护与发展的能力。文化传承力是文化生产力的基本表现形式，因为创造力是建立在传承力之上的产物，传承力是创造力的前提和基础，也是保持文化可持续发展的基本形式。具体对于西部少数民族传统节日文化创新来说，其文化传承力主要是通过三个方面得以表现：节日文化得到有效保护与创造性发展、节日文化主体的创新意识及创造能力的提升以及节日文化创新机制的不断完善。（1）节日文化的保护与发展。保护是发展的前提和基础，发展是对节日文化的有效保护。节日文化要得到进一步创新，首先应该加强对传统节日文化的保护。因为如果没有传统节日文化的客观存在，任何一次创新都会变成虚无、无中生有。而对于节日文化的保护，又不是简单的保护，而是要在发展基础上的保护。发展的实质就是新事物代替旧事物，其是一个联系的、自我否定的环节，其实质是“扬弃”，既克服又保留。诚然，在对节日文化的保护与发展工作中，还充分体现了文化主体对于传统文化的批判与反思，也就是文化自身所蕴含的批判力。因此，加强对节日文化的保护与发展工作，是节日文化传承力的客观表现。（2）节日文化主体的创新意识及创造能力的提升。增强节日文化的传承力，是节日文化主体对于节日文化发展的一种态度和一种意识提升的表现，而这种表现只要和节日文化保护与发展工作有机结合起来，就会促使针对节日文化创造活动的产生，进而增强节日文化主体创造能力的发展。节日文化主体创造能力的水平决定了其对节日文化发展的潜力，其是节日文化传承力的主体能力表现。（3）节日文化保护与发展机制的不断完善。传统节日文化的保护与发展、节日文化主体创新意识和能力的提高，是节日文化传承力提升的两个重要表现。除此之外，要使节日文化传承力得到进一步增强，还需要一套系统而又周密的传承机制的建立。传承机制虽不是传承力的主要内容和表现，但其对于传承力的提升有着不可忽视的作用。因为一旦传承机制得以健全，就能很好地刺激和推动节日文化保护与发展工作的开展、节日文化主体传承动力和目标等的建构，进而提升节日文化传承力。

最后，文化传播力。学界对于“传播力”的研究，主要是放在广告或大众传媒的影响力上，而对于“文化传播力”的研究，则还没有出现完整的内涵。我们认为，文化传播力就是文化传播主体通过一定的传播手段和载体，在对传播对象进行特定的传播意义中所实现的文化辐射力和影响力。当前，学界有人认为，当代文化传播力呈现出了以下特点：文化传播方式逐渐高科技化、传播范围走向全球化、传播力量趋于国际竞争化、物质技术手段成为传播力的硬基础、传播的到达力和影响力成为最重要的指标、传播力的评估标准在逐步明确以及传播力体系的构成大致趋同。① 比如，对于传媒实力指标体系，一般分为四个层次：传播基础、国内传播、国际传播、传媒经济。每一个层次又分几个指标去进行具体说明。就中国当前文化传播力来看，在传播硬件上具有一定优势，但在传播相关的软件上却存在劣势。比如，在文化传播体制上还很不健全、传播内容的范围和视野还比较狭小以及传播方式较为单一，模式化、类型化现象比较突出。而对于西部少数民族传统节日文化创新来说，文化生产力是从文化基础视角去看文化的能力发展、文化竞争力是从文化作用视角去看文化的能力发展、文化传承力是从历史坐标去看文化的纵向能力发展，那么，文化传播力则是从横向视角去看文化影响力和辐射力。

对于节日文化创新来说，文化传播力是建立在文化创造力基础上的对外辐射力和影响力。文化传播力的增强，从根本上就是文化自身创造力的实现。而一旦文化创造力和传播力得以提高，其对于节日文化价值观的延续、价值观的吸引力就随之得以加强；节日文化作为“软实力”的组成部分，能增强国家或民族的文化竞争力，进而产生最大限度的影响力；节日文化作为文化产业的重要组成部分，还能促进国家或民族地区的经济发

① 俞思念、魏明：《当代中国文化发展战略》，华中师范大学出版社 2010 年版，第 207—210 页。

展。比如，经过文化创新，西部地区一部分少数民族传统节日已经走出了国门，实现了其国际化发展趋势。凉山彝族火把节、楚雄彝族火把节、蒙古族那达慕大会、景颇族目瑙纵歌节、苗族“三月三”以及傣族泼水节等就是其中的代表。每当这些节日召开之际，不仅国内游客和媒体如织，国外游客、媒体和商人也都纷至沓来。这一切都说明了今天的西部少数民族传统节日文化创新，走出了传统“酒香不怕巷子深”误区，不断通过各种媒介，使自己的传播力和影响力得到了不断提高。当前，节日文化创新不仅需要把文化传播力作为其创新结果的检验标准，还需要通过文化创新不断去提升节日文化传播力。

总之，“文化是人类‘生活’和‘存在’的一种特有方式。人类总是根据自己特有的文化生活着；反过来，文化又在人类中间创造了一种同样是人类特有的联系，决定了人类生活的人际特点和社会特点”①。因此，对于西部少数民族传统节日文化创新来说，只要符合人的生活、反映人的存在、符合人际特点和时代发展趋势、推动社会发展进步的文化创新，都是科学的、有价值意义的文化创新。

第二节　西部少数民族传统节日文化创新路径

“路径”一词的含义多样，有道路、方法、行径、路线等意义。学界对“路径”相关问题研究较多，但对于文化创新活动的路径来说，较有代表性的观点是把路径分为理论路径和实践路径两个层面。理论路径主要是从宏观视角对各行各业的具体路径进行抽象和概括，然后形成具有一定指导意义的路径和方法。比如，有人认为，形式和符号系统是基础的创造层面、结构和功能系统是较高层次的创造系统，而价值和意义系统则是最

① ［法］维克多·埃尔：《文化概念》，康新文、晓文译，上海人民出版社 1988 年版，第 9 页。

高层次的创造系统。[①] 实践路径则是从微观层面对具体事物创新的实现路径进行描述和分析。比如，有的学者认为，文化创造力的实现路径主要包括以下几个方面：文化精神、文化知识、文化环境、文化教育、文化产业的创新机制，它们在文化创造力的实现中起着十分重要的作用。[②]

就西部少数民族传统节日文化创新来说，笔者认为创新路径是指达致创新目标而实施的具体路线和方法。具体来说，本研究的第一章到第四章相关内容所形成的创新系统都可以认为是西部少数民族传统节日文化创新在宏观层面上的理论路径。基于人是文化的主体及创新活动的主角，因此，笔者从主体性视角入手，在看到不同主体在西部少数民族传统节日创新活动中的地位基础上，重点关注他们对于节日文化创新所起的作用。这可以说是西部少数民族传统节日文化创新的中观层面上的路径。而对于西部少数民族传统节日文化创新在实践中具体采取的方法和路线，我们可以称之为微观层面上的实现路径。宏观、中观、微观层面上的路径探析，形成了西部少数民族传统节日文化创新及其功能实现的路径系统。我们在上文和接下来的论述中都会涉及对宏观层面上的路径进行探析，而在接下来的西部少数民族传统节日文化创新模式的分析中，我们将详细阐释在西部少数民族传统节日文化创新中所形成的创新实现模型，这就是微观层面上的实现路径。因此，在接下来的分析中，我们将从文化创新主体这个中观层面入手对西部少数民族传统节日文化创新的路径进行探析。

具体来说，笔者主要采取借助系统论观点，对这些主体在创新中的角色定位和其发挥出的不同作用进行整体性认识，以此实现对西部少数民族传统节日文化创新路径的探析。而对于西部少数民族传统节日文化创新来说，涉及的相关主体众多。具体来说，主要有政府、专家学者、节日文化主体、媒体以及一般民众，他们在节日文化创新场中，都不是旁观者，而

---

① 李燕：《文化释义》，人民出版社 1996 年版，第 173—191 页。

② 杜刚：《全球化视域下文化创造力研究》，人民出版社 2012 年版，第 51 页。

是参与人。具体来说，在当前的文化创新活动中，政府起着主导作用，专家学者起着重要作用，节日文化主体起着决定作用，媒体起着辅助作用，一般民众起着推动作用。只有这几个真正发挥出各自力量，形成一股强大的创新活力，最终才能实现西部少数民族传统节日文化创新目标。当前，值得欣慰的是，正如有学者这样总结道：进入21世纪以来，传统节日一改过去那种被忽视、被压制的状态，获得了人们前所未有的关注和发展空间。从各级政府、专家学者到一般普通民众，从国家战略、大众化传媒到民众日常生活，保护、传承、利用和发展传统节日文化，已然成为一种共识、一种趋势以及一股潮流。①

一、明确政府在节日文化创新中的主导地位

政府作为节日文化的管理者和引导者，主要发挥其对于节日文化发展方向、目标、方针上的指向作用，并借助于强大的政府权力和财政资金优势，为西部少数民族传统节日文化创新保驾护航。

首先，用先进文化思想引领节日文化创新。对于节日文化创新工作来说，在创新活动开展之前，必须要对创新的目标、原则及方针等进行周密的设计，这是创新活动进行的前提和基础。而节日文化是人的生活化的表现，人在其中起着十分重要的作用，因此，节日创新关键是人的意识创新。当前，我国处于社会转型关键期，多元文化并存，这对于节日文化创新者们来说，存在着选择正确思想的困难。比如，对于节日文化价值的认识，不同的人都有不同的看法。学者们认为是一种具有文化传承功能的非物质文化遗产、节日主体认为是他们的生活方式、政府认为是国家文化软实力、文化公司认为是发展旅游产业的重要资源、一般民众则认为是娱乐休闲文化。针对当下对于节日文化的多维认知，国家应该在充分认识到社会各阶层对于节日文化价值理念的基础上，去建构一个节日文化创新的

① 张士闪：《中国民俗文化发展报告2012》，北京大学出版社2013年版，第118页。

“底线思维”去引领社会各阶层对于节日文化价值的认识，也就是社会各阶层对于节日文化创新的认识。对于中国社会来说，马克思主义一直属于我们主流的意识形态，社会主义核心价值体系和社会主义核心价值观是中国特色社会主义先进文化的集中表现。因此，如何用社会主义核心价值体系和价值观去指导少数民族节日文化创新，就是涉及马克思主义大众化、民族化、时代化、实践化等中国化的相关问题。这就需要从国家层面，充分利用国家权力的同时，用老百姓喜闻乐见的传播形式和方式，让这些先进的思想进入老百姓头脑和心理，进而在文化创新中发挥出思想引领的作用。当然，先进思想是文化创新的指导性方针，在此基础上，还需要节日文化创新者们具备一定的文化素养和能力，发挥主观能动性，相得益彰，才能把文化创新工作落到实处、推向前进。

其次，充分发挥政府对于文化创新工作的协调管理职能。节日文化创新是个系统工程，涉及的人与事是十分众多的，关系处理起来也就十分复杂，特别是对于西部少数民族地区来说，由于民族众多、文化多元，节日创新中涉及相关民族和宗教方面的问题众多，因而文化创新工作显得更为复杂和艰巨。稍有不慎，就会背离我们长期形成的民族平等、民族团结和各民族共同繁荣政策，给西部地区民族和谐工作带来麻烦。在政府对于文化创新工作履行管理职能时，合理处理好文化创新中的各种关系，则是推动文化创新工作能否具体实施的关键。

再次，利用政策和资金支持推进节日文化创新工作。当前，国家从多方面入手对少数民族传统节日文化进行保护与发展，在四次国家非物质文化遗产名录（2006 年、2008 年、2011 年、2014 年）评选中，节日文化就有一百多个，占据了民俗类遗产名录的一半以上，京族哈节、彝族火把节、傣族泼水节、仡佬族依饭节、羌族瓦尔俄足节、苗族鼓藏节、土族那顿节、藏族雪顿节、塔塔尔族撒班节等西部节日都入选其中，充分说明了国家对于节日非物质文化遗产保护工作的重视。同时，2005 年，中央几大部门联合下发的《关于运用传统节日弘扬民族文化传统的意见》，更是对传统节日的地位和作用进行了国家层面的认定，这对于推动传统节日文化的发展是十分有利的。2007 年，国务院关于修改全国年节及纪念日放假办法的决定、各省市为促进节日文化发展而颁布的地方法规，比如，云南省 2009 年颁布的《云南省少数民族传统节日放假规定》、2010 年开始实施的“黄金周”制度，都在很大程度上推动了少数民族传统节日文化发展。除此之外，2004 年文化部启动的中国民族民间文化保护工作、2009 年开始启动的“中国节日志”浩大工程、2010 年文化部主研的“弘扬节日文化研究”项目等。这些都说明了国家对于传统节日文化的重视程度在进一步加大。除了法律法规、文化工程和项目之外，国家还出资举办了各种各样的节日文化活动，达到了弘扬节日文化、促进文化交流的目的。当然，对于西部少数民族传统节日文化创新来说，各级政府除了进一步出台各种有利于传统节日文化创新的政策和措施之外，当务之急还是要继续为节日文化创新工作提供资金支持。对于西部地区来说，在节日文化创新上，人们还没完全达到自己“造血”的阶段，必须要靠政府在不断的“输血”基础上，才能提高西部地区的“造血”能力。

此外，政府还应该强化西部少数民族对节日文化遗产的文化自觉，而这项工作要在民族教育引领下来实施。只有西部各族人民通过不断地教育启蒙，才能建构起他们的文化自知、文化自尊、文化自觉及文化自强意识。在对节日文化遗产的文化自觉基础上，节日文化传承人的培养和评选、文化空间的保护、文化核心价值的挖掘等才能真正落到实处。这样，就能为传统节日文化创新工作奠定了坚实的基础。

二、依托专家学者在节日文化创新中的专业性

俗话说：“专业的事情要交给专家去做。”随着社会的不断进步，知识在社会发展中的作用日益显得重要，以传播、普及及创造文化知识的专家学者也受到了人们的广泛尊重和信赖。比如，在节日文化研究上，研究结构和团队日趋专门化、研究课题丰富多彩、研究氛围日益活跃、研究取

向多维宽广，使得学界对于传统节日文化保护与发展研究呈现出广博化、深入化及现代化的特色，节日学理论研究框架日趋完善。当然，在理论研究的同时，针对传统节日文化的调查研究工作也开展得如火如荼，一大批建立在广泛田野基础上的中国节日志书籍的相继出版，就是明证。

那么，对于西部少数民族传统节日文化创新来说，相关专家学者能发挥出怎样的作用？首先，专家学者们可以通过自己广博而又精神的专业学识和素养，不断加强加深加大对传统节日文化资料的收集、整理和研究，为节日文化创新奠定坚实的物质基础。其次，不断加强对节日文化创新相关理论的研究、对当前节日文化创新现状进行理论反思，用学科前沿的理论和方法去引领传统节日文化创新工作的落实。再次，用专业的知识、素养和能力作为保证，积极地参与到传统节日文化创新工作实践中，给予文化创新工作以专业的理论指导和方向指向。第四，通过对节日文化相关知识及其社会作用的普及和传播，唤起社会各界更多的人来关注、支持和参与传统节日文化创新工作，进而为推动传统节日文化创新工作向纵深方面发展尽力。最后，专家学者还应当承担起对于节日文化主体的文化保护与创新意识的教育职能。西部少数民族传统节日文化主体，大都缺乏对自身传统节日文化及其价值的充分认识，再加上他们自身文化水平的局限，这些都导致他们难以承担起文化保护与创新这项“功在当代、利在千秋”的工作。因此，专家学者要充分发挥文化教育的作用，通过适合于文化主体的教育方式，为唤起节日文化主体的文化自信和文化自觉服务。

当然，专家学者要在传统节日文化创新中发挥出重要作用，还需要他们必须要俯下身子，在实践中学习、向老百姓学习。比如，为了更加地挖掘和展示彭水文化，进而为当地踩花山节日提供深厚的文化土壤和基础。在 2017 年第六届中国乌江踩花山节上，主办方就邀请了包括中国作协诗歌委员会主任叶延滨、河南省作协主席邵丽、重庆市作协主席陈川等在内的 38 位国内知名作家、诗人、文学大咖齐聚彭水观光、采风、创作，收到散文、诗歌作品 31 件。又如，在对贵州遵义仡佬族祭祖大典进行调研过程中，笔者在短短时间内就收集到了十几本有关仡佬族历史文化的相关书籍。比如《丹砂古县的文化记忆》《务川古村落》《务川历史古籍文献资料辑录》《沧桑务川》《仡佬之源》《我在现场》《永不褪色的记忆——红三军在务川活动纪实》《纸上的乡愁》以及十几本《务川文史资料选辑》。另外还收集到了仡佬族近几年来开展祭祖大典的活动方案及总结，在当地专家带领下实地考察了仡佬族祭祖大典所在地龙潭村，了解到了仡佬族祭祖大典仪式的由来及发展现状等。这些资料的获得为笔者全面了解仡佬族祭祖大典奠定了坚实的理论和实践基础。由此可见，在西部少数民族传统节日文化创新中，专家学者们提供的有关节日文化的相关理论和具体描述在其中发挥了基础性的作用。

三、发挥媒体在节日文化创新中的传播力

今天，我们生活在一个媒体无处不在的世界里。现代新兴媒体发展到今天，已经全方位、多角度地影响着人们的生产方式、生活方式及思维方式。除了常规的电视、广播、照相机、录像机及宽带网络之外，微博、微信、博客、论坛等媒介的广泛产生，使我们真真切切地感受到信息时代、媒体时代给人们生活带去的冲击和影响。节日离不开传媒，传媒也从未忽略过节日。近几年来，在媒体技术和节日文化齐头并进的发展势头中，两者的融合度越来越高，国家主流媒体对节日文化的报道和宣传也越来越多。总的来说，媒体对于节日文化的报道和宣传主要分为四类：第一类是宣传和报道节日文化信息和节日文化活动；第二类是传递节日浓浓的情意，营造欢乐祥和的氛围的相关报道；第三类是对于节日文化的解读和宣传；第四类是传播媒体主办的节庆活动以及借助媒体宣传的节庆活动。今天的媒体，不仅仅是宣传、报道传统节日，而且还直接参与节日活动，用自己的力量在不断地影响传统节日。

媒体作为传播信息的媒介，一直以来都有着传播资讯、监督与纠正不良现象、引导大众、协调社会关系、传承文化、提供娱乐等功效。2018

年 3 月 2 日，“2018 中国德宏景颇族国际目瑙纵歌节”在云南省德宏州芒市盛大开幕，在开幕式上，除了邀请来自政府相关部门领导、文艺界人士之外，节日组还特别邀请了 5 位“网络达人”来共同参加目瑙纵歌活动，试图通过他们亲自体验节日盛况和切身感受德宏生态之美、民族文化之韵和绿色发展之路的方式，达到宣传目瑙纵歌节和德宏的目的。由此可见，媒体对节日文化活动的影响之大。但在强调传媒对于节日文化的巨大作用的同时，我们还是要清醒地认识到，传媒仅仅是一个传播媒介，不管传媒是微观节日，还是参与节日，甚至改变节日，其作用也只是对节日文化创新起辅助作用，而不能是起决定作用，这就是“巧妇难为无米之炊”的道理所致。当然，今天是全媒体时代，媒体的作用我们也不能小觑。

具体来说，媒体对于传统节日文化创新的辅助作用，主要体现在以下几个方面：首先，通过媒体巨大的传播平台，把西部少数民族传统节日文化传播到世界各地，增强西部少数民族传统节日文化的影响力。其次，对西部少数民族传统节日文化的功能和价值进行解读，以唤起人们对于西部少数民族节日文化保护与发展的重视。再次，对西部少数民族传统节日文化创新中的得与失，进行真实、客观的报道，为外界带去西部少数民族传统节日文化创新的真实现状，以唤起更多的人参与进西部少数民族传统节日创新实践中。最后，以节日为媒介，充分展现西部广大地区的生态、民族、文化、经济等自然环境和人文环境，吸引更多人来关注西部少数民族地区的发展。

第三节　西部少数民族传统节日文化创新方式

文化创新方式主要是指建立在一定的文化及创新理论基础上的、可以参照模仿的、具有操作性的结构性整体。它具有可模仿性、可操作性、发展性、有效性等特点。基于此，在对文化创新方式建构的分析中，我们把西部少数民族传统节日文化创新方式分为理论模型和实践模型两类模型去具体分析。

一、西部少数民族传统节日文化创新的理论模型

鉴于当前学界对于文化创新方式相关研究成果较少、对于文化发展战略的相关研究成果较多的现状，笔者认为，文化创新是文化发展战略的一部分，因此，在构建文化创新方式时，我们可以借鉴文化发展战略方面的相关成果来对文化创新方式进行设定和构建。胡惠林认为，文化发展战略由战略环境分析、战略方针和战略目标的设计、战略重点和战略阶段的安排、战略对策四个方面构成。其中，战略环境是基本前提，是制定文化发展战略的依据。战略方针是灵魂，体现了战略主体的构想和意志；战略目标是核心，是对未来一定时间内要达到的目标的准确定位。战略重点是对实现战略目标具有关键意义而目前发展具有比较优势或比较弱势，需要特别加强的部门、区域、组织、要素等；战略阶段就是实现文化发展战略目标在时间上的安排和实施步骤。战略对策是实现文化发展战略方针、战略目标的手段、措施和途径。①

在上述文化发展战略方式的基础上，我们认为文化创新的理论模型应该主要由文化创新方式所涉及的相关内容和创新思路组成。创新方式所涉及的相关内容是广义上的内容，创新活动中涉及的方面，都是文化创新方式中的实体部分；创新思路就是从技术层面上去分析文化创新，是文化创新方式中的形式部分。一般来讲，文化创新方式的内容主要包括如下要素：描述研究。描述研究主要是指对文化创新对象开展广泛的田野调查，获得客观、真实、完整的第一手资料，从感性层面认识创新对象的现状，这是创新研究的基础。解释分析。对田野调查所获材料进行归纳总结，比较各地区各民族创新差异，在差异性找寻原因及找到创新一般特点和规律。模型建构。这里的模型建构主要是针对创新路径的模型建构，创新路

① 胡惠林：《文化产业发展与国家文化安全》，广东人民出版社 2005 年版，第 84—86 页。

径涉及逻辑层面和实践层面，应该在对创新中所涉及的逻辑层面和实践层面相关组成要素进行较为深入的认识基础上，建构一个创新路径的体系。功能估量。文化创新势必影响到政治、经济、社会、生态、文化等方面，应从个人、民族、社区、国家四个层面估计少数民族节日文化创新所产生的正面作用及创新过程中出现的影响功能实现的负面因素。同时，还从文化生产力、竞争力、传承力、传播力、批判力等方面对其创新后果进行指标设定，以此检验创新效果。案例探析。选择有代表性的相关个案进行具体论述，从微观层面全面或者就某一方面对文化创新进行较为详细的分析。对策讨论。直面创新过程中遇到的各种问题，提出多层次、多视角、立体型的解决措施。同时，对于特别重大、紧迫中的问题，进行一定理论探讨，不断追求真理。

当然，在设定创新的理论模型和实践模型中，创新实践中的不同主体才是设定、连接及实施各种创新模型的纽带和关键。因此，在节日文化创新中，紧紧抓住主体这个核心是创新功能实现的前提。内容决定形式，形式反作用于内容。这就说明文化创新方式的诸多内容需要一定的创新形式来链接，进而才能实现形式和内容的有机统一。具体来说，文化创新方式的形式部分，则可为如下思路图：

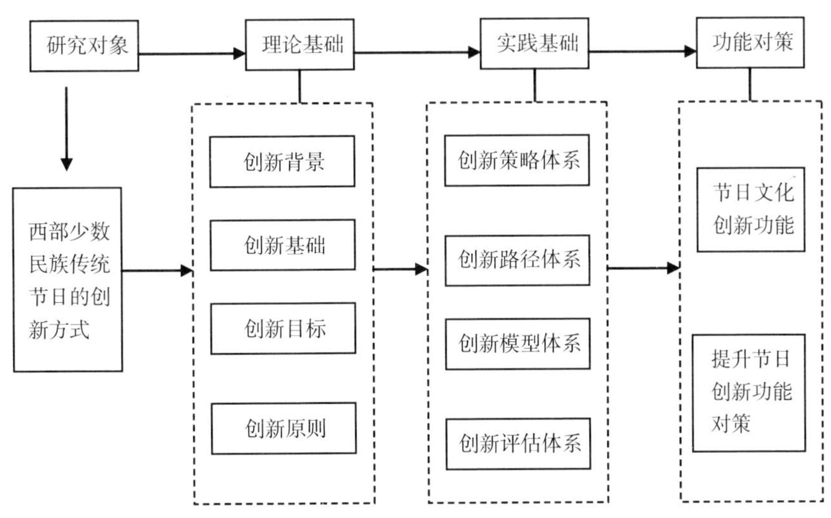

综合文化创新方式的内容和形式部分，我们认为一个完整的文化创新方式主要是由以下几个基本要素构成。第一，把握文化创新的背景和环境。这是文化创新的必要性和可能性的组合，它能很好地说明文化创新不是一个偶然的行为，而是具有必然性的行为。第二，扎实文化创新基础。文化创新基础具体指的是创新活动所赖以依靠的文化基础。如果没有对文化发展现状进行全面而又深入的把握，文化创新实践就会成为无根之木、无源之水，这势必影响文化创新活动的成效。第三，明确文化创新的目标和原则。文化创新需要一定创新理念和思想的指导，在这些理念和思想指引下的创新目标和原则成为了文化创新的直接指导方针。因此，没有文化创新目标的设定和创新原则的指引，创新活动就会成为无头苍蝇，漫无目标和方向。第四，坚定文化创新策略和路径选择。创新方式和方法众多，在创新具体策略和方针的引导下，创新主体选择一条适合的道路去开展创新活动，就会起到事半功倍的效果。第五，文化创新方式的构建。文化创新具有一定的发展性，但这样的发展是由一个可行的实践创新方式来完成的。文化创新方式最大的特点是具有可参照性和可操作性，因此，创新方式的构建将为创新活动的开展提供思维框架图，进而指导具体创新活动的开展。第六，制定创新评估标准。没有规矩就不成方圆。创新具体标准的设定，是检验创新活动具体实践的尺度。如果没有这把衡量尺度，创新活动就将陷入人云亦云的相对模糊状态。第七，实现文化创新价值。文化创新是一个理论体系，但在其中，创新价值的实现无疑是最为重要的。创新实践是文化价值实现的动力，而文化价值的实现则是创新实践的目标及归宿的集中表现，两者相互联系，共同促进。第八，强化文化创新价值实现的保障措施。创新活动过程中难免会出现一些不合时宜的现象，因此，这就需要强化文化创新价值实现的保障措施。只有在坚固的保障机制下，文化创新才能更好更快地实现创新的预期价值和目标。

总之，西部少数民族传统节日文化创新和其他文化创新实践活动一样，具有文化创新活动的一般属性。这就说明，以上所建构的文化创新的理论模型为西部少数民族传统节日文化创新提供了理论层面上的指导。但西部少数民族传统节日文化创新不仅仅具有一般文化创新模型的一般性，其还有西部少数民族传统节日文化创新的特殊性。就是在这种一般性和特殊性的关系中，西部少数民族传统节日文化创新的实践模型已经形成。

二、西部少数民族传统节日文化创新的实践模型

西部少数民族传统节日文化创新来说，其是文化创新的理论模型在西部少数民族传统节日创新实践中的具体表现。当然，只有把文化创新的理论模型和西部少数民族传统节日创新的实践调查有机结合去分析，才能形成西部少数民族传传统节日文化创新的实践模型来。在第一章第一、二节中，笔者们已经对西部少数民族传统节日的特殊性进行了较为详细的概述。这种特殊性较为充分地把西部少数民族传统节日和其他地区各民族的传统节日进行了区分。接下来，笔者将对西部地区少数民族传统节日的这种特殊性进行进一步细分，以便从中去找到西部少数民族传统节日文化创新的实践模型。在大量调查中，我们看到了西部各民族传统节日文化创新性的共同性。具体为：第一，西部地区各级政府、机构及民众对于自身文化的保护、传承及发展意识十分强烈，不同主体参与节庆活动的积极性很高。第二，节庆活动与西部地区脱贫攻坚战略有机结合，展现了旅游节日的强大力量。第三，各地方各民族充分利用自身优势来开展节庆活动。比如，重庆彭水充分利用苗族人口数量全国最多和蚩尤故里这些文化优势来开展踩花山节，贵州黔东南台江由于全县苗族人口占据97%以上而主打“天下第一苗疆”这一优势来举办姊妹节。第四，利用当地旅游胜地或借用旅游开发公司资源打造节庆活动核心区，拓展了节庆活动空间，便于节庆活动的集中展示。第五，以节庆活动为核心和媒介，融合各地区各民族地方文化资源，不断拓展节日文化内涵与外延。第六，节庆活动开展大都取得了较为满意的成效，但仍存在一些问题。

矛盾双方具有同一性和斗争性之属性，矛盾也具有普遍性和特殊性之

分，在矛盾的同一性和斗争性、共性和个性交织中，事物才能不断地发展。基于以上的调查所得，结合文化创新的理论模型，笔者尝试建立西部少数民族传统节日文化创新的实践模型。

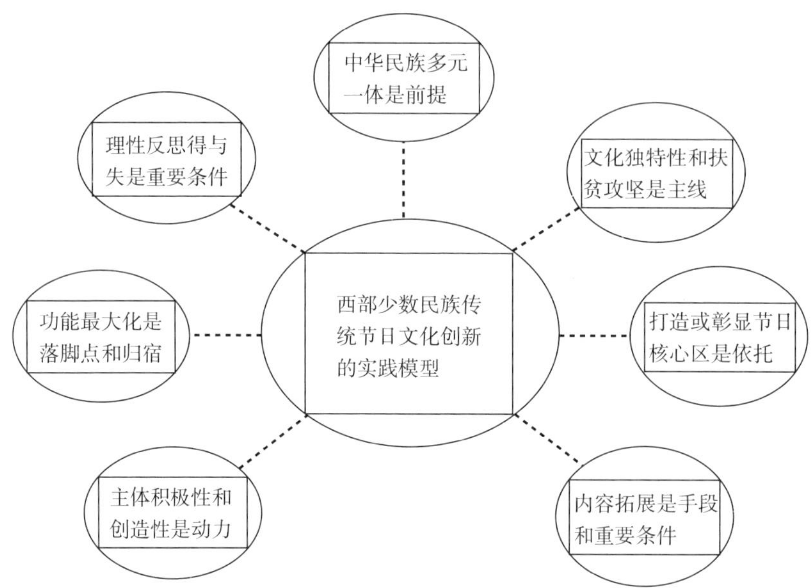

在西部少数民族传统节日文化创新中，“中华民族多元一体”这一条主线始终贯穿其中，并发挥着重要的指导作用。具体在西部少数民族传统节日文化创新中，这条主线的理念和精神实质主要是通过西部各个地区开展传统节日活动的目标和指导思想体现出现。比如，在贵州黔西南州望谟县《2019 国际山地旅游暨户外运动大会——中国·望谟“三月三”布依族文化节活动方案》中，是这样描述开展此次节日活动的目的和意义：举办 2019 中国·望谟“三月三”布依族文化节，旨在提振干部群众精气神，展现脱贫攻坚决心，树立全面建成小康社会信心，丰富全县工会职工文体生活，满足人民群众美好文化生活需求，增强民族文化自信，促进民族团结进步，加快绿色望谟、温暖望谟、锦绣望谟、多彩望谟、港口望谟的建设。本届“三月三”布依族文化节，将从社会风貌、族群文化、民风民俗、宗教礼乐等多维角度，设立主会场、分会场，主会场开展布依感恩祈福大典、布依盛装万人巡演、民族服饰设计展演、原生态民族文化展演、民族大舞台、乡愁集市、非遗文化展演等多种形式活动，分会场围绕新屯布依3A级风景区组织互动式民族文化体验活动，打造望谟县精品旅游路线，让参与者充分享受布依文化的精神大餐。①

其次，抓住西部地区文化独特性和扶贫攻坚两个关键点。西部地区除了和东部、中部地区在地理位置不同之外，民族众多、文化多元、地处边疆、经济落后、生态屏障、革命老区等也是其不同于东部中部的典型特点。当前，在全面建成小康社会的关键时刻，西部地区正在发挥自身的独特优势，努力实现打赢扶贫攻坚的重大战役。在这个过程中，西部地区因地制宜，实事求是，不断发挥自身的文化优势，走出了一条依靠旅游文化的扶贫减贫之路。西部地区少数民族传统节日作为西部地区文化的集中代表，无疑会在民族地区社会主义建设中发挥重大作用，是实现扶贫攻坚的“一把利器”。比如，地处云南哀牢山腹地的戛洒小镇，充分利用当地花腰傣花街节节日文化，带动了当地旅游文化的持续发展，实现了新平县这个少数民族地区文化与经济建设的双丰收。比如，在2019年花腰傣花街节暨春节黄金周系列旅游文化活动中，（一）各项经济指标增长幅度较大。2月4日至10日（大年三十至正月初六）共计7天春节黄金周，全县共接待游客56.88万人次，同比增长7.69%，其中，过夜游客5.64万人次；实现旅游总收入35248.98万元，同比增长17.24%。（二）重点景区游客爆满，乡村农家乐消费旺盛。2019年“春节”黄金周期间，县城片区接待游客19.79万人次，磨盘山景区接待游客6816人次；戛洒片区接待游客26.54万人次，哀牢山景区接待游客36297人次，其中8日、9日哀牢山景区游客超过1万人次；漠沙片区接待游客10.55万人次。（三）宾馆酒店入住率达到预期。全县客房住宿率73.89%，其中：县城

---

①　中共望谟县委办公室：《中共望谟县委办公室、望谟县人政府办公室关于印发〈2019国际山地旅游暨户外运动大会——中国·望谟“三月三”布依族文化节活动方案〉的通知》（内部资料），2019年3月13日。

住宿率 68.54%，戛洒住宿率 77.66%，漠沙住宿率 77.78%。而在大年初二至初五期间，在戛洒镇仍然出现一房难求的现象，县城相对有一定规模和档次的酒店也是住无虚房。①

再次，打造或彰显西部少数民族传统节日文化核心区。在调查中，我们发现，在西部少数民族传统节日文化创新中，依托当地节日文化核心区去开展节日文化活动的情形是十分普遍的。节日文化核心区的打造或彰显不仅是开展节日文化活动的需要，更是现代旅游业对于时间、空间、文化、消费等各方面需求催生的结果。比如，在重庆彭水县，为了带动当地文化旅游事业的发展，政府通过招商引资，利用中业实业公司的管理和资金优势，在离彭水县主城区四公里处兴建了气势恢宏、全面展现苗族历史文化的蚩尤九黎城作为旅游踩花山节的主要举办地；在黔东南台江县，为了全力打造当地独特节日文化"姊妹节"，当地在县城核心区兴建了姊妹广场和姊妹一条街，为满足人们参与姊妹节活动、了解苗族文化、购买文化产品提供了便利。当然，除了重新打造新的旅游节日文化区这种方式之外，西部各地也在通过各种方式去保护和彰显传统节日民俗文化区，重现和提升了传统节日文化核心区的光彩。比如，施洞镇作为台江县姊妹节的发源地，为了打造这一传统节日文化核心区，当地把民族村寨、农业示范园和文化综合体结合起来，形成了乡村旅游示范村长滩、稿仰——休闲观光农业（扶贫）示范园——施洞苗文化综合体（偏寨姊妹广场、沿江栈道、苗族文化园、沿习中心、施洞老街等）的精品旅游线。丰富和发展了施洞这个传统节日发源地的文化内涵和地位。保留和发扬传统节日文化核心区、打造和创新传统节日文化核心区，两者相得益彰，共同实现了西部少数民族传统节日文化核心区的构建。

第四，在凸显节日标志性文化中实现传统节日文化内容的不断拓展。在西部少数民族传统节日文化创新中，节日作为各地节日活动开展过程中

① 新平县假日旅游工作领导小组办公室：《新平县 2019 年春节黄金周暨花街节旅游经济运行分析》（内部资料），2019 年 2 月 11 日。

的标志性文化得到了最大限度的彰显。比如，2016 年榕江侗族萨玛节于 12 月 18—19 日在三宝古榕群隆重举行。12 月 18 日上午，在榕江县城举行民族服饰巡游展，在三宝古榕群景区举行开幕式；下午，在三宝古榕群景区举行侗族形象大使选拔赛和侗歌比赛。12 月 19 日上午，三宝侗族地区 9 个行政村分别举行祭萨仪式；下午，在三宝古榕群景区举行盛大的联合祭萨仪式。以上节日仪式可以说是对榕江县侗族萨玛节传统节日仪式活动的再现，很好地表达了传统萨玛节祭祖、感恩、团结、宽容的节日文化内涵。但在节日文化创新中，除了全面展现传统节日文化仪式和内涵之外，传统节日文化的内容和内涵也得到了不断拓展，最终实现了继承和发展传统节日的创新目标。比如，节日期间，当地还举行"相约榕江踏歌行"国际户外徒步大会；"苗侗祖源·绿色榕江"摄影作品展；民族工艺品及土特产品展销；榕江特色美食展销；"美丽中国·侗乡之旅"中国摄影报走进榕江影友联谊会暨贵州摄影"大篷车下基层"双月赛（榕江站）采风创作系列活动。

第五，充分调动不同主体的积极性和创造性。文化创新表面上是文化的创新，其实质则是掌握和享用文化的主体们的积极性和创造性发挥的结果。从这个意义上去看，创新主体才是西部少数民族传统节日文化创新的第一要素。但在现代文化发展中，单靠创造、传承文化的民众去发展传统节日文化是行不通的。特别是在传统节日文化创新中，需要政府、媒体、学者、文化主体、一般大众及旅游文化公司等主体的共同努力，才能推动传统节日文化创新顺利进行。因此，在调查中，我们发现，在西部少数民族传统节日文化创新中，调动各个主体的积极性和创造性则成为节日文化开展是否有成果的标志之一。

第六，依托文化创新去实现传统节日文化创新功能的最大化。文化创新作为西部少数民族传统节日功能实现的最大动力和源泉，其活动的顺利开展为实现传统节日功能最大化奠定了坚实的基础和保障。基于在后面几章将专门从经济、政治、文化、社会及生态功能五个方面入手对此进行论述，此处就不再赘述。

第七，理性看待传统节日文化创新的得与失。在对西部少数民族传统节日文化创新诸多案例的调查中，我们都知晓了各地对节日创新活动都进行了较为详细的总结。在这些总结中，不仅对节庆活动取得的成绩进行了归纳，但也指出了节庆活动举办中存在的问题。这种理性看到传统节日文化创新的得与失的做法，对于西部少数民族传统节日文化的保护与发展是极为重要的。比如，重庆彭水文化旅游局在《2019·第八届中国乌江苗族踩花山节暨中国·彭水水上运动大赛和第四届渝东南生态民族旅游文化节工作总结》中这样写道：活动取得的成效为，创新有道、亮点纷呈；营销有法、引爆旅游；统筹有力、序时推进；调度有方、秩序井然；宣传有度、影响扩大；接待有序、服务提升。存在的问题：出现消极麻痹思想；活动创新意识不足；对内宣传力度不够。下一步工作建议为：精减活动数量，集中力量打造品牌；推进市场运作，保障持续健康发展；加大宣传力度，做好旅游产品营销。①

诚然，在不断实践中，西部少数民族传统节日文化在创新中得到了很好发展，并在其发展中，构建起了西部少数民族传统节日文化现时的实践模型。在这个实践模型中，中华民族多元一体是前提和出发点，扎牢文化独特性和扶贫攻坚是两条主线，打造或彰显节日文化核心区是依托，凸显节日标志性文化和促进节日内容的不断拓展是手段，调动各方主体的积极性和创造性是动力，实现节日文化功能最大化是落脚点和归宿，理性反思节日创新的得与失是重要条件。

总之，就西部少数民族传统节日文化创新系统来说，其内部各要素之间存在着相互依存、不可分割的关系。而在这些关系中，西部少数民族传统节日的社会功能就顺势得以实现。具体就西部少数民族传统节日功能的实现而言，创新背景是对节日文化生存和发展的外部环境，是节日文化创

① 重庆彭水县旅游发展委员会：《2019·第八届中国乌江苗族踩花山节暨中国·彭水水上运动大赛和第四届渝东南生态民族旅游文化节工作总结》（内部资料）。

新功能能否实现的外在条件和制约因素；创新目标是创新的核心，是针对未来一定时间内要达到目标的准确定位，而创新功能的实现则是创新目标达成的具象形态；创新原则是创新的灵魂，体现了创新主体的构想和意志，是创新功能实现的思想保证；创新策略是创新目标战略实施的具体体现，它直接规约着创新活动的具体实践，是实现创新功能的重要条件；创新标准是指导创新实践和衡量创新功能的具体尺度和评价体系；创新内容是创新功能实现的基础和重要载体；创新路径是达致创新功能的具体操作方法；创新方式是连接创新系统中各要素的纽带，是对实现创新功能的具体措施的抽象。简言之，创新功能作为创新系统中的要素之一，是在对创新背景的宏观把握下，坚定创新目标，遵循创新原则、策略和评价标准，并在调动不同主体的创造性的路径上不断创新节日内容，最终形成特定创新方式下的产物。就是在创新动力的不断推动下，西部少数民族传统文化的社会功能得到了彰显。接下来的五章，我们就对此进行详细的分析。

第五章　文化创新视域下西部少数民族传统节日的经济功能

第一节　节日文化创新推动西部地区产业结构的调整

传统节日作为非物质文化遗产的一部分，其在产业化过程中，也会产生文化经济效应。这在一定程度上说明了传统节日文化，可以通过创新的方式实现其文化经济化的转换，进而为社会提供更多的文化产品，满足人们的文化需要。基于此，本部分主要从经济视角对传统节日在现代社会的创造性转化和创新性发展进行分析，而研究的重心主要放在节日文化产业、节日文化产品及节日文化市场的形成基础上，最后才去分析和总结出节日文化产业化所带来的具体经济功能。

一、西部地区产业结构调整的必要性和紧迫性

长期以来，在我国经济发展过程中一直存在着三个不同层次的地带，即东部沿海经济比较发达的地区、中部经济欠发达的地区以及西部经济不发达地区。西部经济不发达地区主要是指少数民族地区和边疆地区。虽然从经济发展视角去看，西部地区是处于中国经济欠发达地区，但不可否认的是，西部地区又是中国经济资源十分丰富的地区。西部地区的这种资源优势，在中国实施改革开放 40 多年来，特别是 2000 年西部大开发战略的号角吹响以来，在西部大开发过程中得以充分利用，并对西部地区经济的

合理布局、资源合理配置、新的经济发展空间、社会稳定、生态环境等方面都作出了巨大贡献。

但受传统经济产业思想的影响和制约，西部地区经济发展过程中也出现了一些不协调的现象。比如，由于过分强调第一、二产业的支撑作用，使得西部地区第三产业的发展潜力没有得到充分展现；一些地区由于对工业资源的过分依赖，导致当地对工业资源的过度开采，进而引发个别地区资源枯竭、环境恶化的状况；受人口压力和经济利益的驱使，一些以畜牧业为主的地区走向了农业产业化道路，使个别地区生态环境变得更加脆弱。良好的生态环境是实现可持续发展和提高各族人民生活质量的重要依据和保证，在西北地区荒漠化、沙漠化和西南地区石漠化日趋严重的当头，对处于生态脆弱地区、生态敏感地区和自然灾害频繁发生区的西部地区来说，因势利导、调整地区产业结构，不失为践履高质量发展，并实现当地可持续发展的重要举措之一。

党的十八大以来，新发展理念的提出，并得到了不断升华。创新、协调、绿色、开放和共享的新发展理念，已经得到了社会各界的认可、支持和积极实践。新发展理念为西部地区进一步转变发展方式、优化产业结构、转换增长动力、推进西部地区经济实现高质量发展具有重要的战略指导意义。因此，党的十七届六中全会指出，要将“推动文化产业成为国民经济支柱性产业”作为中国社会“文化强国”战略的重要任务之一来看待，并进一步指出“按照全面协调可持续的要求，推动文化产业跨越式发展，使之成为新的经济增长点、经济结构战略性调整的重要支点、转变经济发展方式的重要着力点，为推动科学发展提供重要支撑”①。文化产业作为从事文化产品和提供相关文化服务的经营性产业，由于其资源的无限可利用性和发展性、产品的绿色性和再生性、服务层次的精神性和多样性，被人们称为“朝阳产业”“绿色产业”。而西部地区，由于地域辽

① 《中共中央关于深化文化体制改革推动社会主义文化大发展大繁荣若干重大问题的决定》，人民出版社 2011 年版，第 28 页。

阔、文化多元，可成为国家文化产业发展的排头兵之一。西部少数民族传统节日文化作为西部各民族最为重要的文化资源，是西部各民族人民在长期实践过程中形成的宝贵的物质财富和精神财富，具有鲜明的民族特色、地域特点、文化内涵、品牌价值等特征，一直以来都深受各族人民的喜爱。西部优秀的传统节日文化，在文化成为一种经济行为的时代，其自身的文化性就使得自己理所当然地成为文化经济活动的重要资源。

同时，西部少数民族传统节日文化产业，和一般传统产业相比，不仅具有新兴产业、绿色产业的特点和优势，更是一种立体性产业，是能给西部地区带去多种经济效益的产业。它的带动性强、辐射性广，能推动包括饮食、住宿、会展、旅游、教育、交通、商贸等行业的联动发展。西部少数民族传统节日一旦和旅游产业结合，能在为西部地区带去无限商机的同时，也为当地带去巨大的经济效益。因此，西部少数民族传统节日文化产业作为西部地区经济发展中的新兴产业，在西部地区经济发展中发挥着越来越重要的作用。此外，西部少数民族传统节日文化产业化发展，具有受国家文化产业的指引、转变西部地区经济发展方式的需要、推动西部地区可持续发展和经济发展新领域、增加西部地区各民族经济收入、实现西部地区劳动力转移以及加强节日文化的传承与保护等形成背景、原因及功效，能在西部地区产业结构调整中发挥着重要作用。

二、西部少数民族传统节日文化产业化

文化产业作为21世纪最具发展潜力的产业和当前文化经济的重要表现载体，伴随着社会分工、商品生产的发展而不断兴盛起来。文化产业作为产业经济的一个分支，不仅受着产业经济学理论、原则和方法的指导，还要遵循文化经济的发展规律和评价标准。此外，文化产业内部各产业之间和每个产业各要素之间都存在不可分割的关系，都会涉及产业的市场结构、企业的市场行为、产业的市场绩效、产业的资源基础、产业的品牌建立等相关问题。但不管如何，作为一种以精神性生产为基础的创新性产

业，其对于文化资源的依赖性、文化主体的创造性、文化产品的可消费性及文化市场的开拓性等因素的要求是十分高的。作为以节日文化资源为产业基础的西部少数民族传统节日文化产业来说，单纯从其产业化过程来说，我们认为，节日文化资源、节日文化再生产、节日文化品牌及节日文化效益，无疑是最为重要的部分。因此，以下主要从这四个方面入手去分析西部少数民族传统节日文化产业。

文化资源是人们在从事文化生产和文化活动中可以利用的资源。这些资源虽有物质资源和非物质资源之分，但都是人类实践活动的结晶。在文化经济情境下，文化资源一旦成为文化产业发展的基本性物质，其本质上是一种经济资源。这就说明作为非物质文化遗产的传统节日文化，要实现其经济学价值，就需要通过文化创新将节日文化资源转化为文化资本、文化需求转化为文化供给、文化精神转化为文化生产力，最终达到为发展文化产业服务。我国各民族节日文化资源十分丰富，据 1992 年文化部组织编写的《中国民族节日大全》一书中，指出中国各民族的传统节日多达 5884 个，主要分为农事节日、祭祀节日、纪念节日、庆祝节日以及社交娱乐节日五类。[①] 在这些节日中，有相当大的一部分是存在于中国广袤的西部民族地区。而西部少数民族传统节日的丰富性、多样性属性，为西部少数民族传统节日文化产业化实践奠定了坚实的资源基础。除此之外，西部少数民族传统节日具有的物质性和精神性属性，能为节日文化转化为可供消费的文化产品奠定实体基础。西部少数民族传统节日文化的独特性和深刻性，能为西部少数民族传统节日文化产业奠定传播基础。西部少数民族传统节日文化的生活性和在场性，能为西部少数民族传统节日文化产业化提供目标诉求等。基于西部少数民族传统节日文化的以上诸多属性，可以这样说，脱离了西部少数民族传统节日文化资源，西部少数民族传统节日文化产业化就成为“无本之木、无源之水”。

① 高占祥：《中国民族节日大全》，知识出版社 1993 年版，第 1 页。

党的十八大以来，习近平总书记在多个场合都谈到了中华优秀传统文化的创造性转化和创新性发展的重要性和紧迫性，这些讲话为传统节日文化现代化指明了方向。西部少数民族传统节日文化资源向文化产品的转化，涉及文化形态、形式、内容的转化实践过程，因而是一个文化再生产的过程。文化再生产是人从自然界脱离出来，在展示人类本身特殊的生命特征情境下所进行的文化更新。相对于自然生命来说，文化生命的最根本的特点就是其自我创造性和自我超越性。这种人类精神追求永不满足的自由表现，恰恰就是文化的本性所在。而在人类学和社会学中，文化再生产获得重要转折的标志恰恰就在于集中研究文化再生产中作为文化生命动力的源泉的人类创造精神的理论逻辑和实践结构。在这个意义上，文化资源转化为文化产品，则仅仅是作为文化再生产过程整体的组成部分，而不是文化生产的一个结果。这样，“文化产品作为一个精神活动的历史结构和作为其活动的结果，就累积和集中了再生产过程的各种因素和倾向，其中包括可见的和不可见的、物质的和精神的、有形的和无形的、可感知的和不可感知的、可表达的和不可表达的以及现实的和可能的一切因素”①。传统节日文化资源转换为文化产品，是传统节日的现代性转换，也是一个节日文化再创造的过程。在这个过程中，作为节日文化主体的精神性生产也就显得尤其重要。因此，节日文化的转化与创新，实质上就是拥有节日民俗的主体的精神性生产和精神追求。

节日文化资源向节日文化产品的转换，仅仅迈出了节日文化产业化的第一个环节，而接下来的则是节日文化产品向节日文化商品的实现。商品是用来交换的劳动产品。基于竞争和利益的需要，在西部少数民族传统节日文化产业化过程中必须要打造节日文化品牌，才能最终实现节日文化产业化的目标。而对于节日文化品牌的建立，首先，要经历一个传统节日文化经典化过程，然后才能建立起节日文化品牌。文化经典意味着文化具有

① 高宣扬：《当代社会理论》，中国人民大学出版社 2005 年版，第 152 页。

高尚深刻的思想内容、完美的表现形式以及独创性相结合的品质，因而是人类精神升华的一种象征。① 传统节日文化经典化是一个永无终止的过程，是在对节日文化遗产的不断传承和创新中体现出来的性状。当然，传统节日经典化的过程就是节日文化的“光晕”展现的过程。“光晕”是来自于法兰克福学派的重要美学理论家本雅明针对机械复制时代的艺术而提出的，本义是指艺术品的即时即地性，也就是它的独一无二性。因此，这种光晕就具有珍贵、特殊、权威、距离和永恒等性质。其次，要用节日文化经典品牌来创建和打造节日文化产业品牌。节日文化经典品牌本身就是一块“金字招牌”，在产业化过程中，借用这一品牌，然后适当加以改造来创建新的节日文化产业品牌，则会起到事半功倍的效果。当然，节日文化产业品牌的形成，不仅仅是一个简单模仿和借用的过程，最为根本的是品牌打造的过程。品牌打造是一个系统工程，需要品牌打造者在品牌策划、品质控制、品牌传播、品牌保护等方面进行全面的构想，坚守品牌精神第一、产品品质是核心的打造理念。节日产业品牌打造的过程是节日文化经典化和品牌化不断深化和提升的过程，也是节日产业品牌不断发展的过程。因此，对于节日文化产业品牌的打造实践来说，是一个长期持续的发展过程。

西部少数民族传统节日文化产业品牌的建立，则为实现其产业绩效奠定了基础。西部少数民族传统节日文化产业的一般性和特殊性，直接决定了它必须同时要实现两个效益：一是经济效益，一是社会效益。就经济效益来说，主要体现在以市场机制为依托、以节日文化产品和服务的价值增值为目标的，为节日文化企业提供文化生产与传播的原始动力，进而激发各个生产要素的主观能动性，最终实现为文化企业创造更多的利润和财富。社会效益主要是指文化产业化过程中给社会带去的正面影响，主要是包括对社会大众精神生活质量提高和主流价值观的传播和维护等作用。在

① 高小康：《当代文化中文学的“再民间化”》，《探索与争鸣》2006 年第 12 期。

两种效益并行不悖，协调发展的同时，也存在社会效益处于优先地位的情形，因为经济效益是手段效益，社会效益是目标效益。

总之，西部少数民族传统节日文化产业化过程，既遵循了一般文化产业的属性，也体现了传统节日文化产业的独特性。当然，文化产业仅仅是狭义文化经济的载体，其主要内容还应体现在文化产品和文化消费上。但不可否认的是，如果没有产业结构的调整和文化产业的产生，文化产品和文化消费也就无法进行，文化的经济功能也就无法实现。

三、节日文化创新能促进西部地区产业结构调整

随着以节日文化为标志的旅游产业的发展，西部地区产业结构得到了较大改善，这可以从西部地区旅游产业在国民经济中的比重和贡献率中可以看出。近几年来，以大生态、大旅游和大数据著称的贵州省，旅游业呈现出了“井喷”式发展态势。据核算，2017 年，贵州全省地区生产总值 13540.83 亿元，比上年增长 10.2%，增速高于全国水平 3.3 个百分点。其中，第一产业增加值 2020.78 亿元，增长 6.7%；第二产业增加值 5439.63 亿元，增长 10.1%；第三产业增加值 6080.42 亿元，增长 11.5%。其中，全省旅游总人数 7.44 亿人次，比上年增长 40.0%；旅游总收入 7116.81 亿元，增长 41.6%。① 又如，近年来，西藏自治区充分发挥自身独特的地域优势，大力打造以拉萨“雪顿节”为代表的西藏特色节庆旅游品牌，加强旅游文化深度融合发展，为西藏地区全面推进重要世界旅游目的地建设奠定了坚实的基础。仅 2016 年，接待国内外游客达 2315.94 万人次，实现旅游总收入 330.75 亿元，是 2012 年的 2.6 倍，旅游总收入相当于西藏生产总值的 7%左右。② 2017 年西藏旅游市场继续健

① 《贵州省 2017 年经济运行情况：GDP 同比增长 10.2%》，http：//district.ce.cn/newarea/roll/201802/08/t20180208_28120801.shtml 中国经济网，2018 年 2 月 8 日。

② 《旅游总收入占西藏 GDP 的四分之一》，http：//xz.people.com.cn/n2/2017/0918/c138901-30747852.html 人民网西藏频道，2017 年 9 月 18 日。

康快速发展。统计数据显示，2017 年西藏全区累计接待游客 2561.43 万人次，比上年同期增长 10.6%；实现旅游总收入 379.37 亿元，同比增长 14.7%。①

西部地区文化产业的迅速崛起，在一定程度上很好地调节了当地的经济结构，缓解了西部地区对工业资源、自然环境的压力，彰显和发挥了西部地区社会发展建设优势、满足了人民群众对多元民族文化的需求，基本实现了地区的可持续发展要求。同时，作为整个国家的生态屏障的西部地区，建设以节日文化产业为引导的绿色经济、节能经济，建立起资源节约型、环境友好型、生态保护型社会，在一定程度上也是整个国家可持续发展的建设需要。因此，西部少数民族传统节日文化走向产业化，不仅能给西部地区带去丰厚的经济效益，也能促进西部地区产业结构的调整和优化，更是彰显了西部地区经济发展的优势。

第二节　节日文化创新成为西部地区经济发展的引擎

传统的节日庆典，或是为了对某种风俗习惯的传承，或是为了对某个人某件事进行纪念，或是为了对特定时间的农业丰收的庆祝，或是为了对某种神话故事和宗教信仰的延续和演绎，形成了诸多不同类型的节日文化。而现代社会背景下的节庆活动，在保留传统节日仪式、文化事象、文化功能基础上，大多经历了文化创新，使得节日活动规模、数量、形式和影响力等方面越来越大。比如，节庆活动的利益相关者越来越多、节庆活动的管理知识体系越来越系统、节庆活动的内容越来越多元。相应地，节庆活动给举办地带去的影响力也就更为巨大了。本部分我们主要从西部少数民族传统节日文化发展对于西部少数民族地区经济发展的影响入手，主

① 《2017 年西藏累计接待游客 2560 多万人次》，http：//www. tibet. cn/cn/news/zx/201801/t20180122_ 5383864. html 中国西藏网，2018 年 1 月 22 日。

要从两方面去分析和论证节日文化发展是西部少数民族地区经济发展的引擎。

一、节日经济是“注意力”经济

通过举办重大的节庆活动，不仅可以刺激当地消费，也可以提升主办地的知名度和吸引力，进而推动举办地的经济社会的全面进步。一般来说，为了满足节庆上的游客的需要，举办者一般都会选择交通便利、人口密集的城市来举办节日活动。比如，在2018年西藏拉萨“雪顿节”节日中，除了举办传统的展佛活动、藏戏大赛、藏戏展演活动、雪顿节开幕式、民族传统马术表演、西藏民族服装与服饰文化展演活动、“见即愿满”精品唐卡展、第十二届纳木错徒步大会等活动之外，招商引资项目推介会暨项目集中签约仪式、雪顿节名优商品交易会、“线上雪顿”新媒体宣传推介活动等现代活动，尤其吸引眼球。同时，在拉萨市人民政府网上，2018年8月10日，拉萨市人民政府颁发了《拉萨市人民政府关于印发〈2018年中国·拉萨雪顿节招商引资活动实施方案〉的通知》，对拉萨市招商引资项目推介会进行了细致而周密的计划和安排。由此可见，节日活动作为一种吸引人们眼球的“注意力”经济，得到了包括雪域高原上的人们在内的大众的赞同和支持。

二、节日经济是立体复合性经济

虽然节庆活动与一般的经济活动存在这样那样的区别，但一个完整的节庆活动的开展，势必会把酒店业、运输业、旅游业、会展业、零售业、通信业、传媒业和广告业等产业调动起来，并对这些产业发展带去直接的经济效益。因此，节日活动的成功举办，会拉动举办业各项产业的较快发展。对于西部地区的广西南宁市来说，以民歌为媒，通过举办南宁国际民歌艺术节，也带动了南宁城市的大发展，使南宁城市形象得到了加强。南宁国际民歌艺术节已整整举办二十年，文化品牌效应在十年前就已经建立起来。比如，在2009年南宁国际民歌艺术节期间，南宁市共签约内外资项目高达160个，项目总投资达427.31亿元；引进资金418.07亿元；共签订商品购销合同817份，合同金额151.9亿元；南宁市与东盟国家企业签订“走出去”项目7个，总投资1.23亿元。[①] 而同样是主打民族文化为主的贵州黔南台江姊妹节，节日从1996年开始举办，经过短短的20多年发展，成为黔南州，乃至贵州有名的一张名片、一个品牌。相应地，姊妹节节日的带动作用也在不断彰显。2012年姊妹节招商引资签约项目13个，签约资金36.46亿元；2014年姊妹节招商引资签约项目13个，签约资金60.5亿元；2016年姊妹节招商引资签约项目13个，签约资金11.98亿元……

此外，节日活动的顺利开展及其获得的多方面效益，在一定程度上能优化举办地的产业结构，极大地促进当地第三产业的发展，进而使举办地在相当长一段时间内，经济上保持强劲的竞争力和活力。因此，节日活动成为西部地区经济发展的引擎，不仅表现在能给举办地带去短期的经济效益，也体现在能带动当地多种产业的协调发展、经济结构优化调整，更展现在能为举办地经济长期可持续发展提供活力和竞争力的作用。总之，西部少数民族传统节日文化在现代社会中的创新转型，为西部地区经济社会发展打开了一扇窗，引来了无数的“金凤凰”，促进了西部地区的进一步发展。

第三节　节日文化创新充当西部地区产业扶贫的突破口

近些年国家大力实施脱贫政策和扶贫计划，特别是坚决打好精准扶贫攻坚战以来，到2017年底，全国贫困人口仅有约3000万人，而其中相当

① 王春雷、赵中华：《2009中国节庆产业发展年度报告》，天津大学出版社2010年版，第137页。

一部分贫困人口居住在条件艰苦的边远地区和西部地区。因此，在夺取决胜全面建成小康社会伟大胜利的紧要关头，继续坚持专项扶贫、行业扶贫及社会扶贫“三位一体”大扶贫格局下，实施好“五个一批”工程，即发展生产脱贫一批、易地搬迁脱贫一批、生态补偿脱贫一批、发展教育脱贫一批、社会保障兜底一批等脱贫攻坚政策与措施，才是彻底消灭贫困的最佳方式。产业扶贫作为发展生产脱贫一批工程的重要举措，在贫困人口的脱贫工作中起着重要的作用。今天，西部地区以节日为首的非物质文化遗产保护与发展和当地的乡村振兴战略的实施有机结合，初步展现出了节日等非物质文化遗产在全面建成小康社会中的强劲力量，乡村振兴和遗产保护的共生共融共荣，成为当前解决西部地区发展瓶颈、实现西部地区腾飞的两把“金钥匙”。

一、西部少数民族地区实施文化产业扶贫的急迫性

习近平总书记在党的十九大报告中指出：“要动员全党全国全社会力量，坚持精准扶贫、精准脱贫，坚持中央统筹省负总责市县抓落实的工作机制，强化党政一把手负总责的责任制，坚持大扶贫格局，注重扶贫同扶志、扶智相结合，深入实施东西部扶贫协作，重点攻克深度贫困地区脱贫任务，确保到二〇二〇年我国现行标准下农村贫困人口实现脱贫，贫困县全部摘帽，解决区域性整体贫困，做到脱真贫、真脱贫。”① 因此，西部少数民族地区经济扶贫、精准扶贫工作任重道远、迫在眉睫。

党的十一届三中全会以来，在党中央的正确领导下、在各族人民的共同努力下，西部少数民族地区经济发展水平和中东部地区经济发展水平相比，虽然差距还是十分明显，但不可否认的是，经过改革开放40多年发展，西部少数民族地区经济得到了快速发展，和中东部地区在经济上的差距也在逐渐缩小。成绩的取得是与西部地区改革落后的生产方式、消除落

① 《习近平谈治国理政》第三卷，外文出版社2020年版，第37页。

后的思想意识；因地制宜地制定生产方针、多种经营、综合发展；提倡科学种田、重视智力开发；发展民族工业、加强对口支援；发展市场经济、加快改革开放以及民族地区人民自力更生、艰苦奋斗的优良作风息息相关。但在取得成绩的同时，西部地区也面临着一些危险，在资源、环境等方面也付出了一些代价。当前，在 2020 年全面建成小康社会这个奋斗目标不断“倒逼”的关头，西部少数民族地区应当进一步发挥其独特的文化优势，大打“民族文化牌”“节日文化牌”，找准文化扶贫这个突破口，大力发展文化产业和旅游业，才能为西部地区全面建成小康社会和助力。

二、节日文化产业化能促进文化扶贫工作的开展

在西部地区文化扶贫道路上，传统节日文化产业化在其中发挥着突破口和标杆作用。首先，这是由节日文化在西部少数民族传统文化中的地位决定。节日和宗教是了解民族文化最为重要的窗口，因为在节日和宗教中，民族的诸多文化要素和习俗都能得到最大限度的展示，因此，人们常常把节日文化认为是“文化丛”。同时，节日文化还能充分展示民族特有的传统习俗、情感思想、生活方式及精神气质等。正如节日研究专家高占祥所说：“它是人类文化的组成部分，是社会文化的一个重要分支，是观察民族文化的一个窗口，是研究地域文化的一把钥匙。”[①] 由此可见，节日是民族文化重要组成部分，对于民族的生存和发展起着十分重要的作用。

其次，这是由节日文化产业的作用决定。节日文化产业在西部地区的兴起和发展，诸多的节日文化品牌得到了确立，会为节日文化主体带去可观的经济利益，这可以直接为西部地区各民族实现脱贫致富提供帮助。同时，随着节日文化产业的不断壮大，会给西部地区人们提供文化自信。这种自信一方面可以使西部各民族群众相信自己的文化可以给他们带去一定

① 高占祥：《论节日文化》，文化艺术出版社 1991 年版，第 7 页。

经济效益，进而更加珍惜和利用自身文化去发展经济；一方面是使西部各族群众摆脱以往那种贫困意识，为其致力于自身其他的经济脱贫实践提供动力。这也就是说，要通过节日文化产业化的引领，让西部各民族在发展经济上树立起充分的文化自觉、文化自知、文化自信，进而实现文化自强，最终完全摒弃贫困文化的束缚。比如，广西南宁市市辖六个县区，但有马山、上林、隆安三个国家级贫困县，该市辖武鸣区虽然不是国家级贫困县，但其经济相对于其他发达地区而言，也是较为落后的。从 1985 年起，当地连续举办了 18 届“三月三”壮族歌节。2003 年，县委、县政府将“歌节”复名为“歌圩”，以山歌搭好台，经济唱大戏为节日主题，走上了节日产业化道路。节日文化产业化，不仅使节日活动取得了丰厚的经济收益，也促进了当地民众的文化自信。比如，在 2009 中国壮乡·武鸣“三月三”歌圩投资环境说明会暨项目签约仪式上，一共签约 10 个项目，项目总投资额达到 15.355 亿元。到 2016 年，武鸣“三月三”歌节暨骆越文化旅游节投资环境说明会及项目签约仪式上，当天共签约 10 个项目，项目投资总额达 50.68 亿元，投资额比 2003 年增长了 39.28 倍。①

再次，这是由当前的文化经济实践所证明的。近年来，地处西部的云南、贵州、重庆、西藏等省区，依托当地独特的旅游文化，大力发展旅游经济，使得旅游收入对当地的经济社会发展的贡献率不断提升，旅游产业受到了世人关注。在旅游经济中，文化游无疑是处于一个十分重要的地位。基于节日在西部民族地区中的重要作用，节日文化游理所当然地又成为了文化游中最为重要的组成部分。因此，节日文化游对于西部民族地区旅游扶贫起着举足轻重的作用。而在脱贫攻坚中，西藏自治区旅游扶贫的实践和成效无疑是值得我们关注的。比如，西藏自治区旅游发展委员会精心部署，多次组织乡村旅游及精准扶贫培训班、实施全区旅游企业深度贫困县旅游企业帮扶专项行动、联合区内外旅游开发公司与协会重点帮扶贫

① 黄润柏：《壮族传统节日的社会功能及其变迁研究》，《广西民族研究》2018 年第 6 期。

困村，使得西藏自治区旅游精准扶贫工作开展得有声有色。而在西藏节日文化游中，“雪顿节”的成功举办及其社会功能的扩大，则给西部民族地区各民族节日文化产业化提供了一个鲜活的案例。“雪顿节”原是一个纯粹的宗教节日，但在保留节日传统宗教功能的同时，节日文化内容及其经济、文化和社会功能得到了最大限度的拓展。今天的“雪顿节”，俨然成为了西藏节日文化的一块标牌，西藏旅游经济中的一块丰碑。诸多节日文化旅游产业的成功，都表征了节日文化在西部民族地区旅游扶贫中的地位和作用。

此外，在文化创新视域下，西部少数民族传统节日的经济功能还有很多。比如，为社会提供丰富多彩的节日文化商品、提升民族地区文化生产力、满足人们日益增长的精神文化产品需求、刺激和提升人们对文化商品的消费层次和水平等等。这些功能在前面第一节的论述中已有涉及，此处不再赘述。我们相信，随着人们对文化创新理论及实践认识的不断深入、对节日文化内涵的不断挖掘以及对节日文化的不断珍视和尊崇，西部少数民族传统节日文化与经济的联系将会越来越大，节日文化的经济功能将会更为巨大。马克思主义认为，经济基础决定上层建筑，上层建筑反作用于经济基础。一旦西部地区经济基础得以加强，以经济关系为核心的各种关系也就随之得以理顺，这对于西部地区经济发展、政治稳定团结、文化繁荣、社会和谐发展以及生态文明的建构，都会起到重要的作用。

第四节　文化创新提高节日文化产业的经济效益

对于文化创新视域下西部少数民族传统节日来说，其展现出来的经济功能除了上文分析的能对西部地区产业结构进行调整之外，还主要表现在能提升节日文化产业的经济效益、引领西部地区经济发展、实现西部地区文化扶贫等方面。具体而言，节日文化创新之所以能提高节日文化产业的经济效益，主要是建立在节日文化商品的独特属性和节日文化市场的不断扩大基础上的。因此，本部分我们主要从文化商品和文化市场入手去分析节日文化产业经济效益的提高。

一、西部少数民族传统节日文化商品

根据马克思主义政治经济学原理，我们可以知道，商品是用来交换的劳动产品。商品具有使用价值和价值两个因素。使用价值指的是商品的有用性，它是由劳动者的具体劳动创造，体现了人与自然的物质关系，是商品的自然属性。使用价值组成了社会财富的物质内容。价值则是指凝结在商品中的无差别的人类劳动。价值体现了商品生产者之间特有的社会属性。商品的价值和使用价值之间是一种对立统一的矛盾关系。这主要体现在：对于商品来说，使用价值和价值是其不可缺少的两个因素，使用价值是其价值的基础，价值寓于使用价值之中。对于商品生产者和消费者来说，拥有使用价值，则要转移价值；拥有价值，则要转移使用价值。而节日文化商品虽然具有一般商品的基本属性，但却有着自身独特的使用价值和价值特点。正如马翀炜教授所说的那样："文化产业与创意产业的交互使用表明了文化商品因为要满足的是人的最为丰富的精神需要而必须在内容和形式上不断创新。创意性的劳动是文化商品的价值基础。文化的多样性使文化商品在生产和消费两个方面都体现出使用价值的文化多元性特征。"① 具体来说，西部少数民族传统节日文化商品的特殊性，主要表现在以下几个方面。

首先，从文化生产角度去看，节日文化商品内部的精神性生产特征最为明显。文化商品一般分为重复型的文化商品和创新型的文化商品。作为一般机械复制时代下的重复型文化商品，其生产过程中对于各种物质性生产要素的需求较为突出。"节日是被赋予了特殊的社会文化意义并穿插于日常之间的日子，节日民俗是指这些特殊日子的文化内涵以及人们所表现

① 马翀炜：《论文化商品的价值》，《云南社会科学》2018 年第 4 期。

的相沿成习的各种活动。”① 因此，作为创新型生产为主的节日文化商品生产，其内部的精神性因素尤其重要。而节日文化商品中的创新性的精神劳动，相对于一般的简单劳动来说，则属于复杂劳动。其劳动价值量的形成，一方面需要付出更多的人力物力财力，另一方面则突出体现于人的创造创新性。创意性的精神性劳动是节日文化商品生产与一般商品生产最大的区别，“因为相对于一般商品，文化商品因其具有传递思想、精神和生活方式及文化兴趣和文化需求的内涵，其价值的社会性、文化性表现得更加充分。所有这些都离不开人的创造性劳动”②。西部少数民族传统节日文化具有地域性、传统性、民族性、精神性等特征，因此，其文化商品的价值则不能简单地认为仅仅是由社会必要劳动时间决定，而要由每个节日文化的生产者的具体创造性劳动时间决定。

其次，从节日文化交换视角去看，节日文化商品的共享性特征突出。对于一般商品来说，商品交换一旦得以成功，商品的使用价值随之就从生产者手中转移到了购买者手上。而对于节日文化商品来说，其最大的特殊性在于节日文化商品在售卖过程中，文化仪式展演始终是掌握在文化主体手中。这就是说，文化主体在一定程度上既获得了商品的价值，也没有转让商品的使用价值。那么，节日文化主体是通过什么方式去获得游客和观众的价值？这就要从节日文化商品在服务上的特殊性谈起。节日文化商品是一种特殊商品，文化主体在节日文化仪式中，一直牢牢把握住节日文化的所有权和占有权，游客和观众仅仅是通过对传统节日文化仪式的观赏、感受、参与等方式，才在一定程度上获得了对节日文化商品的使用权和处置权。这是一种特殊的文化商品使用价值的共享性。对于文化主体来说，节日文化商品的展演本质上是文化主体生活方式的再现，是其日常生活、生活世界与节日文化的有机合一。而对于游客和观众来说，对节日文化商

① 高丙中：《中国民俗概论》，北京大学出版社 2009 年版，第 188 页。

② 马翀炜：《论文化商品的价值》，《云南社会科学》2018 年第 4 期。

品的喜爱则是基于他们对于节日文化内部所展现在休闲、娱乐、自我完善和发展等方面的消费需要。节日文化多样性的存在是西部地区社会生活的最为基本的特征。节日文化多样性直接导致节日文化商品在生产和消费层面上都展示出了节日文化商品在使用价值上的多样性特征。同时，“任何人要想得到任何物品（除了生理需要之外）的原因，都是为了与他人分享，或向他人炫耀，或赠与他人，以回报过去得到过的类似待遇、礼物或服务”①。因此，从文化多样性存在的客观性和人们对于文化需求的主观上来看，节日文化商品都具有多重使用价值，这也就间接说明了节日文化商品在多重主体间的共享性特征。这种共享性主要是基于节日文化商品在价值上所具有的客观性、主体性、多维性特征，落脚于不同主体对同一节日文化商品具有不同的使用价值需求中，实现于节日文化商品的成功交换。

再次，从文化商品消费层面去说，文化消费能提高节日文化生产力。节日文化商品和一般商品一样，具有使用价值和价值。但一般商品在使用之后，其使用价值就会随着商品的消费而消失，而节日文化商品则不同，其使用价值则随着人们对商品的不断使用，其存在感会变得愈加明显。比如，对于地处云南红河流域腹地的红河县哈尼族的传统节日哈尼年来说，以前，由于交通、信息的不便，哈尼年节俨然是本民族自娱自乐的传统节日，但如今，随着交通、信息以及人们对于传统文化的珍视，哈尼年节不仅成为红河周边各民族狂欢的日子，也成为外界众多游客、学者心中的“年节”。哈尼年节不仅走向了市场，还不断深入人民的生活中。在2018年11月初的哈尼年节中，就连在当地幼儿园就读的孩子也通过穿着盛装、吃着美食、表演歌舞等形式，尽量参与进了节日庆典中，使得节日文化在最大范围内得以传承和弘扬。长街宴、万人乐作舞，瞬间在自媒体和大众媒体中广为流传。相应地，随着一些旅游节日在游客中的认同度、认可

① ［英］伊特韦尔等：《新帕尔格雷夫经济学大辞典》第4卷，陈岱孙等译，经济科学出版社1996年版，第943页。

度、知名度、满意度的不断提高，节日文化本身的内涵、属性和功能不仅得到了丰富与拓展，也反过来促使了节日文化主体的文化自信和文化自觉，这对于非物质文化遗产保护工作是十分有利的。总之，对于节日文化商品来说，人们对其“消费”的程度、幅度、范围越大，节日文化生产力也就越强。

西部少数民族节日文化商品是以精神性劳动创新为核心，以文化产品的物质载体为形式，是不断满足人们物质文化和精神需要的文化实践产物。节日文化商品是一种一般商品，又是一种特殊商品，就是在矛盾的一般性和特殊性关系中，节日文化商品得到了丰富，节日文化商品得到了彰显。当前，节日文化商品要遵循马克思所指出的“更有利于生产力的发展，有利于社会关系的发展，有利于更高级的新形态的各种要素的创造”① 的方向继续发展。

二、西部少数民族传统节日文化市场

文化市场的形成与发展与文化商品的需求侧和供给侧规律有关。一般来说，就文化商品需求侧规律来说，文化商品需求与文化商品价格呈现逆方向运动关系，而与人们可支配收入水平、闲暇时间呈正方向运动关系。就文化商品供给侧而言，文化商品供给与文化商品的价格呈正方向运动关系。② 具体对于西部少数民族传统节日文化市场来看，目前则呈现出供需两旺的局面。

从需求侧去看，随着社会生产力和中国特色社会主义建设顺利进行，人民群众对自己的社会文化生活的需求也提出了更高要求。党的十九大报告指出：当前我国社会的主要矛盾已由过去的人民群众日益增长的物质文化生活需要和落后的生产力之间的矛盾，转变为人民群众对美好生活的需要和不平衡不充分的发展之间的矛盾。在人民群众对美好生活的需要之

① 《资本论》第 3 卷，人民出版社 1975 年版，第 926 页。

② 昝胜锋：《文化经济学》，中国人民大学出版社 2016 年版，第 41 页。

中，其中一个重要部分就是对于高层次和高品位的文化需要，这就直接导致当前的“文化热”“旅游热”“节日热”等现象的出现。

从供给侧来说，西部地区民族众多、文化多样、西部少数民族传统节日文化资源十分丰富和独具特色，为西部地区少数民族传统节日文化商品化奠定了坚实的物质基础。当前，传统节日文化，其节日自带的“光晕”（特指节日文化珍贵、特殊、权威、永恒的独一无二性质），通过在创新中融入先进思想和科学理念、用人民群众喜闻乐见的方式展现出来，在满足人民群众对于文化稀奇性、原生性、神圣性的需求上作出了巨大贡献。比如，就西部少数传统节日文化品牌来看，火把节、泼水节、目瑙纵歌节、姊妹节、踩花山、那达慕大会、那顿节等一系列节日文化品牌的树立，都说明了西部少数民族节日文化为人们提供了诸多的节日文化产品。今后，随着国家对非物质文化遗产工作的更加重视，一定会有更多独具西部地域特色、民族特色的传统节日进入产业化轨道。因此，可以这样说，通过西部地区少数民族传统节日文化创新，在一定程度和层次上能满足人民群众对高品质文化生活需求。

三、文化创新提高节日文化产业的经济效益

传统节日文化是在一定经济基础上形成的产物，在其形成之后，就具有吸引经济活动的天然“本能”，并反作用于经济发展。在传统节日活动中，节日的经济功能一直都存在着。比如，节日庙会的广泛存在，就很好地说明了节日是集经济文化于一身的特殊市场。当前，在文化创新的新形势下，我们可以把人们对节日文化活动的“本能”需要，不失时机地拓展去为地方经济服务。把小范围、单一性、娱乐性的节日庙会变成全方位、多层次、经济性的节日文化市场，最终实现节日文化活动和节日商贸活动的有机统一，实现节日文化的社会效益和经济效益的双丰收。而在市场经济不断向纵深发展的今天，这方面的案例是十分多的。四川自贡的“恐龙灯会”、内蒙古的“那达慕大会”、云南大理的“三月街”等都是

各地节日文化经济化的标杆。

以云南大理白族的“三月街”为例，“三月街”又称“观音市”，起源于观音讲经庙会，后来当地民众和政府利用大理白族独特的文化资源为手段，把节日传统的集市物资交流、赛马、赛龙舟、民歌对唱及民间音乐演奏与现代社会的环洱海自行车大赛、贸易洽谈、美食活动、大理石天然画精品展活动、大理地方非物质文化遗产展、摩托车表演赛、“苍洱三人行”书法新作展等紧密结合起来，使得节日文化成为促进当地经济发展的先导。2018 年 4 月 30 日，大理白族“三月街”民族节日节正式开幕。这一年的三月街民族节在延续以往节日文化活动的基础上，以打造“天天三月街”品牌为目标，创新推出“互联网+三月街”，使得大理各民族丰富多彩的民族文化在“掌上三月街”这种新形势下，不断得到传播，走向世界。2017 年“三月街”民族节期间，大理市节庆活动丰富多彩，旅游业接待持续高峰，旅游者及旅游总收入实现双增长。2018 年五一“三月街”民族节日小长假期间，大理州共接待海内外旅游者 59.19 万人次，较上年同比增长 7.22%；旅游业总收入 6.81 亿元，同比增长 19.48%。其中，接待海外旅游者 9444 人次，同比增长 2.31%；接待过夜旅游者 20.43 万人次，同比增长 7.08%；接待一日游旅游者 38.76 万人次，同比增长 7.29%。①

节日文化是民族“文化丛”，民族文化的方方面面都在节日文化中有所展现。因此，节日文化内在蕴含着的经济效益还可以通过以文化游为主的旅游产业获得的总体旅游收入来说明。因此，西部地区少数民族传统节日文化产业作为国家旅游产业的一大组成部分，其在产业过程中实现的经济功能可以通过国家旅游产业发展、西部相关省份的旅游产业效益数据来说明。比如，在文化和旅游部国家旅游数据发布中心公布的《2017 年全年旅游市场及综合贡献数据报告》中，我们可以得知，“2017 年，国内旅

① 《五一三月街小长假期间，近 60 万人来大理》，http：//www.dalitravel.gov.cn/news/40735.html 大理旅游，2018 年 5 月 7 日。

游市场高速增长，入出境市场平稳发展，供给侧结构性改革成效明显。国内旅游人数 50.01 亿人次，比上年同期增长 12.8%；入出境旅游总人数 2.7 亿人次，同比增长 3.7%；全年实现旅游总收入 5.40 万亿元，增长 15.1%。初步测算，全年全国旅游业对 GDP 的综合贡献为 9.13 万亿元，占 GDP 总量的 11.04%。旅游直接就业 2825 万人，旅游直接和间接就业 7990 万人，占全国就业总人口的 10.28%”①。而对于近几年来，以大力发展民族游和生态游为主的云南省旅游业来说，2017 年全年，“全省累计接待海外旅游者（过夜）667.69 万人次，同比增长 11.2%；实现旅游外汇收入合计 35.50 亿美元，同比增长 15.5%；累计接待国内游客 5.67 亿人次，同比增长 33.3%；实现国内旅游收入 6682.58 亿元，同比增长 47.3%；全省共实现旅游业总收入 6922.23 亿元，同比增长 46.5%”②。

总之，近年来，节庆活动在西部地区开展得如火如荼，节日经济成为西部地区经济的一个重要组成部分。相应地，节庆产业也逐步融入现代生活中，成为拉动内需、刺激消费和带动就业的重要引擎。西部少数民族传统节日及其商品化，充分表征了少数民族传统节日文化在各个时期的变革创新。而少数民族传统节日文化在改革创新中的发展现状及其结果，则预示了少数民族传统节日文化迈入了一个新的发展阶段，即节日文化与市场经济、市场文化、文化产业有机结合的新时期。

有的学者这样认为，只要具备了商品经济要素，节日文化与市场文化就存在着天然的联系和交叉。因为节日文化与市场文化这两个系统，都是由产品、目标、服务对象三大要素构成的；节日文化直接孕育了市场文化，形成了市场文化的初始模式；节日文化是最大的、最集中的文化集市

---

① 《2017 年全年旅游市场及综合贡献数据报告》，http：//zwgk.mct.gov.cn/auto255/201802/t20180206_ 832375.html？keywords＝中华人民共和国文化和旅游部政府信息公开，2018 年 2 月 6 日。

② 《2017 年全省旅游接待情况》，http：//www.ynta.gov.cn/Item/36181.aspx 云南省文化与旅游厅，2018 年 1 月 30 日。

和其他商品集市。[①] 因此，在当前节日文化创新原则和方法的指导下，我们在西部少数民族传统节日文化创新中，需要牢牢抓住商品经济的核心要素、遵循商品经济发展规律、彰显节日文化自身特点，西部少数民族传统节日市场会越来越大，节日文化产业获得的经济效益将会越来越丰厚。经济决定政治和文化，一旦西部少数民族传统节日文化创新的经济功能得以发挥，节日文化自身潜藏着的政治、文化、社会及生态等功能也就有了实现的物质基础。因此，节日文化的在政治、文化、社会及生态功能同样值得期待。

① 高占祥:《论节日文化》，文学艺术出版社 1991 年版，第 135—136 页。

第六章　文化创新视域下西部少数民族传统节日的政治功能

马克思主义唯物史观告诉我们，人类社会是一个不可分割的有机整体。当前，在全球化和信息化时代的带动下，这种整体性显得尤为突出。因此，在分析社会历史发展相关问题时，我们不仅要看到社会存在决定社会意识的一面，也要注意社会意识反作用于社会存在的一面。因为“政治、法、哲学、宗教、文学、艺术等等的发展是以经济发展为基础的。但是，它们又都互相作用并对经济基础发生作用。这并不是说，只有经济状况才是原因，才是积极的，其余一切都不过是消极的结果”①。文化与经济、政治等之间存在着的辩证关系，表征了文化在社会发展中的重要作用，为我们进一步理解节日文化创新所引发的政治功能提供了依据和帮助。

第一节　文化与政治的关系

一直以来，在人文社会科学的研究中，经济学、政治学、法学等始终是学界研究的热门领域，而对于文化学的研究则显得相对冷门。这种研究状况和著名文化哲学家兰德曼指出的“文化创造比我们迄今为止所相信的有更加广阔和更加深刻的内涵。人类生活的基础不是自然的安排，而是

① 《马克思恩格斯文集》第10卷，人民出版社2009年版，第668页。

文化形成的形式和习惯。正如我们历史地所探究的，没有自然的人，甚至最早的人也是生存于文化之中”① 的事实是有一定差距的。文化始终是与人类社会发展有机结合在一起，并在时刻影响着人类社会的发展进步。比如，在西方，古希腊高度发达的城邦文明是与其“和谐之美”的理性文化息息相关；古罗马帝国的建立和瓦解则与罗马英雄主义的兴衰有机联系在一起；中世纪王权和教权矛盾冲突是与基督教文明的兴盛相连；近现代资本主义发展，则与西方现代文明的发展相伴随。在中国，古代中国的世界领先、近代中国的全面落伍以及现代中国的飞速发展，都在一定程度上说明了文化与中国社会的发展变迁有着不可分割的联系。

对于文化研究来说，自从 19 世纪中叶肇始，随着人类学、民族学、民俗学、文化学等文化研究学科的兴起和发展，文化研究得到了学界的广泛重视，相关成果也不断涌现，文化研究相对冷门的局面得到了很大改观。但就专门研究文化的文化人类学来说，1871 年，泰勒《原始文化》的正式出版，标志着这一学科的正式诞生。其后，文化人类学学派相继涌现、异彩纷呈。比如，文化进化论、文化传播论、历史文化学派、社会学派、功能主义、结构主义、象征人类学、解释人类学、反思人类学等理论流派的相继出现，从一个侧面展示了一百多年来，文化研究领域的欣欣向荣。

一、近代社会以来文化与政治关系概述

对于文化与政治的关系研究来说，思想界对其的研究则一直未中断过。就近代社会以来，马克思作为社会批判理论的建构者和集大成者，在其关于生产力和生产关系、经济基础和上层建筑矛盾关系的分析中，为我们认识人类社会发展的一般规律、确立社会结构的基本认识和解释打下了基础。而恩格斯在谈到文化、经济和政治关系时，直言文化是经济、政治

① ［德］米切尔·兰德曼：《哲学人类学》，彭富春译，工人出版社 1988 年版，第 260—261 页。

在观念上的集中反映。他指出："每一历史时期的观念和思想也可以极其简单地由这一时期的经济的生活条件以及由这些条件决定的社会关系和政治关系来说明。"① "占统治地位的思想不过是占统治地位的物质关系在观念上的表现，不过是以思想的形式表现出来的占统治地位的物质关系；因而，这就是那些使某一个阶级成为统治阶级的各种关系的表现，因而这也就是这个阶级的统治的思想。"②

马克斯·韦伯在20世纪初出版的《新教伦理与资本主义精神》中，很好地把文化与资本主义社会和国家的建立结合起来，找到了资本主义社会及国家发展的精神内驱力。而斯宾格勒在1918年和1922年先后出版的历史哲学著作《西方的没落》一、二卷，从文化形态学视角去关注资本主义发展背后的精神逻辑和时代症状，预示资本主义文化终将走向没落。他把文化的衰落与其心中的"西方中心主义"有机结合，唤起西方社会对其自身文化的反思和重建。而其后号称"新斯宾格勒派"的汤因比，在其12册巨著《历史研究》中，也从文化形态的比较中，看到了世界各个主要民族、国家的发展过程。当然，他在对待西方文明的问题上，扬弃了斯宾格勒悲观论思想，表现出了乐观的看法。他认为西方文化主要处理得当，是可以避免危机而充满活力。

此后，以法兰克福学派为代表的西方马克思主义者们，基于西方资本主义在当代社会的发展现实，把他们的研究视角转向了文化领域，重点去研究当代资本主义社会工人阶级的文化意识和资产阶级社会的意识形态控制相关问题，进一步把文化研究与资本主义政治有机结合起来。同时，20世纪90年代约瑟夫·S. 奈首提"软实力论"，以此来区分以往那种以经济、军事为主的国际间"硬实力"竞争，自此，国际间综合国力的较量成为每个民族国家的共识。相应地，文化与政治的关系也随之成为国家文化建设和政治建设的重点和核心。不管是后来福山认为的"历史终结

① 《马克思恩格斯选集》第3卷，人民出版社1995年版，第335页。
② 《马克思恩格斯选集》第1卷，人民出版社1995年版，第98页。

论”、还是亨廷顿提出的“文明的冲突”以及中国社会学家费孝通倡导的“文化和谐论”，都在某种程度上进一步表现了文化与政治之间存在着的紧密联系。

二、我国学界对文化与政治关系的新认识

对于中国社会来说，随着中国特色社会主义建设向纵深发展，上至党和国家，下至普通老百姓，在对文化与政治间关系的认识上也逐渐变得清晰起来。尤其是习近平总书记在文化建设上作出的重要指示，把文化的创造性转化和创新性发展作为当前中国社会发展的动力和源泉；把文化自信看成是更基本、更深沉、更持久的力量；把当前中国的文化建设与中华民族伟大复兴的中国梦有机结合，完美地诠释了国家强与文化强的辩证关系。在这样的背景下，文化的重要性得到中国社会的广泛认识，因而在中国社会兴起了对优秀传统文化的保护与传承热潮。

对于中国学术界来说，在习近平总书记文化建设重要论述的指引下，在文化与政治关系研究中，不断开拓进取，创造出了众多的研究成果。比如，王岳川在多篇文章中都强调了文化创新与社会主义核心价值观的呈现关系、文化创新与文化强国的关系、文化创新与民族复兴的关系等。他指出：“中国崛起在世界文明中越重要，中国文化在国际文化话语中的地位就越重要。中国文化不仅是东方的，而且正在成为世界的。每个时代的思想家都有其自身文化立场，并进而形成自己的文化身份，众多思想家的互动形成大国文化身份的价值认同。文化创新对强国文化战略具有重要的意义。”① 何志鹏认为：“任何一种文化的发展与繁荣都和其所属的民族国家的崛起相伴而生、相随而行，成为这个民族国家兴起过程中的软实力。文化创新、文化发展、文化繁荣是一个国家冉冉升起、锐意进取的标志，同样也会进一步推动国家的发展。”② 而高丙中则在十多年前就看到了“国

---

① 王岳川：《在文化创新中建立强国文化战略》，《探索与争鸣》2012 年第 6 期。

② 何志鹏：《文化创新与民族复兴》，《江西社会科学》2012 年第 3 期。

家把民间仪式纳入国家事件，让民众通过仪式参与国家活动，在当前具有重要的政治和经济意义”①。总之，在习近平总书记关于文化建设重要论述的指导下，学界对优秀的传统文化、革命文化以及社会主义先进文化的研究成果众多，但研究成果的最高宗旨无疑是为国家的繁荣富强服务的。

由此可见，当前学界无论是对文化与政治间关系的梳理研究，或是对文化与政治间关系进行的研究，或是我国政府提出的中华优秀传统文化的创造性转化和创新性发展，实现文化自信，建设社会主义文化强国，都在一个侧面证明了文化与政治间的紧密关系是客观存在的，这种客观性还将随着社会生产力的不断发展而变得更为紧密。“意识形态决定文化前进方向和发展道路，对一个政党、一个国家、一个民族的生存发展至关重要。……意识形态工作本质上做的是政治工作。”② 这就是当前中国社会对于文化和政治关系的最好诠释。

第二节　节日文化创新推进社会主义核心价值观的宣传和教育

“在社会系统的诸多要素中，文化是唯一能够渗透到任何领域、联结国家实力各要素的关键要素。”③ 的确，由于文化在现代社会发展战略中地位的不断提升，文化创新就会在一定程度上涉及一个社会的政治、经济、文化、社会及生态等各个方面，这就需要我们从“五位一体”的总体布局中去理解和把握文化创新引发出来的社会功能。那么，经过节日文化创新之后的传统节日文化，究竟能发挥出怎样的政治功能？或者说，节日文化创新如何把文化与政治结合起来，发挥出节日文化在政治上的作

① 高丙中：《民间的仪式与国家的在场》，《北京大学学报》2001 年第 1 期。

② 中共中央宣传部：《习近平新时代中国特色社会主义思想三十讲》，学习出版社 2018 年版，第 212—213 页。

③ 李春华：《新时期中国共产党文化创新研究》，社会科学文献出版社 2012 年版，第 68 页。

用，这就是以下几节我们要分析的重点。节日文化创新作为一个实践活动，首先需要正确的思想和理念去引领和指导创新实践工作的开展。因此，把社会主义核心价值观融进节日文化创新中，会保证创新实践活动在原则和方向上的正确性。

一、节日文化发展需要先进思想引领

美国当代最为著名的马克思主义理论批评家弗雷德里希·杰姆逊说："后现代主义的文化已经是无所不包了，文化和工业生产和商品已经是紧紧结合在一起，如电影工业，以及大批生产的录音带、录像带等等。在19世纪，文化还被理解为只是听高雅的音乐，欣赏绘画或是看歌剧，文化仍然是逃避现实的一种方法。而到了后现代主义阶段，文化已经完全大众化了……后现代主义的文化已经从过去那种特定的'文化圈层'中扩张出来，进入了人们的日常生活，成为消费品……"① 的确，在全球化、全媒体时代，西部少数民族传统节日慢慢被世人所知，旅游热把西部少数民族传统节日文化推向了商品经济大潮的最前沿。在满足人们的旅游需要的同时，有些节日文化在发展中出现了诸多问题。比如，有些旅游节日呈现出表层化理念、碎片化形式、感性化群聚等感性化趋势，造成了节日的真实性受到了严重的冲击、节日文化意义变得淡薄、节日复制品盛行和节日文化主体消失的后果。

正如高丙中教授所说："节日是被赋予了特殊的社会文化意义并穿插于日常之间的日子，节日民俗是指这些特殊日子的文化内涵以及人们所表现的相沿成习的各种活动。"② 特殊的文化意义就是节日文化的精神气质、是节日的灵魂，而特殊文化意义主要是指节日文化具有自然文化、社会历史文化和个人生命文化三大文化意义。自然文化主要强调的是节日文化源

---

① ［美］弗雷德里希·杰姆逊：《后现代主义与文化理论》，唐小兵译，陕西师范大学出版社1986年版，第187—189页。

② 高丙中：《中国民俗概论》，北京大学出版社2009年版，第188页。

于自然、回归自然、天人合一的本质意义；社会历史文化主要是指节日文化具有调适人与人的、人与自然的、人与社会的以及人与自我的社会功能；个人生命文化则是从个体对待生命的不同态度、价值观念和行为方式，进而意会到生命的真谛，发现自身生命的终极价值和意义。① 因此，当前的文化创新，就有为处于旅游场域中的西部少数民族传统节日文化“正心、造心、收心”的意蕴所在。在这一过程中，就涉及一个用什么样的思想和理念来引导新时代西部少数民族传统节日文化的创新性发展问题。

针对中国特色社会主义文化，习近平总书记有两句十分精辟的话语。习近平总书记在庆祝中国共产党成立 95 周年大会上的讲话中指出：“在五千多年文明发展中孕育的中华优秀传统文化，在党和人民伟大斗争中孕育的革命文化和社会主义先进文化，积淀着中华民族最深层的精神追求，代表着中华民族独特的精神标识。”② 党的十九大报告指出：“中国特色社会主义文化，源自于中华民族五千多年文明历史所孕育的中华优秀传统文化，熔铸于党领导人民在革命、建设、改革中创造的革命文化和社会主义先进文化，植根于中国特色社会主义伟大实践。”③ 在这里，习近平总书记不仅对中国特色社会主义文化的来龙去脉作了一个高度的概括，也为西部少数民族传统节日文化创新指明了基本原则和方向。中华优秀传统文化是新时代建设中国特色社会主义先进文化的来源和基础，把这些优秀的传统文化熔铸于革命文化和社会主义先进文化之中，实现三种文化的有机结合，最终才能形成中国特色社会主义先进文化。习近平总书记号召我们在对中华优秀传统文化予以积极倡导和发掘的同时，也要对革命文化和社会主义先进文化予以大力阐发和高扬。此外，思想不仅是文化中的一种，也

---

① 张士闪、李松：《中国民俗文化发展报告 2015》，山东大学出版社 2016 年版，第 140—143 页。

② 《习近平关于“不忘初心、牢记使命”重要论述选编》，党建读物出版社、中央文献出版社 2019 年版，第 232 页。

③ 《习近平谈治国理政》第三卷，外文出版社 2020 年版，第 32 页。

是政治领域中的一个重要概念，是执政党执政理念的集中体现。因此，对于当前社会主义核心价值观的探究，既可以作为文化的一部分去思考，也可以作为政治文化的建构去分析。在这里，我们主要是从政治的视野去分析的，在此说明。

总之，中华优秀传统文化、革命文化和社会主义先进文化之间的关系告诉我们，传统文化的创造性转化和创新性发展，不是传统文化依靠自身力量、在自我范围内的改进、完善和演变，更不是在传统文化内部进行的自我修复和完善，而是与革命文化、社会主义先进文化密切相关的文化再生产和文化再创造，是在中国特色社会主义文化原则和方针指导下传统文化的新发展。

二、节日文化创新需要社会主义核心价值观的指导

习近平总书记关于中国特色社会主义文化发展的相关论述，为西部少数民族传统节日文化创新发展提供了基本原则、方针和方向。因此，用习近平新时代中国特色社会主义思想来引领西部少数民族传统节日文化创新，是用“心”正“心”、用“心”造“心”、用“心”换“心”的实践过程。而文化的实质就是价值观在社会实践中的对象化和现代化，文化的灵魂和精髓就是它的价值观念或价值观。习近平总书记在党的十九大报告中指出：“社会主义核心价值观是当代中国精神的集中体现，凝结着全体人民共同的价值追求。”① 因此，社会主义核心价值观作为中国特色社会主义文化的灵魂和精髓，在西部少数民族传统节日文化创新中，理应得到重视、宣传和践行。同时，马克思主义作为我国主流意识形态，直接决定文化前进方向和发展道路，对一个国家、政党、民族的生存发展至关重要。但马克思主义在中国化的过程中，始终面临着如何与中华优秀传统文化融合的问题，这就涉及马克思主义中国化大众化民族化相关问题。

---

① 《习近平谈治国理政》第三卷，外文出版社 2020 年版，第 33 页。

综上所述，西部少数民族传统节日文化在发展过程中需要先进的价值理念和思想去引领，社会主义核心价值观需要与传统文化相结合，才能更好地为人民群众所接受，发挥出巨大的生命力和影响力。因此，只有借助文化创新这一文化发展的动力和源泉，把社会主义核心价值观融进西部少数民族传统文化仪式，在对传统节日文化进行不断“扬弃”，使社会主义核心价值观渗透其中，最终实现西部少数民族传统节日文化的创造性转化和创新性发展。

社会主义核心价值观有三个层次：国家层面的“富强、民主、文明、和谐”；社会层面的“自由、平等、公正、和谐”；个人层面的“爱国、敬业、诚信、友善”。把以上三个层面的核心价值观融入西部少数民族传统节日文化创新实践中，一方面能使西部少数民族传统节日文化坚持正确的发展方向、牢牢固守其文化的精神实质和实现节日文化创新的目标指向；另一方面则把国家的建设目标、对人们美好生活的表述以及公民个人的基本道德规范宣传出去，并通过节日文化仪式对西部各族群众进行教育。

第三节　节日文化创新提升西部各民族文化安全与“四个自信”

文化创新有助于加强文化的保护与发展，从而提升西部地区及国家的文化安全，增强民众的文化自信。

一、国家安全与文化安全的重要性

习近平总书记在党的十九大报告中强调：“必须坚持国家利益至上，以人民安全为宗旨，以政治安全为根本，统筹外部安全和内部安全、国土安全和国民安全、传统安全和非传统安全、自身安全和共同安全，完善国家安全制度体系，加强国家安全能力建设，坚决维护国家主权、安全、发展利益。”①

基于文化在国家和民族发展中的作用以及当今世界文化与政治间的互渗关系，文化安全在国家安全中的地位和作用得到了不断彰显。在全球化和互联网技术的推动下，国与国之间在意识形态领域中的竞争和较量变得尤为激烈。西部地区大多地处边疆，区域内民族众多、文化多样；历史原因导致这些地区长期以来经济相对落后，上述因素使得西部地区可能成为西方国家意识形态渗透的重点区域。而这些影响西部少数民族传统文化安全的外部因素，往往是通过与西部少数民族传统文化相融合而产生作用。因此，西部地区的文化安全工作就显得更为紧迫和重要。

二、节日文化创新提升西部各民族文化安全与文化自信

保存文化多样性和保护生物多样性同样重要，因为它不仅能为人类提供更多的文化选择、创造出更多的文化可能性，也是平等、人权和自决权原则所要求的，以及反对政治和经济的依赖与压迫的需要。要使西部少数民族传统节日文化安全得到保障，就需要我们通过文化创新的方式，用社会主义核心价值观来引领西部少数民族传统节日文化的建设发展；用创新方式方法去处理好不同文化间、节日文化事业与节日文化产业间的各种关系；在坚持节日文化创新发展的“真、善、美”的主体原则基础上，不断挖掘和拓展节日文化内容；用人民群众喜闻乐见和符合节日文化本质的形式去点缀节日文化活动；用民族情、事业心、利益化等手段去唤起西部少数民族传统节日文化主体的能动性和创造性。只有这样，西部少数民族传统节日文化安全才能得到有力的保障。因此，文化安全是西部少数民族传统节日文化主体文化自觉、文化自知、文化自信、文化自强的集中体现。

基于西部少数民族传统节日文化在西部少数民族文化中的重要地位和

① 《习近平谈治国理政》第三卷，外文出版社2020年版，第19页。

作用，在一定意义上可以说，传统节日文化安全一旦得到保证，西部少数民族节日文化主体的精神独立性问题也在一定程度上得到了强化、文化自信也在一定程度上得以提高。在维护文化安全的几大要素中，文化自觉、文化自知、文化自信、文化自强“四位一体”，共同维护着传统节日文化安全。但在这四大因素中，文化自信无疑是文化自觉、文化自知和文化自强的精神前提和基础。习近平总书记多次强调，文化自信，是更基础、更广泛、更深厚的自信，是更基本、更深沉、更持久的力量。

以习近平同志为核心的党中央把中国特色社会主义文化同中国特色社会主义道路、理论和制度一道，作为中国特色社会主义的重要组成部分，反映了党和国家对于文化地位和作用的认识在不断深化，也体现了党和国家在新时代所具有的文化自觉和文化担当。“坚定中国特色社会主义道路自信、理论自信、制度自信，说到底就是要坚定文化自信。”① 从这个意义上去看，西部少数民族传统节日创新，不仅能为西部地区的文化安全、人们的精神独立性服务，也在一定程度上能为中华民族的文化安全性作出贡献，更能进一步增强和强化党和国家提出的文化自信。

第四节　节日文化创新促进西部各民族团结和地区稳定

民族平等、民族团结及各民族共同繁荣，是我国处理民族问题的基本原则和目标。民族平等是各民族团结的基础，而民族平等和民族团结又是各民族共同繁荣的基础。当前，由于受历史因素、文化习俗、地域特点等方面的影响，在社会上还存在一些影响各民族团结和各民族共同繁荣的因素存在。因此，西部少数民族传统节日文化创新，在一定程度上能促进西部各民族团结，促进西部地区的和谐稳定。

---

① 中共中央宣传部：《习近平新时代中国特色社会主义思想三十讲》，学习出版社2018年版，第194—195页。

一、节日文化创新能促进民族团结

西部地区各少数民族在居住空间上，大都呈现“大杂居、小聚居”的分布格局。当前，对于广大的西部地区来说，每一个民族节日活动，都是一个社会（群众）文化场，都能调动该区域内不同民族的人们来参与和共享节日盛会。在节日期间，各民族之间互相走亲访友、休闲娱乐、物资交流，不断加强着民族之间的联系性和共同性。比如，在祭祀节日中，人们对于共同神灵的祭祀，能唤起民众共同的历史记忆，进而通过这种记忆强化彼此之间的关系；在社交性节日中，不同民族之间互相交流，能进一步扩大民族地区民众的亲缘、地缘关系，促进民族团结和地区稳定和谐。特别是在旅游节日兴起之后，在一些重大节日上，各民族之间的联系变得越来越紧密。这不仅促进了西部各民族之间文化的互识、交流，也能消除民族之间的一些隔阂，促进各民族的团结进步。比如，大理白族的“三月街”，在过去，是整个滇西各民族物资交流的重要集市。改革开放之初重新开市后，节日在政府有序组织下，现在已经由滇西各民族物资交流会，变成了整个西南地区物资交流会，吸引着包括四川、贵州、重庆等周边省市各民族来积极参加，节日也变成了展示大理政治、经济、文化、社会的综合性大舞台。

又如，广泛流行于甘肃甘南一带的莲花山花儿会，200 多年以来，一直是藏、回、汉三个民族久盛不衰的民族团结盛会。基于对花儿会由来的民间传说、共同的生产生活环境以及民族文化长期交流融合的事实的认同，每年六月，莲花山附近居住的三个民族群众都会相聚莲花山，上山敬香、尽情娱乐，各民族在节日中不断交流与融合，增强了当地人们之间的政治、经济和文化联系，为这一地区文化共性的产生奠定了基础。以莲花山花儿会为媒，各民族相互学习，相互促进，共同提高的局面形成，对增进该地区民族间的团结是十分有帮助的。因此，传统节日独有的时间要素、空间要素、符号要素以及形式要素，是我们维护和促进民族团结进步的重要法宝，在节日文化创新中，我们一定要对此多加重视。

总之，对于传统节日文化，应该在文化创新中不断加以保护与挖掘、鼓励与支持，不断推动该地区民族团结示范区建设工作，最终实现利用传统节日去促进民族团结进步。当前，西部少数民族传统节日文化应该在新时代的创新发展中，一定要充分发挥其连接西部各民族纽带的功能，把西部各民族紧紧地团结起来，共同为西部地区的民族团结、民族繁荣发展服务。

二、节日文化创新促进西部地区和谐稳定

西部少数民族传统节日在文化创新中，不仅能进一步促进西部各民族之间的团结和谐，还能在西部地区的和谐稳定方面作出自己的贡献。特别是对那些地处边疆、跨境民族共享的传统节日来说，其对于边疆地区的稳定作用较大。比如，普洱市江城县有着“一城连三国”的特殊地理优势，县内有哈尼族、彝族、傣族等25个民族，共12万人民在这片土地上和睦相处，繁衍生息。长期以来，当地傣族青年男女在春节期间流行过社交节日丢包节。后来，由于各民族之间的相互往来日益频繁，该节日逐步得到推广，当地彝族、哈尼族、苗族、拉祜族、汉族等群众也热衷于丢包这项活动。同时，丢包活动也广泛流行于与江城县相邻的老挝丰沙里省，越南的奠边省奠边市勐念县、莱州省勐谍县的群众中。因此，丢包节是中国、越南、老挝三国边民共享的民族节日。2009年，为了加强中国、越南、老挝三国人民的交往与沟通，加深了三国人民之间的友谊，三国政府约定，每隔两年，在秋收农忙时节过后，三国边民轮流举办丢包狂欢节。至今，丢包狂欢节已举行了5届，第一、二、五届在江城县举办，第三、四届分别在越南奠边市勐念县、老挝丰沙里省举办。

第五届丢包狂欢节以“共建共享 合作共赢”为主题，于2017年12月30日至2018年1月1日在云南省普洱市江城县举行。本届狂欢节由江城哈尼族彝族自治县人民政府主办，老挝人民民主共和国丰沙里省政府、

越南社会主义共和国奠边省奠边府市人民委员会、越南社会主义共和国奠边省勐念县人民委员会、越南社会主义共和国莱州省勐谍县人民委员会协办。此外，中国国际贸易促进委员会云南省分会、云南国际博览事务局给予大力支持。在三天的“狂欢节”活动中，主要节日内容有迎宾晚会、三国方阵巡游、开闭幕式暨颁奖晚会、国际牛体彩绘大赛暨彩牛展示、三国文艺展演、中老越三国少数民族传统体育赛、“边地之花”总决赛、丢包趣味赛、2017 年中老越三国（普洱）边境商品交易会、三国风情摄影展暨民族民间艺术作品展等精彩纷呈的活动。

五届丢包狂欢节，不仅加强了中、老、越三国在经济、政治、文化、社会等方面联系，也促进了三国相关地方政府的合作，很好地践履和深化了“一带一路”倡议，更是为边疆和谐奠定了广泛的群众基础和文化基础。此外，丢包狂欢节还有利于落实中、越、老三国“安邻、富邻、睦邻”的外交方针，提升中、老、越三国的国家影响力，维护地区间的和谐稳定。在西部边疆地区，这样的以节日为媒，不断促进和维护边疆地区各民族团结和谐的案例还有很多。比如，广西龙州县、大新等县传统节日“侬垌节”，是中越两国黑衣壮人延续千年的年节。在节日不断发展过程中，不仅融入了大量中越双方民俗文化，更是壮族民众亲朋好友相聚、中越双方边民沟通交流的大平台。如今，该节庆已成为中越两国民间文化交流的一座桥梁。

通过弘扬和传承传统民族节日，不仅对保护节日非物质文化遗产有重要作用，也对稳定西部边疆地区社会秩序，创造和谐的友邻环境也起着重要意义。因此，传统节日可以作为连接这些跨界民族之间有益的桥梁，进而推进西部地区的和谐稳定。

三、节日文化创新在一定程度上能促进世界和谐稳定

随着西部少数民族传统节日文化的不断创新发展，其节日规模和影响力也逐渐增大，传统节日的国际化程度也越来越高。这种国际化不仅体现

在传统节日本身吸引了众多了外国友人来参与到节日中，也可以从节日文化的命名中看出。比如，那达慕大会作为蒙古族有着700年历史的传统体育盛会，在创新发展中，通过举办国际化体育赛事而逐渐走向国际化，如今成为国际知名的以赛马、射箭等体育活动为主题的综合性节日盛会。又如，景颇族传统节日目瑙纵歌节，经过不断的文化创新，发展成为促进边境民族文化繁荣发展、对外交流合作的重要平台以及推进民族团结进步示范州建设的重要抓手，也成为德宏州走向世界的一张文化名片。在2018中国·德宏景颇族国际目瑙纵歌节上举办的首届“一带一路”国际微纪录片德宏影展，共吸引了中国、菲律宾、越南、泰国、老挝、柬埔寨、缅甸、韩国、尼泊尔、中国台湾等10个国家和地区近200部作品参展，同时评审团队中共有来自中国、缅甸、越南、韩国、泰国、菲律宾、中国台湾等国家和地区的12名专家。

一般来说，人们在国际交往中出现的矛盾和冲突，往往都是由不同文化内潜存的价值观的差异而引发出来的隔阂和鸿沟使然。“不同的认同之间的差异也就表现为民族之间的差异，差异的形成有其特殊性，而差异本身也就是一种文化之间的鸿沟。”① 因此，要消除人们之间的这些矛盾和冲突，有效的办法之一就是建构起“和而不同”的文化和谐观。“各美其美、美人之美、美美与共、天下大同”，则是这种文化和谐观最为生动的写真。由此可见，西部少数民族传统节日国际化程度越来越高。西部少数民族传统节日文化不断走向国际化，不仅把中国传统文化传播到了世界，也促进了中外文化之间的交流互动，这在一定程度上能增强各国人民之间的互识互信互助，进而促进世界的和平发展。

总之，当前西部少数民族传统节日文化创新，本质上就是传统节日在新时代的文化再生产。而在这次文化再生产实践中，党和国家一方面发挥着主导、管理作用，另一方面也起着创新实践中急先锋的引领作用。这一

① 郑晓云：《文化认同与文化变迁》，中国社会科学出版社1992年版，第125页。

切都有赖于西部少数民族传统节日在文化创新实践中，能对社会主义核心价值观进行宣传和践行，也可以成为一种表达民族认同和国家认同、加强民族团结、提高民族文化自信的大舞台，还可以是促进民族间和民族地区和谐稳定。“文化包括信仰、传统、价值以及语言；它还通过把个体和群体联系于机构化的等级而调节着各种各样的实践。无论是通过倾向（disposition）、客体、系统的形式，还是通过机构的形式，文化都体现着权力关系。”① 文化离不开政治，文化是政治的一种有效表达。特别是“在全球化价值趋同的背景下，传统节日是保持民族文化认同感的最后一道壁垒，这道壁垒不但承载着中华民族的文化血脉和思想精华，而且还成为维系国家统一、民族团结的重要精神纽带”②。在新时代，我们要充分利用传统节日文化的创造性转化和创新性发展，来为中华民族伟大复兴的中国梦助力。

---

① ［美］戴维·斯沃茨：《文化与权力 布尔迪厄的社会学》，陶东风译，上海译文出版社 2006 年版，第 1 页。

② 薛晓芳：《论传统节日文化的重续对社会主义核心价值体系的构成性意义》，《湖北社会科学》2010 年第 7 期。

第七章　文化创新视域下西部少数民族传统节日的文化功能

2014 年 9 月，习近平总书记在纪念孔子诞辰 2565 周年国际学术研讨会暨国际儒学联合会第五届会员大会开幕会上的讲话中谈道：“中国优秀传统文化的丰富哲学思想、人文精神、教化思想、道德理念等，包括儒家思想在内的中华优秀传统文化中蕴藏着解决当代人类面临的难题的重要启示，可以为人们认识和改造世界提供有益启迪，可以为治国理政提供有益启示，也可以为道德建设提供有益启发。”① 中华优秀传统文化不仅为个人行为提供了遵从的行为规范和价值规范体系，也在社会运行方面为人们的经济、政治、文化、生态及社会等活动提供了内在机理和图式。但在实际生活中，从社会运行或社会制度安排的层面上去探讨文化的功能或者思考文化在社会历史发展中的作用时，主要涉及的问题是文化与政治、文化与经济等之间的关系问题，因而会认为文化的功能主要体现在为政治、经济等社会活动提供内在机理和图式，而往往忽视文化发展对于文化本身所起到的重要作用。笔者认为，正是文化自身内部功能的充分发挥，才能为社会生活中的经济、政治等社会活动提供强大的动力。基于此，本部分我们主要从节日文化在西部少数民族传统文化中的地位和作用入手，然后在

① 习近平：《在纪念孔子诞辰 2565 周年国际学术研讨会暨国际儒学联合会第五届会员大会开幕会式上的讲话》，人民出版社 2014 年版，第 6—7 页。

此基础上去探析文化创新视域下西部少数民族传统节日的文化功能①，以就教于方家。

第一节　节日在西部传统文化中的地位与作用

“研究文化就是研究一种文化中各要素之间的关系、这种文化的整体结构、各文化要素在这个整体系统中对于外界调适和内部整合两方面所具有的功能，以及比较不同文化系统之间的异同点。”② 只要弄清具体文化在整个文化体系及社会体系中所能发挥的功能，就能很好地把握具体文化在整个文化和社会体系中的地位与作用。而一旦明确了具体文化在整个文化结构中的地位和作用，又能更好地知晓和预估其在文化创新中所能发挥出来的功能。因此，具体对西部少数民族传统节日文化来说，其在文化创新过程中，到底能展现出多大的文化功能，这不仅取决于文化创新的方式方法的选择，也受节日文化在整个传统文化体系中的地位与作用所影响。

我国西部地区地域辽阔、民族众多、文化多元，文化在该地区形成了和谐共生的良好局面。比如，由于西部少数民族大多有信教的习惯，因此，当地形成了独特的宗教文化；西部各民族多种多样的生产方式，形成了不同的经济文化类型；西部作为中国生态文明的核心区，其内部生态文化十分丰实……而作为反映当地少数民族生产、生活的传统节日文化，也是十分众多。比如，有宗教节日、农事节日、纪念节日、娱乐节日、商贸

① 从广义上去看，通过文化创新，西部少数民族传统节日在经济、政治、文化、社会及生态等某一方面或某一领域所带去的作用与影响，都可以说是节日文化创新所产生的总体性文化功能中的一种。而从狭义上去说，节日文化创新所产生出来的文化功能，仅仅是指节日文化创新对文化领域这一方面所带去的影响和作用。广义视角是从整体、宏观视角去说节日文化创新所产生的文化的社会功能，狭义视角是从具体、微观视角去说节日文化创新所产生的文化功能。

② 夏建中：《文化人类学理论学派——文化研究的历史》，中国人民大学出版社 1997 年版，第 121 页。

节日等。那么，众多的传统节日文化在整个西部传统民族文化中的地位与作用如何？简言之，传统节日文化作为中华民族文化的重要组成部分，更是西部传统民族文化的重要组成部分。具体来说传统节日文化在西部传统民族文化中的重要性，主要是通过以下几个方面可以体现出来。

一、节日是“文化丛”

在一个民族文化中，节日和宗教最能体现这个民族的文化内容和特色。因此，可以说，节日是各少数民族传统文化的全面展示。在节日活动中，各民族的服饰、饮食、生产、婚姻、伦理、宗教、道德、艺术等都能得到全面而又集中的呈现。比如，地处云南大理南涧大山深处的“哑神舞会”，节日仪式不仅融合了南涧地方特色文化，还集中展示了当地彝族特有的文学、音乐、舞蹈、表演、语言、宗教、饮食、博物展示等各种文化。在不断继承与创新中，“哑神舞会”成为全面展示南涧彝族文化和地方文化的大舞台。又如，地处云南昆明石林小糯黑村的“密枝节”，总体属性是一个宗教节日，但在节日中，当地彝民族的宗教、饮食、艺术、社会、伦理等各种文化也在一定程度上得到了全面展示。由此可见，任何一个传统节日都是对本民族文化的集中呈现，是反映本民族文化精髓的重要载体。

二、节日是“标志物”

节日文化是民族文化的精华。早在十多年前，刘铁梁教授在民俗研究中，就提出了“标志性文化民族统领式”理论。其中，他对一个民族标志性文化是这样认定的：“一、能反映这一地方的特殊历史进程和贡献；二、体现地方民众的集体性格和气质，具有薪尽火传的生命力；三、深刻地联系着地方民众的生活方式和诸多文化现象。”① 传统节日作为一个地方或群体文化的具象概括，是与当地民众生活息息相关、与当地民族的地

---

① 刘铁梁：《“标志性文化统领式”民俗志的理论与实践》，《北京师范大学学报》2005 年第 6 期。

方文化紧紧相连，能集中体现民族的精神气质和性格，因此，其是反映民族文化最好的标志物。特别是旅游场域中的传统节日，在各种关系中，其作为特定民族标志性文化的事实得到了最大限度的展现。比如，彝族的火把节、白族的“三月街”、景颇族的目瑙纵歌节、傣族的泼水节、苗族的姊妹节和花山节、壮族的“三月三”、蒙古族的那达慕大会、维吾尔等民族的古尔邦节、土族的那顿节等节日，在新时代的创新发展、声名远扬，就是明证。

三、节日是“民族魂”

传统节日是民族精神的凝结。“精神是文化的核心，节日精神是凝聚群体、组织仪式活动的心理保障，如果节日失去精神核心，节日也就成为没有意义的空洞符号，它离消亡的时间也就不会太远。”① 比如，西部大多数少数民族都有过春节、元宵节、清明节、端午节、中秋节等汉族节日的习俗。少数民族过汉族节日，能从一个侧面说明少数民族和汉族之间历来就有在文化上相互交融、认同的情感，而这种情感上升到民族和国家层面，就能充分体现各少数民族历来就有爱国主义、集体主义以及中华民族是一家的传统。又如，在贵州各地苗族中，都有过端午节的习俗。但在遵从传统端午节民俗事象的同时，他们的端午节也有自己的特色。比如，每年端午节到农历五月底期间，也是贵州苗族龙舟节举办时间。当地民族划龙舟的节日活动，有着极强的消灾、祈福、预祝插秧顺利、五谷丰登等现实意义，龙舟节充分体现了当地苗族民众生态知识和生态文化。同时，苗族端午节还叫粽粑节，当地苗家在粽粑节期间，要把煮好的粽子挂在堂屋里，一是敬祖先，二是表示生活美满。总之，爱国忧民、清高自守、家庭幸福、国运昌盛、团结奋斗、民族和谐等中华民族优秀传统精神，在很多西部少数民族传统节日中都得到了充分体现。

---

① 萧放：《传统节日与非物质文化遗产》，学苑出版社 2011 年版，第 33 页。

四、节日是“推动器”

传统节日的创新发展是西部地区社会发展的动力。文化的功能不仅体现在其在文化内部整合上所发挥的作用，还充分展现在其对外部关系的调整上。在社会经济结构不断转型的今天，资源节约型、环境友好型的产业受到了各个地区和人们的欢迎。对于西部地区来说，最为宝贵和赖以依存的资源永远是文化。因此，在西部地区，大力发展文化产业，不失为一条脱贫攻坚的有效路径。相对于西部其他民族文化来说，传统节日文化由于集以上“文化丛”“标志物”“民族魂”等属性，能成为西部地区发展的强有力动力。当前，节日产业及其所带动的相关产业的发展，已然成为西部地区经济社会发展的最大表征。在这个过程中，节日作为社会推动器的作用也越加凸显。比如，通过节日文化上的招商引资，可以解决民族地区发展所需的资金；通过节日文化上的群体聚居，可以为西部地区发展吸引人才；通过节日文化的精神鼓舞，可以为西部地区发展主体带去精神动力和智力支持等。

总之，传统节日文化是“资源库”“聚宝盆”“发动机”，是西部地区传统文化的重要组成部分。基于在西部传统文化中的重要地位，传统节日文化在文化创新中，定会产生巨大的经济效益、政治效益、文化效益、社会效益及生态效益。同时，对西部少数民族传统节日文化进行创新，也是一种文化自信的表征、文化自觉的展示、文化自立的表现以及文化安全的需要。① 相应地，西部少数民族传统节日文化创新，也会推动西部少数民族传统节日的文化功能得到进一步提升。

第二节　文化创新促进传统节日文化的有效保护与发展

中国传统民族节日作为中国传统文化的重要组成部分，它诞生于传统

① 杜刚：《全球化视域下的文化创造力研究》，人民出版社 2012 年版，第 29—31 页。

中国几千年来的农耕文化土壤之中，是反映中国农业社会人们的自然文化、社会历史文化以及个人生命文化的重要载体。新中国成立以来，春节作为国家和民族的重大传统节日，以国家法定节日方式得到了国家肯定，但除了春节之外的其他节日，一段时间内没有得到国家的相应重视。20世纪80年代，传统节日被忽视的状况才得到根本性的转变。随着改革开放的实施，外来文化不断进入中国，引发了国人对传统文化地位和作用的不断反思。在20世纪80年代“文化热”和21世纪初出现的“国学热”的双重带动下，中国传统文化的价值被重新发现，引发了人们的浓厚兴趣。在这个过程中，传统节日作为中国传统文化的重要组成部分，也顺应地得到了不断复兴。

西部少数民族传统节日文化的保护与发展工作与其创新实践是同步的。在西部少数民族传统节日文化创新实践中，西部少数民族传统节日文化得到了很好的保护与发展。比如，对非物质遗产实施的“在地化保护”“整体性保护”“生产生活性保护”“抢救性保护”等节日文化保护路径的实施；众多的民族文化保护区、国家级文化生态保护区等文化保护区的建立，都对节日等非物质文化遗产的保护工作提供了理论和实践上的保障。而具体就西部少数民族传统节日文化创新实践的效果来说，可以通过以下两个方面来体现。

一、节日不断进入各级“非物质文化遗产保护名录”

联合国教科文组织2003年10月通过的《保护非物质文化遗产公约》中指出：非物质文化遗产，指被各社区、群体，有时是个人，视为其文化遗产组成部分的各种社会实践、观念表达、表现形式、知识、技能以及相关的工具、实物、手工艺品和文化场所。这种非物质文化遗产世代相传，在各社区和群体适应周围环境以及与自然和历史的互动中，被不断地再创造，为这些社区和群体提供认同感和持续感，从而增强对文化多样性和人类创造力的尊重。自从20世纪后期以来，联合国教科文组织在保护世界多样性方面做出了卓有成效的工作。比如，1998 年《宣布人类口头和非物质遗产代表作条例》、2003 年《保护非物质文化遗产公约》、2008 年《实施〈保护非物质文化遗产公约〉的业务指南》、2016 年《保护非物质文化遗产的伦理原则》等文件的颁布实施，都有力地推动了中国“非物质文化遗产”保护工作的开展。在这些文件的指导下，2003 年文化部启动了中国民族民间文化保护工作工程，2004 年中国加入联合国教科文组织颁布的《保护非物质文化遗产公约》，2005 年国务院办公厅以国办发〔2005〕18 号印发《关于加强我国非物质文化遗产保护工作的意见》，至此，国家层面的非物质文化遗产保护工作正式启动。此后，各个省也相继制定了本省的非物质文化遗产保护条例。在这些文件和条例指导下，迄今为止，以西部少数民族传统节日的身份进入联合国非物质文化遗产名录的有羌年 1 项，广泛流行在西部少数民族地区但以汉族传统节日身份进入的端午节也名列其中。此外，以西部地区非物质文化遗传身份进入联合国遗产名录的，比如文学、音乐、舞蹈、曲艺等遗产，则高达十几项，而这些遗产大多在西部少数民族传统节日中有所展现。

在 2006 年第一届国家级非物质文化遗产名录第十项“民俗”中，除了以国家名义申报的全国人民共享的春节、清明节、端午节、七夕节、中秋节、重阳节之外，来自西部地区的京族哈节、傣族泼水节、锡伯族西迁节、彝族火把节、景颇族目瑙纵歌、鄂伦春族古伦木沓节、瑶族盘王节、壮族蚂蜗节、毛南族肥套节、羌族瓦尔俄足节、苗族鼓藏节、水族端节、布依族查白歌节、苗族姊妹节、独龙族卡雀哇节、怒族仙女节、侗族萨玛节、仡佬族毛龙节、傈僳族刀杆节、塔吉克族引水节和播种节、土族那顿节、藏族雪顿节、蒙古族祭敖包、白族绕三灵、藏族和土族热贡六月会、壮族歌圩、蒙古族那达慕大会等传统节日。在 2008 年第二批国家级非物质文化遗产目录中，除了新增的元宵节和各种形式的灯会、庙会之外，来自西部地区的传统节日主要有羌年、苗年、德昂族浇花节、塔塔尔族撒班节、大理“三月街”等。在 2011 年第三批国家级非物质文化遗产目录中，又增加了苗族四月八、布依族“三月三”、哈尼族昂玛突节、鄂温克族瑟宾节、俄罗斯族巴斯克节、彝族年、侗年、藏历年等西部地区传统节日。在2014年第四批国家级非物质文化遗产保护名录中，再增加了藏族望果节、苗族花山节等西部地区传统节日。同时，西部少数民族传统节日被纳入各个省、市、县保护体系的项目更是众多。比如，广西壮族自治区从2007年开始进行地区级非物质文化遗产保护名录的遴选，到2016年，全区共进行了五批次的遴选工作。但就“民俗”这一项，就遴选出了52项区级非物质民俗遗产。而在这52项民俗类区级非物质文化遗产中，直接以传统节日方式入选的项目众多。有扬美龙舟上水节、金龙壮族侬垌节、上林壮族万寿节、毛南族分龙节、壮族芒那节、瑶族阿宝节、那坡彝族跳弓节、德峨苗族跳坡节等为代表的传统节日共40余项。此外，在非物质文化遗传保护方式上，“抢救性保护”“整体性保护”“生产性保护”“立法保护”四种保护方式的理念和实践的开展，也在无形中增强了西部少数民族传统文化的保护工作。由此可见，在联合国教科文组织的指导下，在“国—省—市—县”四级保护体系和三种保护方式联合作用下，西部少数民族传统节日文化在当代中国社会得到了有效保护。而西部少数民族传统节日是非物质文化遗产的重要载体和表现形式，对其的保护，就是对西部少数民族非物质文化遗产的保护。

随着传统节日在国家建设中地位和作用的不断彰显，党和国家也看到了传统节日文化中蕴含着的对于社会主义建设的重大文化价值，再加上传统节日文化在现代社会正面临着的重重危机，因此，节日随之被纳入国家范围之内，特别是一些具有重大历史、文化、经济、政治等的传统节日，其文化的保护与发展工作成为国家文化建设战略中的一部分，受到了国家的高度重视。国家介入传统节日文化保护工作中，这是治国理政新战略、新理念及新思维的集中表现。当然，在当前节日文化体制创新中，我们要明白，国家参与传统节日文化保护和发展工作，其最终的目标还是为了达到从“输血”到“造血”，“还节于民”始终是传统节日文化保护与发展的根本指向。

二、传统节日在创新中不断得到发展

文化是灵动的，而不是固化的，它是随着社会生产方式和人们的生活方式的变化而变化的。因而，没有永恒的“原生态文化”。但文化又是稳定的，而不是永远都处于变换中，它内部所蕴含着的民族情感、精神气质、伦理道德、宗教信仰、审美意识、价值取向等本质属性，并不会随着外界变化而变化。文化的“变”与“不变”的辩证关系，形成了文化发展的辩证法。而这个辩证法，是事物自我否定的辩证法。发展即新事物的产生，旧事物的灭亡。发展是事物的自我否定，是事物内部矛盾运动的结果；发展是新旧事物联系的环节；发展是旧事物向新事物发展的环节；发展的实质是“扬弃”，既克服又保留，既批判又继承。基于此，在文化保护与发展关系中，我们还是赞同“保护就是发展，发展就是保护”的说法。因此，把节日文化纳入各级政府“非物质文化遗产保护名录”，本身就是对节日文化最好的发展；而对节日文化进行继承与发展，则是对节日文化最好的保护。保护中发展、发展中保护，本应是对传统节日文化的应有态度和思维，而这一切都是文化创新的本质要求和实践诉求。具体就西部少数民族传统节日文化来说，其在创新中得到了不断发展，可以通过以下三个方面来说明。

首先，西部少数民族传统节日内容得到拓展和提升。

西部少数民族传统节日文化是西部地区传统生产方式作用下的产物，其节日活动充分展现了西部少数民族地区的特点，比如：地域性、民族性、边疆性、原生性等，也体现了西部少数民族纯朴、善良、勤奋、爱国等优秀品质。在中国特色社会主义建设的今天，我们不仅要在建设中继承和保护好节日文化本身所具有的这些优良品质，还要把这些品质发扬光大。把党和国家在文化建设上秉持的理念，特别是社会主义核心价值观融进节日文化活动中，这不仅能对传统节日文化精神和理念进行引导和修正，使传统节日文化的精神气质更加符合社会主义国家建设需要，而且也能提升节日文化内容的文化气质和民俗档次。

在传统节日文化精神和理念进行更新的同时，节日文化的具体内容也要得到不断更新和发展。这都需要通过文化创新来实现。一般来说，传统节日文化在内容上的创新，主要是通过两种方式去完成。一种是通过对传统节日文化内涵和外延进行不断挖掘或对过去存在而现在不复存在的节日事象进行还原等方式，不断丰富和完善节日内容；另一种方式则是把地域文化或先进文化要素融进节日文化中，达到不断拓展节日文化内容的目的。比如，云南文山州丘北县彝族传统节日“摸你黑”，在保留传统节日上的原生态弦子舞蹈、服饰展演、抹花脸狂欢等活动之外，还很好地依托普者黑原始自然的地域文化。在花脸节期间，相继推出休闲度假、民族风情探秘、农业生态观光、月夜逍遥游等项目，使节日内容得到了扩展。又如，广西百色田阳县敢壮山布洛陀诞辰节，原来仅是一个规模很小的民间祭祀活动，近几年来，经过专家学者、当地政府、民众的多方努力，如今成为具有一定国际影响力的旅游节日。在布洛陀节日文化创新中，节日内容在当地壮学专家对节日文化资源进行深入挖掘、整理和规范的基础上，不断得到丰富和完善。节日活动内容还是以祭祀始祖布洛陀为核心，但增加了大量带有娱乐性、趣味性和竞技性项目，特别是邀请国内和东南亚国家舞狮队来进行舞狮争霸赛，受到了民众和游客们的广泛欢迎。

西部少数民族传统节日文化在创新中，不仅节日文化精神和理念得到了更新、节日基本内容得到了完善和拓展，节日形式也不断丰富起来。特别是在一些旅游节日上，大量新形式、新载体被用去装饰和渲染节日活动，使节日活动的面貌焕然一新。比如，在节日氛围的营造上，张灯结彩、歌舞升平的景象成为节日的常态。在节日活动中，节日主体在现代化妆技术装扮下变得光鲜耀眼、节日道具或显得更具历史感，或显得更具现代感。在节日产品的制作上，现代科技手段和传统工艺交相辉映，使得节日商品更加美观大方、富有情趣。特别是现代声、光、电技术广泛运用于传统节日上，把传统节日的古朴性和现代性有机融合，让人流连忘返。

其次，西部少数民族传统节日文化价值得以拓展和增强。

在过去，由于西部地区山高路远、交通落后、信息闭塞，这就使得传统节日文化仅仅是节日文化所在地的本地区本民族，或附近几个民族共同享用的民俗活动。而如今，随着西部大开发战略向纵深发展，西部地区在交通、信息等方面，发生了翻天覆地的变化。高速公路、飞机和高铁把西部地区与外界世界有机联系在一起，以往那种主要靠人际传播信息的时代被互联网信息时代所取代，现代传媒广泛运用于传统节日活动中。同时，交通的便利、信息的通畅，不仅把西部地区的人们紧紧联系了起来，也把西部地区的人们和外界的人们之间的距离不断拉近。西部地区社会环境的不断改变，为拓展拓宽传统节日在当今的文化价值提供了外部条件。社会环境的改善之所以仅仅是节日文化创新价值实现的外部条件，在于节日文化自身如果没有足够的独特性、文化性、吸引力和影响力，节日文化价值也就无法真正得到拓展拓宽。而节日文化独特性的保存和彰显、文化性的丰富和拓展、吸引力和影响力的提升，都要靠节日文化创新来完成。因此，文化创新是西部少数民族传统节日文化价值实现的重要推动力。

通过文化创新，西部少数民族传统节日文化在文化内容上不断得到丰富和完善、节日形式也更加让民众喜闻乐见、节日理念更为健康，充满正能量。节日文化在当前发生的创新变化，大大地增加增强了节日文化的内价值和外价值。当前，一部分西部少数民族传统节日走向产业化道路，随着旅游节日的开展，节日主体在经济上、文化上获益颇多，这对于他们改善自身较为落后的经济状况、增加对文化传统的自信心来说，是十分有帮助的。而从社会视角来看，随着西部少数民族传统节日文化创新的不断进行，节日文化所散发出来的外在价值，也就是社会功能也逐渐得到了显现。当前，节日文化在与经济、政治、文化、社会以及生态建设相结合中，迸发出了强大的节日能量，展现出了强大的社会作用。

再次，西部少数民族传统节日文化创造力和影响力不断提高。

传统节日文化是灵动的，而不是僵化的，它的生命力来自人的实践活动。正是在人类的物质生产实践、社会关系实践以及科学文化实践中，传统节日获得了不断发展的动力和源泉。文化是人的文化，因而文化的创造力就是人的创造力在文化上的表征。西部少数民族传统节日文化通过自身文化的不断创新，其创造力主要表现在传统节日文化在生产力、竞争力、传播力及批判力等能力上得到了不断提高。随着西部少数民族传统节日文化创新的不断推进，其节日文化的影响力也在不断得到提高。这种提高可以通过以下几个方面来体现。首先，节日在国家中的地位愈加重要。西部少数民族传统节日文化创新不仅受到了来自国家层面的支持和肯定，有的节日还直接被国家采用，成为国家文化建设中的一部分。这间接说明了节日文化对于当前国家政治、经济、文化建设上的影响力是十分巨大的。其次，节日成为西部地区向外界打出的最为响亮的名片。认识西部，是从认识西部独特的民族文化、生态文化开始，而节日作为西部地区各民族传统文化的重要组成部分，通过不断创新，其节日规模愈来愈大。在西部少数民族传统节日文化不断走向全国或世界的传播中，节日文化的影响力也随之得以壮大起来。再次，节日功能不断增强，节日的内外价值不断增大，其所发挥出来的社会作用也就越大。文化影响力是建立在文化自身内涵、功能结构、社会作用等方面，因此，通过节日文化创新，西部少数民族传统节日在这些方面的能力都得到了提升，相应地，其节日文化影响力也在不断加大。

总之，通过文化创新，西部少数民族传统节日文化在新时代得到了不断保护与发展，其文化价值、文化创造力和文化影响力也随之得到了彰显。正如有的学者所认为的那样："文化产业与创意产业的交互使用表明了文化商品因为要满足的是人的最为丰富的精神需要而必须在内容和形式上不断创新。创意性的劳动是文化商品的价值基础。文化的多样性使文化商品在生产和消费两个方面都体现出使用价值的文化多元性特征。对文化商品的创造性生产以及创造性使用是人的精神世界的扩展。"① 由此可见，

① 马翀炜：《论文化商品的价值》，《云南社会科学》2018 年第 4 期。

文化创新不仅对于文化保护有用，也对文化的发展和价值形成有着十分重要的作用。西部少数民族传统节日文化创新，能拓宽其文化价值的范围、增强其文化价值的总量。而传统节日文化价值的拓展，不仅是节日文化不断得以发展的表征，也会产生巨大的价值。这种价值的具体表现，我们将在下一节里面进行较为详细的分析。

此外，在西部少数民族传统节日内容得到拓展和提升、传统节日文化价值得以拓展和传统节日文化创造力和影响力不断提高的同时，我们也要看到，在西部少数民族传统节日中存在的那些不合时宜的文化现象也得到了一定程度的摒弃或转化。比如，在一些宗教节日中，宗教的神秘性和欺骗性得到了扬弃，取而代之的是感恩、友善、爱、理想等正能量的弘扬；在一些节日中广泛存在的铺张浪费现象，也在一定程度上得到了遏制，节约办节的作风得到了提倡；在一些节日中存在的男尊女卑现象也得到了改善，社会主义主张的男女平等观得到了进一步的倡导。

第三节　文化创新促使传统节日文化价值的发挥

本节主要是从传统节日文化的内价值入手，对其发挥的文化作用进行探析。具体而言，在文化创新中，能促进西部少数民族传统节日在传承民族文化、塑造民族精神、强化民族文化认同、提高民族自信等方面作用的发挥。

一、传统节日文化创新促进民族文化的有效传承

传统节日作为民族文化的重要遗产，不仅是民族历史、精神气质、情感意识、宗教信仰的集中体现，也是发挥民族文化传承的有效途径。首先，传统节日是“文化丛”，民族的诸多文化要素，比如音乐、舞蹈、技艺、饮食、宗教等大都能够在节日仪式中得到展示，因而传统节日是传承传统文化的重要载体。其次，传统节日周期性复现，这就保证了民族主体

在特定节日时空中，能体验和感受到民族传统文化，这对于增强民族文化主体对其民族文化的记忆和认同是十分有帮助的。再次，现代社会中的节日文化创新，则是对传统节日文化的批判与继承下的产物，因此，创新实践不仅能使传统节日文化在实践中不断得到发展，也会使优秀传统节日文化在创新中得到继承和弘扬。

如今，西部少数民族传统节日文化通过不断创新，不仅在新的时代使其对传统民族文化的传承功能得以恢复，而且还使其传承效果更为有效。节日文化创新在节日文化精神方面融入先进的社会主义文化因素；在节日形式上不仅保留了过去传统节日的古朴形式，还引入了大量现代文化表现元素进去，使得节日文化呈现方式变得新颖独特；在节日内容上，在保持节日文化传统核心内容的基础上，一部分能反映节日主体当前生活方式的内容融进节日中，使得节日内容变得丰富多彩。传统节日文化内涵的回归与节日表现形式的多样化，这些都为传统节日在现代社会的传承奠定了坚实的文化基础。

2007 年 12 月，国务院正式颁布了《关于修改〈全国年节及纪念日方法办法〉的决定》，2008 年元旦正式开始实施，这意味着节日纳入国家法定假日。自此以后，西部少数民族地方政府相继出台了适合本地区少数民族节假日制度的相关规定，这就为西部少数民族群众回家过节做了时间上的保证。比如，2007 年 7 月，云南省第十届人民代表大会常务委员会第三十次会议还批准了西双版纳州有关节日的自治条例：每年“泼水节”，全州各单位放假 3 天。又如，为了使当地干部群众体验、感受和传承保护本民族的传统节日文化，在每年火把节举行期间，云南省楚雄州政府机关、事业单位的员工可享受假期 5 天。在今年 8 月 4 日至 8 日彝族火把节期间，楚雄州各级干部职工就享受到了 5 天的节假日福利。节日主体有了来自法定制度上的时间保障，再加上节日文化本身所具有的文化基础，节日文化传承机制也就基本建立起来了。此外，国家还通过选定“非物质文化遗产传承人”、出资建立民族文化博物馆或传习馆等方式去推进传统民族文化的保护与发展工作。而这些文化要素一旦进入传统节日文化议程中，对于传统民族文化的传承效果的提升，无疑是起着较大的推动作用。

总之，节日作为传承民族文化的重要载体，在新时代的文化创新中，在不断得到国家大力支持的基础上，通过不断提升节日的文化内涵、扩展节日的文化外延等方式，使节日负载着的传统民族文化在民族主体中得以传承。从这个意义上去说，西部少数民族传统节日文化创新能提升传统民族文化传承的功效。

二、传统节日文化创新推进各民族文化认同和文化自信

民族认同和国家认同的基础是文化认同，因此，本部分我们主要是从文化视角入手去分析文化创新在推进西部各民族的文化认同和文化自信上的作用。

“文化认同是人类对于文化的倾向性共识与认可。这种共识与认可是人类对自然认知的升华，并形成支配人类行为的思维准则与价值取向。”① 文化认同作为文化中的群体共识和文化归属意识，其在文化功能上主要有以下几个方面：它是文化群体中基本的价值取向；是民族形成、存在与发展的凝聚力；是文化群体的黏合剂。② 文化认同有个人认同和群体认同之分，本部分主要是从群体认同视角去分析的。而文化自信作为特定文化主体对自身文化的认同、肯定和坚守的信心和信念。它以文化自觉为前提、文化认同为基础、文化自强为最终归宿，并与文化自觉、文化自知、文化自强一起形成了“四位一体”关系，而这“四位一体”，都与文化认同有着千丝万缕的联系。

在当前西部少数民族传统节日文化的创新中，通过加强传统节日非物质文化遗产保护及发展、传统节日文化核心精神的重塑、传统民族节日假日制度、传统节日产业化等各种创新方式和路径，使得传统节日文化在现

---

① 郑晓云：《文化认同与文化变迁》，中国社会科学出版社 1992 年版，第 4 页。

② 郑晓云：《文化认同与文化变迁》，中国社会科学出版社 1992 年版，第 21—30 页。

代社会在一定程度上得到了复兴和发展。而这种复兴和发展，对于西部少数民族文化主体文化认同的保存和提升是十分有益的。

只有在对本民族文化高度认同的基础上，才能树立起民众的文化自信。而文化自信一旦建立起来，又会推进文化的保护与发展。这种文化上的良性循环模式的产生，都是建立在文化创新实践基础上的产物。比如，广泛流行于云、贵、川地区彝族传统节日火把节，在现时代经过文化创新，很好地把节日办成了完整展示彝族传统文化体系的大舞台。节日期间，祭祀、文艺体育、社会交往、产品交流四大类活动体系完整、内容丰富。既充分尊重和展示了彝族敬火崇火的民族性格和文化传统，又与现代社会相结合，在传统中凸显现代，在现代中保存传统。节日在强化彝民族自我认同意识、民族交往、社会和谐等方面都具有重要意义。彝族火把节在坚守文化认同、树立文化自信的典型事例，给我们其他民族进行文化创新作了一个很好的示范作用。

总之，西部少数民族传统节日的文化创新，不仅能促进西部少数民族文化自觉、自知、自信、自强；反过来，西部少数民族文化自觉、自知、自信和自强，又会进一步推动西部少数民族传统节日文化创新。“尽管稳定可能是很多文化的一个显著特征，但没有哪种文化是一成不变的。”①因此，“所有变迁的终极来源都是创新”②。

三、传统节日文化创新促进节日文化教育与文化交流作用的发挥

一直以来，节日作为反映民族精神和气质的重要载体，在对青少年进行民族传统文化教育上发挥着重要作用，特别是对青少年进行民族传统价值和道德礼仪的教育上的作用是十分明显的。中国传统文化的主体和精髓

① ［美］威廉·A. 哈维兰：《文化人类学》，瞿铁鹏、张钰译，上海社会科学院出版社 2006 年版，第 456 页。

② ［美］威廉·A. 哈维兰：《文化人类学》，瞿铁鹏、张钰译，上海社会科学院出版社 2006 年版，第 457 页。

是伦理文化，而伦理文化是特别关注人际关系调整的文化，而作为中国传统文化重要组成部分的传统节日也是如此。基于中国很多传统节日文化中都有关于伦理道德方面的内容和理念，因此，我们可以充分利用传统节日来对青少年进行教育。比如，在西部少数民族地区，有很多传统节日是与祭祖有关的，甚至传统节日仪式中大多有祭祖这一事项。贵州省榕江县车江侗族一直都有过传统节日萨玛节的习俗。“萨玛”汉译为“大祖母”，又称萨岁，是整个侗族（特别是南部方言地区）共同的祖先神灵的化身。侗族人认为其祖先神通广大、至高无上，能给侗族人们无穷力量去战胜各种困难。为了祭祀萨玛，大多数侗族村寨都建有萨玛的祭坛——“然萨”。萨玛节一般在农历正月和二月举行，各村各祭，场面十分壮观。今天，萨玛不仅是侗寨保护神、团结神，还是侗族的娱乐神。当地民众通过举办节日去祭祀萨玛，传达出了侗族人们崇尚至善美德、知恩感恩、尊老爱幼、团结奋斗等精神品质。

又如，同样在贵州台江县，当地老屯、施洞一带苗族人民在每年农历三月十五日至十七日都有过姊妹节习俗。节日期间，苗族青年男女穿上节日的盛装，聚集于榕江、杨家、偏寨等地参加节日活动。节日活动主要有歌舞、服饰、游方、吃姊妹饭和青年男女交换信物等内容，节日规模较大、内容丰富独特。姊妹节不仅是苗族青年男女婚恋民俗，也是当地人们走亲访友、文化娱乐、社会交往的活动舞台，更是凝聚民族人心、加强民族团结的精神纽带。由此可见，西部少数民族传统节日文化中内蕴着很多协调家庭伦理、社会伦理以及历史伦理方面的内容。因此，在对各民族青少年进行伦理道德方面教育的时候，传统节日这个文化资源是完全可资利用。

但如今，随着信息化、市场化、全球化等因素的影响，特别是大量“洋节”的传入，比如，“情人节”“复活节”“愚人节”“万圣节”“感恩节”“圣诞节”，早已风靡于青少年之中，这就使得中国传统节日文化教育功能受到了一定程度的削弱。当然，从相关学者专门针对青少年对传统节日文化认知和参与情况调研报告中去看，总的来说，我们节日文化的教育与传承情况良好，全国青少年对传统节日，包括对少数民族传统节日的认知水平都较高；虽然我国青少年倾向于把中国传统节日和西方节日并重，但在情感和价值上，还是更倾向于我国传统节日；我国青少年希望对传统节日内容加以丰富和充实的主张远远大于创新去创造新节日；青少年们对政府重视和加大力度去弘扬传统节日的做法，普遍持支持态度。但在调查中，也发现了一些问题。比如，单一少数民族地区或多民族地区对青少年进行传统节日文化教育方面力度稍显不足；青少年对国家的节日制度缺乏了解；社会和学校比较重视对青少年进行传统节日文化教育，但青少年接受程度低，教育效果不很明显；节日仪式的符号传承与现代社会的发展不相适宜，节日文化创新没有达到预期目标；青少年对当前节日文化内涵、氛围以及形式很不满足，对弘扬节日文化的有些方式产生质疑。[①] 青少年对传统节日文化的这种认知和参与情况，在西部少数民族地区也是如此。因此，针对这种情况，我们认为，只有通过不断地对传统节日文化进行创新，才能提升传统节日文化对青少年的教育功能效果。

具体来说，可以通过以下几个方面的节日文化创新，来提升西部少数民族传统节日文化教育功能。首先，在对传统节日文化中主要的应节物品和仪式环节进行保护的基础上，要强化对这些应节物品和仪式环节进行文化符号的阐释学分析，这就需要节日文化所属民族的民族精英和相关研究学者在大量田野调查和文献研究基础上去完成。只有增加了节日文化意蕴，才能提高节日文化的文化内涵、气质和档次。

其次，要增加和充实节日文化内容和形式，在不影响节日文化本质的基础上，要增加一些符合青少年喜好又有文化价值和意义的节日内容和形式。这样，在传统节日文化内容中，就有了把青少年吸引进节日文化过程中去的因素。热爱是最好的老师，只要青少年喜欢上了传统节日，传统节

① 王文章：《弘扬传统节日文化现状与对策》，文化艺术出版社 2012 年版，第 16 页。

日文化的教育功能的实现就指日可待。

再次，要从多方面入手切实保障和加强传统节日文化教育。当前，随着“文化热”的兴起以及2005年中宣部等部门联合发出的《关于利用传统节日弘扬民族文化的优秀传统的意见》的正式实施，很多的传统节日文化进入了学校教育课程内容，但总的去看，这些教育都呈现出理论化、空洞化、简单化等特征。因此，学校可以采取请各民族中国家认定的非物质文化遗产传承人，进入校园开展相关节日文化知识和意义主题教育活动。而在教师层面，则要在重大节日开展之前，要向青少年宣传国家层面假日制度及其意义，要积极动员学生回家参与和感受传统节日文化，并组织学生回校进行参与传统节日文化实践感受汇报等活动。同时，国家要从理念、内容和形式等方面加强对“洋节”的管理和规范，正面引导青少年正确看待外来节日，进而不断去弘扬传统节日文化。

最后，国家要对当前传统节日文化变迁中的伪民俗、假民俗和“三俗”（低俗、庸俗、媚俗）行为进行肃正和清理。在市场经济的刺激下，西部一些有一定影响力的传统节日文化相继走向产业化发展道路。但在产业化过程中，为了吸引更多的游客来参加节日，营造盛大的节日氛围，很多节日文化往往会不顾历史传统、正确价值取向及时代要求，大量增加或伪造节日文化事象和要素，甚至有的节日中还出现一些“庸俗、低俗、媚俗”的行为，这都会使得西部少数民族传统节日文化的教育意义大打折扣。在当前西部少数民族传统节日文化创新中，国家应该在把节日还归于民的同时，还是要在一定程度上监督或改变节日运行机制，真正承担起国家对民俗文化“真、善、美”的维持和维护工作。

通过文化创新，西部少数民族传统节日文化不仅可以保存和拓展其文化教育功能，还起到了文化交流的作用。过去的传统节日在参加人员的范围上是十分固定的，一般都局限于节日文化所在地的民族或周边几个民族。人与人之间需要交流，才能消除彼此间的陌生感，甚至是隔阂感。而文化同样需要交流，才能够不断得到新的“营养”和发展动力。文化，特别是节日文化作为西部地区与外界交流的一个窗口，其节日文化的创新发展，势必会把西部地区人们与国内外游客有机结合起来，促进不同国家、民族间人们之间的文化交流与合作，才能促使人类文化多样化变得更加丰富多彩。

在过去，很多人对于西方社会普遍存在的“狂欢节”印象深刻，而对于中国自己的“狂欢节”则知之甚少，甚至有的人还认为中国根本没有狂欢节的存在。其实不然，中国不仅有狂欢节，而且中国的狂欢节在历史渊源、文化内涵、节日规模及氛围等方面，并不比西方任何一个狂欢节逊色。比如，目瑙纵歌节作为滇西景颇族传统节日，有着“东方狂欢节”美誉。今天，经过文化创新，目瑙纵歌节光芒四射、影响深远。目瑙纵歌节产生的历史十分悠久，最早可以追溯到原始社会时期。新中国成立以前，目瑙纵歌在景颇族中还主要是一个去祭祀天鬼木代的原始祭祀活动。但后来，在各方力量的推动下，当前的目瑙纵歌节已然变成了景颇族人民以歌舞娱乐形式去欢庆丰收、歌唱幸福生活的大型民俗节日和旅游节日。随着文化的不断创新，目瑙节中最具代表性的表现形式目瑙纵歌也得到了发函。今天，目瑙纵歌包拥有苏目瑙（招财庆丰收）、巴当目瑙（庆祝胜利）、定栓目瑙（庆贺新居落成）、结如目瑙（出征誓师）等十几种歌唱形式和类型。2018 中国 · 德宏景颇族国际目瑙纵歌节在阳春三月开幕，来自省政协、国家民委、中国侨联、国家林业局和省级有关部门领导，国际友人，中华一家亲活动的台湾同胞、港澳同胞、侨团侨胞，来自世界各地的影视摄影专家、景颇文化学者和著名艺术人士，州和各县市主要领导，境内外的景颇族民众和周边地区的傣族、德昂族、傈僳族、阿昌族祝贺团和民族，数万人一起参加了节日活动。

此外，在节日中，现代传媒方式的广泛进入、丰富多彩的节日内容，使得目瑙纵歌节跨越了民族的视野，走向了世界，俨然成为具有国际影响力的“万人狂欢节”。因此，如今的目瑙纵歌节不仅是展示景颇族传统文化最为重要的平台，也是各民族文化交往的大舞台，成为促进各民族团结和谐的重要节日文化。总之，在中国西部，对于像目瑙纵歌节一样具有如此大的影响力、吸引力的传统节日还有很多，这些传统节日一起成为了连接中国各民族文化交流、中国与世界人民进行文化交流的纽带和桥梁。

四、传统节日文化创新承继和营造欢乐祥和的节日氛围

对于西部大多数民族节日来说，不管是祭祀类节日，还是宗教类节日，或是社交类节日，从总体上去看，其节日氛围都是欢快的、令人愉悦的。这充分说明西部各少数民族天性是乐观和积极向上的，也说明西部地区是安定和谐的。节日到来的时候，本民族和附近其他民族往往就自愿组织起来，扭秧歌、踩高跷、耍龙灯、跑旱船、兴高采烈，欢天喜地。在安定团结的节日氛围中，人们不仅身心得到平衡，也受到传统文化的熏陶。

在西部少数民族传统节日中，这样的例子举不胜举。比如，云南峨山县的彝族每年正月属牛日都有“祭山神”的习俗，节日当天，人们杀猪、杀鸡和杀鸭来做祭品，在祭祀中人们往往通过跳花鼓舞来祭祀山神。云南泸西县的彝族在每年的农历正月十五都会由青年男女合伙聚餐来祭虎神。餐后，大家就在村子里的空地上尽情地跳虎舞、狮舞、洗衣棒舞等。又如，在云南省彝族聚居的山区的宗教祭祀节日上，人们往往在祭祀中或祭祀后都有摔跤、爬油杆、跳火绳、旋转磨秋、挥刀舞剑等体育娱乐活动的表演。再如，在壮族聚居地方，人们往往会在春节期间开展“舞春牛”娱乐活动。首先用竹子扎成春牛，然后再用纸糊住，最后用黑布缝制一个牛头。表演时，两人钻进身下，用布套套住双脚，一起表演牛耕的各种动作。普遍的民众就高唱春牛歌，预示当地风调雨顺，五谷丰登。

在西部少数民族传统节日文化创新中，我们除了要保存传统节日中的这些文体娱乐活动之外，还应该不断去营造出欢乐祥和的节日氛围来满足人们对于精神生活的需求。在调查中，我们发现在西部少数民族节日活动中，节日文化的娱乐性功能已经成为主旋律。这个主旋律之所以能得到各族群众的喜爱，是和各民族地区经济水平的提高、人们对于精神生活的不

断需求以及各民族人民幸福美满的现实生活是息息相关的。今天的人们通过参加文化活动，并从中得到享受、感到幸福和快乐以及激发文化自信心和进取精神，这恰恰是节日文化活动更为深层次的意蕴所在。同时，歌的世界、舞的天堂，节日中一派歌舞升平的景象表征了党和国家的英明领导、各族人民的大团结及国家的长治久安。因此，在节日文化创新中，爱国爱党爱人民、民族团结和谐平等的思绪也就在节日活动中得到了升华和沉淀。我们相信，随着国家的日益强盛和人民的不断富足，欢天喜地的节日氛围将会更为浓烈和持久。比如，西双版纳泼水节上的泼水、清水江流域龙舟节上的龙舟竞渡、壮族三月三中的抛绣球、侗族花炮节上的抢花炮等娱乐活动，其中的娱乐氛围和娱乐性都十分浓烈。

总之，“节日文化特别凝聚着多方面的民族传统，许多民族习俗的精华，多彩的文化传统都在民族节日活动中展现出来，特别是缺少文字的民族，更要利用节日活动作为传统的学习机会”①。处于文化创新视域下的西部少数民族传统节日文化，不仅能进一步保存和提升自身文化教育功能，也是促进各民族文化交流的重要平台。随着“一带一路”倡议的不断深入，西部地区传统节日文化作为文化教育和文化交流的重要平台的作用定将更加凸显。

第四节　文化创新推进节日文化资源的开发与利用

马克思主义哲学告诉我们，物质观是马克思主义的理论基石。西部少数民族传统节日文化之所以能在创新中不断得到发展，这完全有赖于传统节日文化有着十分丰富的文化资源基础。钟敬文先生曾说：“真实的建造，大都是要有已经存在的事物作凭借或借鉴的。它的选择、消化，进而

① 陈永龄：《贵州节日文化》，中央民族学院出版社1988年版，第43页。

综合、创造。新的东西主要是从旧的东西蜕化出来。"① 因此，就西部少数民族文化创新来说，对节日文化资源的保护与发展是其创新实践中必须关注的重点。在前面一节中，我们已经简要地对西部少数民族传统节日文化的保护工作进行了概括，这一节我们主要侧重于对西部少数民族传统节日文化资源开发与利用进行分析。

一、传统节日文化资源的特点

文化资源是指人们在不断实践过程中所创造出来的可资利用的资源，主要包括生产工具、生产技术、生产方式以及生育制度等。人类社会发展史就是人类不断文明化和文化化的过程。因此，相对于自然资源来说，文化资源就是人在不断文明化和文化化过程中所创造出来的物质文明和精神文明的总和。当前，我们国家对于文化资源的态度，总的来说就是"有效保护、合理利用"。但要对文化资源进行有效保护和合理利用之前，我们有必要对文化资源的特点进行一定程度的澄明。

具体来说，文化资源具有以下几个方面的特点。首先，文化资源具有属人性。文化是人的文化，文化资源也就是人的资源，文化资源与人有着不可分割的关系。而文化资源的属人性，主要体现在文化资源是人创造出来的，反过来又能为人的活动服务。因此，一切以人的利益和目标为出发点，是文化资源最本质的属性和目标。其次，文化资源的多样性。除了在大类上，文化资源分为物质文化资源和精神文化资源之外，文化资源还可以按照不同的划分标准进行二次，甚至是三次的界分。比如，物质文化资源可以分为建筑、劳动工具、饮食、服饰等；精神文化资源可以分为文学、艺术、宗教、道德、哲学等。同时，文化资源的多样性，也就说明了文化资源具有丰富性特点。再次，有些文化资源属于可再生资源。和自然资源相比，文化资源在生产上有着最大的表现，就是有的文化资源，特别

① 转引自萧放：《传统节日与非物质文化遗产》，学苑出版社 2011 年版，第 45 页。

是精神文化资源，可以在一定条件下进行文化再生产。比如，传统道德文化一旦消失，我们可以通过礼仪规范的重建来复兴传统道德文化。只要人在不断地实践着，有的文化资源也就有了取之不尽、用之不竭的源头。最后，文化资源的发展性。文化资源是随着人的实践活动变化而不断变化的，没有永恒不变的文化资源。这也就是说，在历史发展中，有的文化资源会成为“死资源”，对当前人们的生产和生活没有实际用处，仅仅是起着一段历史记忆的见证物的作用；有的文化资源则是“活资源”，不仅过去人们在用，现在人们同样也在用。因此，文化资源具有极强的发展变迁性特征。

而对于节日文化资源来说，除了具备一般文化资源的一般性特点之外，其也展现出了其自身独特的文化资源特点。比如，节日文化资源的时空性，就说明了节日文化资源必须是在特定时间和空间中产生出来的；节日文化资源的生活性，说明了节日文化资源是与人们的日常生活、生活世界息息相关；节日文化资源的仪式性，限定了节日文化资源主要是以仪式的形式存在；节日文化资源丰富的内涵，决定了它是反映自然文化、社会历史文化以及个体生命文化的重要载体等。基于节日文化资源一般性和特殊性相结合的特点，这就使得我们在文化创新中，一定要坚持实事求是的原则，采取具体问题具体分析方法。

二、节日文化资源的利用与开发现状

随着文化产业在我国社会的兴起和发展，西部地区一部分内涵丰富、规模庞大、影响力大以及具有独特文化特质的传统节日文化逐步走上了节日文化产业化道路。传统节日文化走向产业化，对于其文化资源的利用与开发大有促进作用，而这种作用可以通过很多传统节日由单一节日发展成为综合性节日的现实去说明。比如，地处云南新平哀牢山区花腰傣人们的传统节日花街节，以前仅仅是当地花腰傣少男少女进行谈情说爱的社交节日。但在近二十年来，当地政府充分利用花腰傣区别于旱傣和水傣的文化特质，把花街节打造成了一个全面展示花腰傣人生产、生活的民俗大舞台。随着当地民俗博物馆、民俗广场、民族生态村的相继建成，花街节在文化内涵和外延上都得到了充分拓展。又如，云南大理白族的传统节日“三月街”，始于唐朝南诏时期具有佛教庙会色彩的“观音市”，到如今发展成为声势浩大的“三月街”民族节。这都是不断挖掘“三月街”节日文化内涵和依托“三月街”所在地白族文化资源综合而成的产物。今天的“三月街”民族节，成为集物资交易会、订货会、歌舞表演、民族运动、旅游购物、娱乐、社会交往为一体的盛会。经过对当地文化资源的整合，“三月街”超越了民族界限，成为大理地区及其周边各民族经济、文化交流的重要场所。

但在对传统节日文化资源进行不断开发与利用中，也存在一些问题。

首先，在对传统节日文化现有资源的利用上，大都还处在简单化、模仿化的认知和处理阶段，这就使得西部地区很多传统节日文化在表现形式上出现程式化和模式化特点，其直接后果则是引起很多传统节日在节日内容、表现形式、仪式过程上呈现大同小异的倾向。每一个节日都有和应该有自身的活动方式，但并不代表每一个节日都要采取同一个方式。保持节日自身的独特性和稀缺性，始终应该是传统节日文化生生不息的生命力所在。传统节日文化在发展中呈现程式化和模式化的这种发展趋势，根源在于没有对节日文化资源进行深入挖掘和合理利用。

其次，存在着对节日文化资源误用、乱用的现象。有些节日文化在发展中，为了迎合现代人的需要，节日创造者有意增添一些与节日文化无关的要素进节日，或者是违背节日文化真实性的原则，把一些虚假的要素掺杂进节日文化中。这种对节日文化资源错用、滥用的做法，使得一些节日文化中出现伪民俗、假民族现象出现。比如，在广西自治区河池市红水河流域的巴马百魔洞瑶寨，前几年，村民在旅游节日中对当地抛绣球运动进行改良，使得抛绣球活动变成了极具庸俗化的婚俗表演。这种乱用、误用节日文化资源的现象在西部地区仍然存在，因此，我们应该时刻加以警惕和批判。

再次，存在对现存节日文化资源忽视的现象。节日文化资源一旦被人们所忽视，就会使得其在现代社会中面临着失传甚至消失的危机。比如、处于贵州和湖南交界的贵州天柱、锦屏和湖南靖州等地的48个侗族和苗族村寨，很早以前就有以玩山、唱歌、交友、恋爱为主要节日内容的民族传统节日四十八寨歌节。歌节歌场众多，歌曲内容十分丰富。主要包括四大区：苗族聚居区、侗族聚居区、苗侗杂居区、清水江流域区；四大唱腔：河边调、高坡调、青山调、阿哩调。四十八寨歌节，不仅是了解侗族、苗族文化的重要场所，也是贵州和湖南交界地区民族团结和谐的象征。但随着社会经济的发展和生态环境的改变，年轻人不断外出打工、传统歌场的萎缩、歌师的年老或去世等原因，使得四十八寨歌节濒危。

综上所述，在对西部少数民族传统节日文化资源的开发与利用上，我们虽然取得了一定的成绩，但也存在一些不足。在成绩和不足的矛盾冲突中，需要我们不断锐意进取、创新发展，才能进一步推动节日文化资源的合理开发和有序利用。因此，如何充分开发与利用好传统节日文化资源，成为当前节日文化创新中不可忽视的一环。

三、文化创新促进节日文化资源的开发与利用

习近平总书记在十九大报告中指出："实践没有止境，理论创新也没有止境。世界每时每刻都在发生变化，中国也每时每刻都在发生变化，我们必须在理论上跟上时代。"① 费孝通先生曾说过："对于西部文化艺术的考察，前人已经做过了不少的工作，其中包括考古学界、人类学界、民族学界、艺术学界等。这些考察时非常重要的，为今天的考察和进一步研究奠定了很好的基础。但以前的考察和研究大多还是仅仅停留在对历史事实的记录、观察和描述上，在从文化的角度上进行进一步的理论总结和深入

① 《习近平谈治国理政》第三卷，外文出版社2020年版，第21页。

研究方面还是做得不够的。今后，我们要加强这一方面的研究，补上这一课。”① 思想是行动的前导。因此，在对西部少数民族传统节日文化创新中，我们应该在对已有节日文化资料进行整理、分析和研究的基础上，总结出文化创新的理论基础和原则，然后才进一步去对节日文化资源进行开发与利用。当然，在对西部少数民族传统节日文化资源进行开发和利用中，要以中国特色社会主义文化建设理论为指导，在社会主义核心价值观指引下，去找到符合少数民族实际的资源开发和利用的具体理论和原则。比如，在制定和遵循资源开发和利用的相关原则上，我们一定要思量资源开发的可行性原则，要遵循资源的真实性原则，要考虑资源的独特性和影响力原则以及资源与自然、社会环境的协调性原则等。总之，在西部少数民族传统节日文化资源开发与利用中，理论总结、深入研究是文化创新实践的前导和前奏。

在西部传统节日文化资源开发与利用中，有了正确思想和原则的指导，我们的实践工作就能坚持正确的方向，达到预期的目的。比如，同样是针对前面所举的四十八寨歌节，在文化创新中，我们就可以从如下几个方面入手，去充分和利用节日文化资源，使传统节日在新的时代焕然一新。

首先，从节日举办的空间上去看，在继续尊重 48 个侗族、苗族村寨传统过节的同时，要把如今已衍生出来的今天的天华山、四方坡、两头坳、龙凤山、平芒、阿婆坳、岩湾、十八关干田、石榴界、细草坪、麻阳、三门塘、溪口等歌场，按照传统的四大唱腔，尽量恢复中寨四方坡、竹林龙凤山、茶亭四乡所、靖州四鼓楼四个历史上最为有名的“四大歌场”。可以采取四个歌场在特定时间轮流开展节日文化活动或每年在四个歌场轮流交换举办的方式进行。这种优化和恢复四大歌场的方式，有利于集中起来利用资源优势，产生一定的聚集效应。

---

① 费孝通：《西部人文资源的保护与开发》，《文艺研究》2001 年第 2 期。

其次，在节日内容上，要在充分挖掘传统节日文化基础上，保留传统节日唱歌内容，适当拓展其他与节日相关的商贸、娱乐、饮食等相关文化内容，扩大节日的规模和提升节日文化的吸引力。在歌曲演唱中，特别要充分利用当地少数民族独特的木叶吹奏，并辅之以唢呐、竹笛、鼓、锣、钹等大家十分喜欢的伴奏乐器。同时，要把现代主流价值观和时代要求融进各个唱腔中去，使节日内容显得既古朴又现代时尚。

再次，利用创新机制，不断加大对当地歌节保护工作的力度，发挥其在节日文化传承中的突出作用。当前，针对当地年轻人外出打工十分普遍的现象，当地政府可以采取用财政补贴的刺激方式和民族文化感召的情感方式，通过举办非物质文化遗产传习所或传习班的方式，积极调动当地年轻人参与进传统歌节文化的保护与传承工作中。

第四，组织专家学者和当地民众精英，从政治、民俗、民族、经济、社会等视角，全方位地去加强对四十八寨歌节文化的田野调查和科学研究，使四十八寨歌节文化内涵和外延得到最大限度的提升。同时，通过对四十八寨歌节文化资源的深入挖掘，进而为歌节在现代社会的创造性转化和创新性发展奠定深厚的文化资源基础。

第五，发挥歌节的地域优势，做大做强传统歌节文化。歌节所在地是贵州和湖南两省交界处，节日文化涉及和覆盖着的地域面积大、人口众多，可以采取发挥贵州和湖南两省的联动机制，共同来打造四十八寨歌节文化。此外，在四十八寨歌节文化创新中，还要充分利用歌节入选第三批“国家非物质文化遗产名录”的契机，大打遗产牌来提高节日文化的影响力和吸引力，树立起民众的文化自觉和文化自信。

当前，在社会和时代不断变迁的潮流中，西部少数民族传统节日文化要想在现代社会中拥有自己的一席之地，则必须要通过文化创新的方式，才能不断保护、挖掘、传承、开发和利用好传统节日文化资源。反之，文化创新才能获得更为扎实的文化资源。因此，文化创新与传统节日文化资源的开发与利用之间是相辅相成的关系。

总之，西部少数民族传统节日文化在创新中，能促进传统文化的保护与传承、促使节日文化作用的发挥、实现节日文化教育和文化交流、提升文化资源的开发与利用水准等文化功能。但在西部少数民族传统节日文化创新中，我们在保留住优秀传统节日文化的核心行为、核心精神及核心价值的同时，要适时地对节日的附加行为和附加意义进行变迁。只有这样，才能实现传统节日文化的“变”与“不变”，才能进一步增强和实现传统节日的文化功能，这是文化创新的辩证法，也是文化创新的实质所在。因为“任何文化的人们都需要不断地重新定位，以期在这样一个变动的社会里获得新的生存空间，重构自身。适应的含义已不再是习惯的简单吸收和借鉴，更包含了发展和创新的含义”①。

① 庄孔韶：《人类学通论》，中国人民大学出版社2006年版，第27页。

第八章　文化创新视域下西部少数民族传统节日的社会功能

“社会”一词的内涵与外延和“文化”一词的内涵与外延一样，都是十分复杂的，这种复杂性的根源在于它们都是与人这个永远解不开的“斯芬克斯之谜”有关。20世纪末，文化在成为所有人文社会科学中的一个日益重要的概念的同时，也再一次成为了社会学理论的焦点。当前，对于很多的人文学者来说，文化已经成了他们探究某些事物间关系时的失而复得的缺环。随之而来的有关文化与经济、文化与政治、文化与社会等之间的关系，使得文化的社会学视野或者说是文化社会学得到了前所未有的发展。当前，文化的重要性不仅反映在其是人类社会生活中不可缺少的重要组成部分，也在于其在社会发展中发挥着重要的功能与作用。正如有人在评价结构功能论代表人物拉德克利夫-布朗研究安达曼岛人的初衷时，这样说道：“他认为，社会是一个独特的事实，它凌驾于个体之上，无影无形，所以必须通过各种制度把自己‘落到实处’，这就是一个民族看似无关的各种‘文化事项’的使命。用他的话来说，这就是所谓‘功能’。”① 因此，基于“社会”和“文化”概念的复杂性，我们要去探究

① ［英］拉德克利夫-布朗：《安达曼岛人》，梁粤译，广西师范大学出版社2005年版，译序第3页。

文化的社会功能，前提是要对“社会”① 这一概念、文化与社会的关系进行相对固定的认识和认定。在此基础上，才能进一步认清西部少数民族传统节日文化创新的社会功能。

第一节 文化与社会的关系

马克思的实践哲学告诉我们，文化的本质是“人化”、人的文明化，也就是人的本质力量的对象化。而这种对文化本质的认识，则内含着以下几层意思：人需要依靠对象而生活；人的对象只有对人来说才具有对象性；人的对象与人之间通过实践形成了一种对象性关系；这种对象性关系说明了人创造了文化，文化又形塑了人。据此可见，主体性、客观性、实践性、对象性及社会性是文化的基本特征。马克思还指出：“人的本质不是单个人所固有的抽象物，在其现实性上，它是一切社会关系的总和。”②这就进一步把文化的特性推向了社会性一面，社会性成为文化和人的共同性基础，也是文化和人的最为基本的特征。因此，我们在本书中，把关注和研究视角放在西部少数民族传统节日文化上，并不是简单的关于西部少数民族传统节日文化现象的专门研究，而更为根本的是去关注文化在人类社会发展中的地位与作用。也就是说，我们研究文化创新视域下的西部少数民族传统节日的社会功能，主要目的是通过对文化的理解去丰富关于社会历史运行机制和发展进步的理解，把传统节日文化作为社会中的重要组成部分来思考。

从这个意义上去说，人类社会的两对基本矛盾无疑就成为我们分析西

---

① 在前面第二章第一节的论述中，我们已经对“文化”“文化创新”“社会功能”几个概念以及文化创新与社会功能的关系进行了分析和概括，着重从广义与狭义两个方面入手对“文化”“社会功能”的内涵进行了认定。因此，本部分我们进一步去关注“社会”这个词的内涵与外延及其与文化之间的关系，以此来说明和强化本研究所指的广义视角下的社会功能狭义意义上的社会功能之间的关系。

② 《马克思恩格斯文集》第1卷，人民出版社2009年版，第505页。

部少数民族传统节日的社会功能的基本理论和基本原则。生产力与生产关系、经济基础和上层建筑之间的辩证运动关系，作为推动人类社会发展的基本动力，也是推动当前西部少数民族传统节日文化创新的基本动力。此外，生产力和生产关系形成的生产方式，作为推动人类社会发展的最终决定力量，也在整个人类社会结构中起着决定性的作用。正如马克思所说："物质生活的生产方式制约着整个社会生活、政治生活和精神生活的过程。不是人们的意识决定人们的存在，相反，是人们的社会存在决定人们的意识。"① 由此可见，把握文化与社会的关系，对于把握西部少数民族传统节日文化创新及其社会功能来说，无疑是一个基本而又重要的命题。

一、社会及其特点

在我国古籍中，很少把"社会"作为一个概念和一个整体去使用，使用较多的是把"社会"分为"社"和"会"两部分。一般来说，在古典文献中，"社"是指用来祭神的地方，"会"则是指集会、聚会等。后来，"社会"一词延伸为由于志同道合而形成的团体。但一般来说，在古代，"社会"基本上是与民间的、有一定联系的人所形成的社会活动的形式有关。而社会学意义上的"社会"一词，则来自西方，最初的基本意义是指人类的共同体。在孔德（Auguste Comte）和斯宾塞使社会学成为一门科学之后，"社会"一词才有了现代意义上的定义，是指具有一定联系的人们所组成的超乎个人的有机整体，是人们社会生活的体系。但总的来说，"社会"一词内涵与外延的复杂性，使得人们在认识和运用其时，很多时候还是显得有些模糊化。正如安东尼·吉登斯所说："社会是社会学话语中一个普遍未经检验的名词。"②

基于"社会"一词多重意义的现实，我们还是较为认同这样的"社

① 《马克思恩格斯文集》第2卷，人民出版社2009年版，第591页。

② ［英］菲利普·梅勒：《理解社会》，赵亮员等译，北京大学出版社2009年版，第1页。

会”定义：“社会是由相关的社会关系积累、联结而成的，社会是社会关系的体系，这些社会关系是在具体情况下人们共同活动的规范。”① 而对于社会的类型，也有着不同的认定。比如，从人类社会发展规律的宏观视角去说，有渔猎社会、农业社会、工业社会、信息社会之分；原始社会、奴隶社会、封建社会、资本主义社会和社会主义社会之分；传统社会、现代社会及后现代社会之分等。按照实际社会学进行实证、具体研究的视角去看，则有按照血缘关系形成的家庭、家族等共同体；按照业缘关系可以划分为经济组织、政治组织、宗教组织等；按照地缘为纽带而形成的邻里、村落、城镇及社区等。

社会的内涵与外延的多样性，直接决定了社会具有多样性、复杂性、变动性以及整体性特点。社会的多样性不仅表现为社会有宏观和微观之分，还体现在人们实践活动的多样性和组合方式的多样性。社会的复杂性归根到底是受人的复杂性决定，人的主观能动性的发挥与社会系统的动态平衡相结合，是社会的复杂性的很好表征。同时，社会是人与人在实践中所形成的关系系统，人的实践活动的不断发展，导致社会关系系统的变化发展。但在社会多样性、复杂性和变动性之中，却蕴藏着社会最为重要的整体性特征。实证主义社会学大家杜尔克姆在《社会学研究方法论》中写道：“社会是一个由各个群体或者说各个分子组成的整体……不是一种简单的个人相加的总和……因此，要考察社会现象的原因，或者社会现象的产生，不能在那些组成集体的各个分子中去寻找，而必须对这个已经组成的集合体进行研究。”② 而在强调社会的整体性特点的同时，杜尔克姆还十分看重组成社会的各个部分对于社会这个整体所起到的功能。比如，他说道：“为了说明某一社会现象，仅仅提出它得以产生的原因是不够

---

① 王思斌：《社会学教程》，北京大学出版社 1987 年版，第 27 页。

② ［法］杜尔克姆：《社会学研究方法论》，胡伟译，华夏出版社 1988 年版，第 82—83 页。

的；在绝大多数情况下，至少还必须说明它在确立社会秩序中的功能。”①社会作为一个有机总体，其是由系统的整体性和要素的多样性而组成的，系统和要素在社会体系中形成了“和而不同”的“多与一”关系。

二、文化与社会的关系

在马克思以前，关于文化的解释存在两种错误认识，一种认为文化是可有可无的东西，忽视了其对于经济、政治的作用；一种认为文化是少数特权者享有的特权物品，与老百姓生活无关。后来，随着马克思主义唯物史观的确立，文化在社会生活中的地位和作用才慢慢凸显出来。但在认识文化与经济、政治的关系时，也长期存在唯物史观的经济决定论的误读现象。由于长期受苏联哲学的影响，再加上受特定时代的认识局限性制约，使得人们过分看重经济基础的决定作用，而忽视了上层建筑的相对独立性及其对经济基础的反作用。这种对马克思主义思想的误读，导致我们很难把握和突出文化在经济社会发展中的作用和地位。“把社会形态的发展归结为生产关系的发展，把生产关系的核心归结为静态的所有制关系，又把静态的所有制关系归结为生产力水平……其结果就是把生产力与所有制的中介环节——‘社会人的生产器官’的形成过程抽象掉了。于是，历史规律被抽象化、预成化，历史被片面化，社会人的发展就也从历史唯物主义理论中被悄悄地抹掉了。”② 而恩格斯早就指出：“政治、法、哲学、宗教、文学、艺术等等的发展是以经济发展为基础的。但是，它们又都互相作用并对经济基础发生作用。”③ 因此，为了纠正以上的误读现象及避免形而上学的思维方法，要求我们应该辩证地去看待文化与经济基础之间的关系。

---

① ［法］杜尔克姆：《社会学研究方法论》，胡伟译，华夏出版社 1988 年版，第 77 页。

② 杨耕：《杨耕集》，学林出版社 1998 年版，第 251 页。

③ 《马克思恩格斯选集》第 1 卷，人民出版社 1995 年版，第 276 页。

马克思在《〈政治经济学批判〉序言》中对唯物史观基本思想进行概括时，提出了建立和理解唯物史观理论的一个前提。他认为社会是一个有机系统，在这个系统中，有着经济结构、政治结构、文化结构这三个基本的构成要素。而在这三个要素中，经济结构处于决定性的地位。经济结构、政治结构及文化结构都属于社会系统中不可分割的组成部分，而且它们之间还存在着耦合互动的双向作用。这就是说，在经济基础对文化进行决定作用的同时，文化的反作用也自然而然地产生了。这种互动关系不是要素之外的机械反映，而是要素内部的辩证作用使然。正如马克思所说："无论历史结局如何，人们总是通过每一个人追求他自己的、自觉预期的目的来创造他们的历史，而这许多按不同方向活动的愿望及其对外部世界的各种各样作用的合力，就是历史。"① "人们按照自己的物质生产率建立相应的社会关系，正是这些人又按照自己的社会关系创造了相应的原理、观念和范畴。"② 因此，马克思是按照整体观和整体的历史过程去看待人类社会发展的规律的。总之，文化与经济之间是一种辩证的双向运动关系。这种双向关系一方面表现为经济对文化具有决定性的作用，另一方面表现为文化对经济具有能动的反作用功能。

此外，在社会系统中，政治结构和文化结构都属于受经济基础决定的上层建筑部分。一个是以国家政治制度、行政制度、监狱、警察等政治组织形态和设施组成的政治上层建筑，一个是以哲学、宗教、文学艺术、道德、政治法律思想为主要内容的观念上层建筑。政治上层建筑是在一定的意识形态指导下建立起来的，它是反映统治阶级意志的体现；政治上层建筑一经形成，就成为一种现实的力量，影响并制约着人们的思想上层建筑。因此，在上层建筑的两部分中，政治上层建筑无疑是处于主导地位。而在政治上层建筑中，国家政权又是核心。

综上所述，文化与经济、政治及社会发展之间是一种辩证统一的关

① 《马克思恩格斯文集》第4卷，人民出版社2009年版，第302页。

② 《马克思恩格斯文集》第1卷，人民出版社2009年版，第603页。

系。同时，文化与经济、政治及社会发展的互动关系告诉我们，文化与经济、政治之间的互动关系是一个过程完成的，而不是两个过程形成的。在现实生活中，文化里面渗透着经济与政治，经济与政治里面蕴含着文化，它们三者之间形成了“三位一体”的整体性关系。

三、文化的社会性

文化的社会性，是指在文化变迁中，文化不断地和社会相联系而产生出来的与社会相关的必然特征。当然，在了解这些特征之前，我们还是要清楚社会学视域下的文化定义。一般而言，社会学家提到的文化是指社会成员共享、合作和交流中产生的，并通过学习而非遗传获得的个体赖以生活的基本环境。它主要包括作为其内容的信仰、观念和价值等无形的方面和作为其内容的表现形式的实物、符号或技术等有形的方面。① 文化的社会性，主要是从社会学视野去看文化与政治、经济、社会等各社会要素之间的相互关系，进而确立文化在社会发展中的地位和作用。在前面的分析中，我们已经对文化与其他社会要素之间的辩证关系进行了分析，得出了文化是社会系统中一个重要组成部分的结论。因此，在这里，我们关注的文化的社会性，主要是从文化对于社会发展的作用去思考的。

本书所指的“社会功能”，主要是指西部少数民族传统节日文化作为西部地区文化的重要组成部分，在其文化创新过程中对于西部地区，乃至中国社会所发挥出来的功效和作用。而这些功效和作用，按照不同的标准去细分，又可以分为不同的类型。而本书所指的社会功能，主要是按照在社会运行中，文化作用的层面和对象来划定的。具体来说，主要是分为文化的经济、政治、文化、社会及生态功能。当然，正如前文所分析的那样，这种对于文化功能的划分，还和中国特色社会主义建设“五位一体”总体布局是一致的。探析文化的经济、政治、文化、社会及生态功能，这

① ［英］安东尼·吉登斯：《社会学》，赵旭东等译，北京大学出版社 2003 年版，第 21 页。

是从广义视角入手去定义的“社会功能”，也是本书的最终落脚点和归宿。而对于狭义层面去看的“社会功能”，则仅仅是对以上五个层面或者“五位一体”中的“社会功能”的具体探析，是从有别于经济、政治、文化、生态等功能层面和视角而言的社会功能层面进行的功能分析。这里的社会功能更加关注的是西部少数民族传统节日文化创新，对于西部社会乃至中国社会的良性运转所发挥出的作用和功效。

党的十九大报告指出，我们国家正处于全面建成小康社会的关键时期，统筹推进经济建设、政治建设、文化建设、社会建设、生态文明建设，坚定实施科教兴国战略、创新驱动发展战略、乡村振兴战略等战略，突出抓重点、补短板、强弱项，特别是要坚决打好防范化解重大风险、精准脱贫、污染防治的攻坚战，是当前和今后一段时间党和国家、全体人民的实践核心和工作目标。在习近平新时代中国特色社会主义思想指引下，人民主体地位的确立、乡村振兴战略的实施以及全面建成小康社会的目标在整个中国社会发展中的地位不断凸显，这就使得我们在分析西部少数民族传统节日文化的社会功能时，必须把这三大要素紧紧地与节日文化创新有机结合起来，才能较为全面地把握节日文化创新所产生的重要社会功能。

第二节　节日文化创新促进西部地区社会稳定

社会治理是人类社会必不可少的管理活动，在现代社会中，社会治理的地位和作用愈加突显。在党的十八大、十九大报告中，都对社会治理进行了较为详细的描述。比如，在党的十九大报告中，提出了要打造共建共治共享的社会治理格局。正如习近平总书记所指出：“治理和管理一字之差，体现的是系统治理、依法治理、源头治理、综合施策。”[①] 这就要求

① 中共中央宣传部：《习近平总书记系列重要讲话读本》，学习出版社、人民出版社 2014 年版，第 116 页。

我们要改进社会治理方式、激发社会组织活力、创新有效预防和化解社会矛盾体制、健全公共安全体系以及加强基层社会治理。而中国社会几千年来形成的礼俗文化，在预防和化解社会矛盾、激发社会活力、加强基层社会治理方式、促进社会稳定与发展中，有着其他社会治理方式不一样的特点和优点，因而能在社会治理上发挥出重要的作用。因此，当前的西部地区传统节日文化创新工作，就是要在保存和保护节日文化对西部地区社会稳定的功能和作用的同时，进一步把这些功能和作用和当前西部地区社会稳定工作有机结合起来，发挥节日文化创新促进西部地区社会稳定的功能。具体就节日文化创新能促进西部地区社会稳定而言，主要表现在以下几个方面。

一、节日文化有维护社会稳定的基本特征

维护社会稳定的方法很多，比如，有宗教的、行政的、利益的以及文化的方式，而每一种规约方式都有其自身的特点。宗教的方式主要是通过借助于神的力量和号召力，使民众内心焕发出对神灵的崇拜和信仰的方式去实现社会稳定；行政的方式则强调通过权力的强制性和约束力去实现社会稳定；利益的方式则需要经济利益带来的高福利去维持社会稳定；文化的方式则是通过“以文化人”的方式，从精神指引、内心需要、伦理道德、审美情感等去感召民众，促使民众在思想上具有维护社会稳定的精神因子。而中国作为一个有着五千年历史的文明古国，悠久而又丰富的传统文化历来就是维护社会稳定的“济世良方”。时下，在中国特色社会主义文化建设中，传统节日文化经过文化创新，其文化本质和属性早已发生了变化。正如有的学者所言：“民俗文化不再只是传统意义上的下层文化和地方知识，而是全社会的公民素质、民族意识、价值哲学、政府公共管理政策、多元文化选择和大学教育的构成元素，是先进的人文文化。”① 因

① 董晓萍：《民俗文化遗产保护三阶段论要》，《文史知识》2004 年第 1 期。

此，在文化创新中，我们要充分利用传统节日文化，发挥其内在的基本属性，使其成为我们维护社会稳定所能依靠的“一把利器”。

首先，节日文化具有凝聚特征。在传统节日文化中，存在着一种内辐射现象，由此便会产生一种向心力和凝聚力，这是传统节日特有的凝聚特征。比如，当春节来临的时候，汉族和各少数民族人们纷纷放下手中的工作，无论离家多远，都要想尽办法踏上回家的路。不管人们身在何处，他们的心理状态在春节思亲、感恩、团圆、辞旧、迎新等文化精神的感召下都呈现出了一致性和一体化状态。这种行为和心理的一体化状态，就是传统节日在稳定社会中所发挥出来的凝聚功能。而这种凝聚功能的展现，可以愉悦身心、净化心灵、陶冶情操、加强团结。在节日里，人们享受到国泰民安的和谐氛围的同时，集体主义情怀就油然而生。在西部少数民族地区，节日的这种凝聚特征及功能则显得更为强烈。比如，生活于云南、四川、贵州及广西一带彝民族的彝族年，是由彝族太阳历的第一个星回节转化而来的一个重大的彝族节日。从古到今，各地彝族对过年都十分重视，也很热闹。在北京，每年彝族年来临之际，来自全国各地的在北京的彝族同胞及与彝族相连的人民群众都会在四川、云南及贵州相关彝族自治州的大力支持下，欢聚于中央民族大学大礼堂，进行节日联欢、节日茶话会以及节日盛宴。由此可见，传统节日文化在凝聚人心、汇聚力量上具有巨大的作用。这对于维护民族地区和各民族内部的稳定和谐是十分有帮助的。

其次，传统节日具有调谐特征。一个社会要正常的运转，必须要有各种各样的调节机制。传统节日文化作为社会中的一个重要的自组织系统，其有着对社会中出现的各种矛盾和摩擦进行调节的功能。传统节日文化具有的这种调节功能，主要是通过节日文化的群体性、交往性及引导性等几个方面实现。节日活动都是同区域同民族或者几个民族共同的集体性活动，节日期间，人们都会大规模地投入到节日文化中去。在节日文化共同的氛围中，人们往往被感染、被熏陶。这样，以往人们之间发生的不愉快，也自然而然地就在节日仪式中被消解，当地社会的不稳定的因素也就随之而减少。同时，在传统节日中，各民族都有着走亲串邻、相互庆贺和拜访的传统，在互动中出现的一声“节日好”，就能起到“相逢一笑泯恩仇”的效果。另外，西部少数民族传统节日中，有着很多反映本民族前辈英勇、善良、正直、坚韧、团结奋进的传说，这些传说可以成为对民族进行教化的活标本。比如，在云南各地，诸多民族共同过的传统节日火把节、泼水节，其节日传说都展示了其民族英雄们的为民除害、舍身为民、团结奋斗等民族气节。因此，在特定节日中，每一个民族成员的内心一次次地受到来自节日文化精神的教育和鼓舞，这对于他们内心中正能量的形成是十分有效的。

再次，传统节日具有整合特征。节日文化作为社会的自组织系统，其内部不仅具有十分强烈的调节特征，而且还具有十分强大的整合能力。传统节日文化具有的这种整合特征，一方面体现在其可以把不同民族、不同文化、不同性质的文化因子融进节日中为其所用，另一方面还表现在其可以不断整个不同文化，达到具有一定向量一致的合力。而这种合力，对于维护社会的安定团结，则起着独特的作用。比如，云南大理白族地区的宗教信仰较为复杂，本主、佛教及道教在白族地区都有一定的影响。就拿经济文化水平较高的大理镇来说，人们还是主要信仰本主。“本主”，白族语言称其为“武增”，又称“老谷”（男性始祖）、“老太”（女性始祖）。本主是本地方之主，是一个村子或几个村子的保护神。当地的村子每年都要过“本主节”，时间不定。但就节日文化上的“本主”而言，则充分体现了具有包容性的多重崇拜。有的本主是原始图腾崇拜的自然物，比如猴子、石头、黄牛等；有的本主来源于自然崇拜，比如太阳神、苍山神及洱海神等；有的本主是曾经为当地为民除害的英雄人物，比如段赤城、三星太子等；有的本主是历史上出现过的帝王将相，比如皮罗阁、段思平等；有的本主是其他民族的历史人物，比如诸葛亮、忽必烈等；有的本主是来自道教的始祖或佛教的菩萨，比如太上老君、观音大士等。通过当地本主节祭拜的本主多样化的特征，我们可以看出，当地本主节节日文化的包容性和丰富性。但令人吃惊的是，多重信仰和本主信仰的多样化，并没有使大理白族自治州在民族团结示范区建设上掉下队去。

2018 年 11 月 21 日，大理白族自治州首个民族团结进步日大会在大理国际会议中心举行。州委、州政府决定将每年 11 月 22 日设立为“大理白族自治州民族团结进步日”，并提出将进一步全面贯彻党的民族政策、深化民族团结进步教育、巩固提升示范创建成果，努力将大理建设成为全国民族团结进步示范区。这就说明，大理白族人民不仅有把本主节文化不断扩大的能力，也有抽象和概括节日文化精髓的本事。多种多样的本主节日文化，最终融合成为了大理人们自我约束、懂得感恩、遵守规范、胸怀宽阔的道德和礼俗。因此，可以说，“白族人对外祈求诸神，对内修养身心。相信生命中有神灵主宰，有佛的保佑，有意识地约束自己的言行。拒恶从善，多做善事好事，尊老爱幼。扶危报国变成日常生活中一种自觉的行为，自我约束与自我教育最终改变了全社会的伦理道德”①。

总之，传统节日文化通过其整合、凝聚及调协特征，充分展示了其在展现中华民族的凝聚力和向心力上是如此运用自如。因此，在当前的传统节日文化创新中，我们一定要保护好传统节日文化内部具有的这些能维护社会稳定的文化因子。在此基础上，把党和国家的路线、方针及政策融进节日文化中去，用社会主义核心价值观引领节日文化创新发展，充分发挥出节日文化在促进民族团结友爱、爱国主义精神等方面的功效，实现传统节日文化在新时代为边疆地区、民族地区，乃至中国社会的和谐稳定作出其独特贡献的目标。

二、节日文化有反映社会稳定的基本属性

当一种社会政治经济制度处于繁荣发展阶段时，节日文化也会展现出丰富多彩的节日盛况。节日文化有反映社会稳定的基本属性，主要可以通

① 田冬梅、张颖天：《论南诏大理国佛教教育及其对政治文化的影响》，《大理学院学报》2014 年第 7 期。

过节日文化数量等外在形式增多、节日内在品质提高以及节日氛围浓烈三个方面去展现出来。

其一，节日数量上的增多和内容上的丰富与社会稳定发展直接相连。一个社会稳定发展，不仅仅体现在节日数量众多，还表现在节日文化内容的丰富多彩、节日物品的琳琅满目、节日主体的精神焕发上。比如，在以往的西部少数民族地区，由于受交通不便、经济落后、物资匮乏，制度落后等因素的制约，使得传统节日文化在规模、范围上显得过于狭小，节日文化氛围也十分淡薄。但如今，在社会主义制度和改革开放的指引下，民族地区社会面貌发生了翻天覆地的变化，这就使得民族地区民众的过节心态、装束打扮以及节日文化的规模、范围都得到了不断扩大。节日文化的规模和影响范围也从区域性扩大到全国性，甚至有些传统节日还举世闻名。正如有的学者指出的那样，在今天的少数民族地区，“天天有节过”的现象早已不足为奇，是司空见惯的事情。这一方面说明了少数民族地区的人民在党和国家的正确领导下，日子过得红红火火，每天都在享受过节时才能享受到的物质和精神“大餐”；另一方面说明少数民族地区随着社会经济文化的繁荣，其节日文化数量众多，丰富多彩。

其二，传统节日文化品质不断提升有助于社会稳定。当然，节日文化作为反映社会兴衰的“晴雨表”，不仅体现在节日文化数量上，最为关键的是体现在节日文化的质量上，也就是节日文化的品质上。我们今天的幸福生活，都来自中国共产党的英明领导、社会主义制度的优越性、马克思主义理论的指导以及改革开放的关键抉择而促成的。个人在人生境遇上出现一些困难和问题，大都与自我的努力不足、个性使然。因此，针对当前传统节日文化中反映出来的一些对社会成员与社会间关系产生负面效应的情形，在传统节日文化创新中，我们要认真对待，正确引导。

总之，西部少数民族传统节日在新时代呈现出了文化种类繁多、内容丰富、思想深刻、氛围浓烈等基本属性，而这些基本属性的产生，则与党和国家的民族政策、人民群众的积极参与以及西部地区安定团结的社会局面有关。因此，西部少数民族传统节日文化的发展，是党和国家民族理论和政策在民族地区实践化的成果，也是西部地区各族群众主体能动性发挥的结果，更是西部地区社会稳定、民族团结、人民幸福开出来的硕果。反之，节日文化发展又在促进国家民族政策、人民主体能动性以及西部地区和谐稳定上能发挥重要作用。

三、节日文化有促进社会稳定的运行机制

传统节日文化有维护社会稳定的基本特征，也有反映社会稳定的基本属性，那么，如何促使传统节日文化所具有的这些基本特征和基本属性在节日文化活动中得以实现，则需要通过文化创新的方式，去建构起一套完整的运行机制来保障。具体而言，在文化创新中，主要是通过人民群众的参与机制、先进思想的灌输机制以及文化氛围的熏陶机制去实现的。

首先，传统节日在稳定社会中的参与机制。当下，通过文化创新的方式，传统节日文化已经参与社会发展的方方面面，并在社会发展中发挥出了巨大的能量。社会是人所组成的社会，而节日文化又是人所具有的文化，因此，社会和文化的发展都需要通过调动人的主动性和创造性来推动和完成。对于传统节日在稳定社会中的作用来说，也不例外。当前，党和国家一改传统社会那种对传统节日文化忽视或漠视的态度，转而从政策、资金、法律制度、技术、人才等方面全面进入传统节日文化保护与发展工作中，这是从国家层面给予了传统节日及其文化主体一个重要地位。这是国家以尊重民众的方式去换取民众对于国家的认同和认可，这是任何一个社会稳定局面形成的前提和基础。同时，国家从法律制度层面保障了人民当家作主的主人翁地位，这就使得传统节日文化从根本上是属于人民群众的，人民群众是传统节日文化的实践者、决策者及享有者，这对于调动人民群众积极参与节日文化是很有帮助的。而一旦人民群众积极参与进节日文化，节日文化对于稳定社会的特征和属性也就能得到发挥。此外，传统节日文化在现代社会中的发展，最大的表现在于传统节日文化已经超越了

其文化本位的身份，具有了能给人民群众带来一定经济效益的经济性特征。并且，在现代社会，文化经济性的获得，除了文化自身特点其决定作用之外，节日文化外在的安定团结环境也是十分重要的。因此，节日文化能从间接层面上去加强人们对其社会和谐稳定的重要性的认知和感受。毫无疑问，传统节日在稳定社会中的参与机制，其实质就是要调动广大人民群众积极来参与节日、感受节日文化，接受和维护节日文化在稳定社会中的特征和属性，进而为当地社会的和谐稳定出力和尽力。

其次，传统节日在稳定社会中的传输机制。在节日文化创新中，正确的办法和态度就是要继承节日中的优良传统内容，祛除节日文化中存在的糟粕部分，做到扬弃。比如，把传统节日能增强的“家庭凝聚力”提升到“民族凝聚力”、号召人们在强调合家团聚的同时，更要关注社会、民族、国家的团结统一，在传统节日中注入新的时代精神风貌，使之焕发新的时代风采。因此，传统节日之所以要在现代社会进行创造性转化和创新性发展，这与传统节日中的有些内容和精神与现代社会不相适合有关之外，还与现代社会需要传统节日在现代社会发挥出其特有的文化功能，来为社会主义建设服务的初衷相连。同时，传统节日在稳定社会中的传输机制的建立，离不开传统节日极强的教育功能的发挥。而传统节日教育功能的发挥，关键在于传统节日强大的凝聚、规范及引导等作用的实现。总之，传统节日的聚合和凝聚功能，为传统节日文化的教育功能实现奠定了坚实的基础。而在文化创新中，把社会主义核心价值观、党和国家的大政方针融进节日文化中，一方面能对传统节日文化在内容和文化精神核心进行一定程度上的纠正和引导，另一方面能促进社会主义核心价值观在西部地区的传播和践行。基于传统节日文化的发展现状及其在西部地区文化系统中的地位和作用、西部地区大多地处边疆的地理位置特点和西部地区各民族多元并存的现状，我们认为，在当前西部少数民族节日文化发展中，充分发挥传统节日在稳定社会中的传输机制是十分必要的。虽然这种传输机制是采取直接的方式进行，但这种方式遵循了社会发展、意识形态建设以及社会成员的心理需求等多重规律，因而这是深受人民群众喜闻乐见的文化传输和意识形态建设的方式之一。

再次，传统节日在稳定社会中的氛围熏陶机制。一个社会的稳定，不仅需要向民众传输先进的时代精神，也需要通过营造一个和谐的大环境、大气候去发挥文化的潜移默化的作用。正如学者所说："中国传统节日的实质，是社会整体氛围趋向神圣化、仪式化的特殊时段，是民众生活中文化活跃、精神丰富的非常时期，国家神圣、民族认同的意识就是以这种文化体验、精神洗礼为基础而得到强化的。"① 因此，对于西部少数民族传统节日文化创新来说，在创新中去营造出能促进社会稳定的良好氛围，才能在良好氛围中促进社会稳定。当前，国家作为引领传统节日文化发展的主体，在推动节日文化发展的战略定位上，慢慢弱化节日文化的产业属性，强化节日文化的仪式完整性、氛围神圣性及节日参与公平性的倡导，真正做到"还节于民"，这对于传统节日文化氛围的形成是十分有利的。而民众通过国家、社会及自我层面的文化自觉，他们也在慢慢加深对于自身传统节日文化的认知，进而也在发挥主观能动性去保护与传承自己的传统节日文化。而在促使传统节日氛围的方式上，微博、微信、短信、抖音等新节俗形式的出现，对于传统节日文化传播起到了很大的推动作用。节日民俗新载体的运用，对于传统节日浓厚氛围的形成也起到了极大的推动作用。而传统节日文化氛围一旦形成，则可以通过神圣化的节日仪式、鲜明而又符合时代气息的精神文化精神和琳琅满目的节日物品等节日要素，对节日文化主体的民族历史、民族文化和民族精神等进行潜移默化的文化熏陶，最终实现传统节日在稳定社会中的氛围熏陶机制来。比如，云南德宏州景颇族传统节日目瑙纵歌节，号称是世界上最壮观的集体舞。节日中，来自各民族和世界各地的游客多达上万人，踩着同一鼓点起舞，两人领舞、舞队成阵，男持长刀、女舞红扇，歌声激荡、舞步豪放，穿插环

① 张士闪、李松：《中国民俗文化发展报告 2015》，山东大学出版社 2016 年版，第 9 页。

绕，极具震撼力。在如此巨大的节日氛围衬托下，目瑙纵歌节早已成为当地各民族大联欢、大团结、大交融的文化平台。节日把来自不同地区不同民族的人们有机融合在一起，这对于他们之间的文化认同、民族认同、地域认同及对中华民族的整体认同，都具有重大的积极意义。

总之，西部少数民族传统节日和其他节日文化一样，是展示西部各民族文化的园地，也是表现西部各民族人民欢乐的场地，更是稳定民族地区社会的阵地。当前，在节日文化创新的带动下，一方面要保存和传承好西部少数民族传统节日文化具有的维护社会稳定的基本特征、反映社会稳定的重要属性以及促进社会稳定的运行机制，另一方面则要求把其与西部地区社会稳定有机结合起来，使其在文化创新中发挥出对西部地区社会稳定的重要作用。因此，在文化创新中，紧紧抓住节日文化在社会稳定上的这些功能，并把这些功能和西部地区社会稳定和发展结合起来，就成为西部地区社会和谐稳定的不可缺少的实践要素之一。

第三节　节日文化创新推进西部地区乡村振兴战略实施

乡村振兴战略是新时代解决“三农”问题的总抓手。乡村全面振兴，是这一战略的最终目标和方向。党的十九大报告指出：“农业农村农民问题是关系国计民生的根本性问题，必须始终把解决好‘三农’问题作为全党工作重中之重。要坚持农业农村优先发展，按照产业兴旺、生态宜居、乡风文明、治理有效、生活富裕的总要求，建立健全城乡融合发展体制机制和政策体系，加快推进农业农村现代化。”[①] 当前，乡村振兴战略与科教兴国战略、创新驱动发展战略等并列为党和国家未来发展的“七大战略”，足见国家对乡村振兴的高度重视。而乡村振兴作为国家七大战

① 《习近平谈治国理政》第三卷，外文出版社 2020 年版，第 25 页。

略之一，关系国家和社会发展整体性、长远性、可持续性的国家总布局，因而是国家发展的核心和关键问题。具体来说，城乡差别能否彻底消除、乡村发展不平衡与不充分问题能否得到根本改善、美丽中国与幸福乡村能否和谐一致、中国梦的宏伟目标能否顺利实现，这一系列问题都与乡村振兴战略有机联系在一起。

一、乡村振兴战略实施的必然性

“振兴”与“衰落”是一对反义词。对于人类发展史来说，乡村的“振兴”与“衰落”始终是一对永远解不开的矛盾，而这对矛盾在不同的时期又有所侧重，正是这种矛盾运动，推动着乡村生活的不断发展。在新时代，党和国家提出乡村振兴战略，不仅是与当前农村普遍存在的衰落现象有关，特别是对中国广大的西部地区来说，其乡村衰落的现象则更为严重，也是对世界范围内普遍兴起的城市化和工业化浪潮的积极应对和回应，更是中国社会长期坚持乡村建设运动的有效产物。因此，新时代乡村振兴战略的实施，不仅是必要的，也是可能的，因而也是必然的。

对中国传统社会来说，一直以来都是以乡土中国而闻名于世。在中国漫长的封建社会中，高度发展的农业技术和生产系统使中国在很长一段时间内处于世界领先。但到了近代，随着西方资本主义的入侵，在农业国与工业国直接的碰撞中，中国从此被沦为了一个半殖民地半封建化的国家。新中国的成立，“一化三改造”的顺利实施，奠定了中国社会主义发展基础。特别是在党的十一届三中全会之后，家庭联产承包责任制在中国广大农村的顺利实施，直接推动了中国乡村社会的快速发展。20 世纪 90 年代，随着改革开放和中国特色社会主义的不断发展，市场经济的号角把人们从土地中唤醒，促使他们不断走向城市、走进工厂，人口的广泛流动给中国长期形成的传统社会结构带去了巨大冲击。而对于处于欠发达地区的中西部地区来说，这种冲击则显得更为激烈。如今，西部地区广泛存在着的空巢村、老人村、光棍村及贫困村，是当前西部地区乡村发展面貌的一种反映。

进入21世纪，党和国家加大了对乡村建设与发展的重视程度，实施了一系列有关乡村振兴发展的政策方针。比如，2005年8月，时任浙江省委书记的习近平同志提出了绿水青山就是金山银山的理念；2013年12月，在中央城镇化工作中，习近平总书记发出了“记住乡愁”的号召；2015年1月，习近平总书记在云南考察时，明确提出了“新农村建设原则”；2017年10月，习近平总书记在参加贵州省代表团审议时，提出要大力发展乡村旅游作为脱贫攻坚的新路子；2017年10月，在党的十九大报告中，习近平总书记代表党和国家正式提出实施乡村振兴战略。伴随着以上这些乡村振兴发展的方针政策，一系列来自国家层面的乡村振兴方案也得到了具体落实。比如，美丽乡村、社会主义新农村建设、特色小镇建设、“田园综合体”试点工作等。

总之，实施乡村振兴战略，不仅是对过往乡村建设运动及其理论的继承和发展，也是对乡土中国的尊重和理解，更是解决当前“三农”问题的重要抓手。乡村发展的现实状况使乡村振兴战略的实施有了必要，而党和国家、人民群众的积极参与又使这种必要有了实现的可能。因此，乡村振兴战略在西部广大地区的实施，是一项功在当代、利在千秋的重大工程和战略。

二、乡村振兴战略需要文化创新

乡村振兴战略作为一项系统工程，其内部涉及产业结构、生态环境、乡风文明、社会治理、人民生活等多方面内容及要素。在其中，产业兴旺是实现乡村振兴的基石，生态宜居是提高乡村发展质量的保证，乡风文明是乡村建设的灵魂，治理有效是乡村善治的核心，生活富裕是乡村振兴的目标。① 梁漱溟在《乡村建设运动》中指出：“在人类社会中具有无上强

① 李周：《深入理解乡村振兴战略的总要求》，《人民日报》2018年2月5日。

力的，是人们的智慧与向上心。”① “实则一切生物，自人类而外，固悉自陷于一境，如驴转磨，盘旋而不得进。唯人类能运用理智，辟造文化，日有迁进，为独不然焉。”②

当代乡村建设需要什么样的文化去指导？这就涉及中国传统文化现代化的相关问题。长期以来，中国社会都受着传统儒家文化精神的滋养而成为世界闻名的文明古国。儒家思想强调的是以“仁”和“礼”为核心、“三纲五常”为主要内容和纲目的封建伦理思想。在现代社会中，这种封建文化是和现代社会有些脱节。所以说，文化转型是时代和社会发展的必然产物。比如，梁漱溟先生在谈到中国传统文化的转型问题时说道：“至于东方化现在已经撞在墙上无路可走，如果要开辟新局面必须翻转才行。所谓翻转自非努力奋斗不可，不是静等可以成功的。如果对于这个问题没有根本的解决，打开一条活路，是没有办法的。”③ 十月革命一声炮响，给中国送来了马克思主义。马克思主义随之与中国社会相结合，实现了马克思主义中国化。当前，以马克思主义和社会主义核心价值观为核心的中国特色社会主义文化，毫无疑问就是当前中国社会发展的正确指导思想。因此，乡村振兴战略的实施，一方面需要先进文化思想去指引，另一方面也需要乡村传统文化与先进文化有机结合，进而达到从文化上引领乡村振兴战略的顺利实施的要求。而这一切的获得，则需要我们在乡村振兴战略中实施文化创新战略，因为文化创新是推动社会发展的第一要务。

此外，在乡村战略系统的其他内容和要素中，也亟须通过文化创新，把先进的文化思想和理念融进战略系统各要素中，才能提升各要素的品质和作用。比如，在产业结构调整中，其本意就在于要大力发展乡村新产业、新业态，走绿色经济发展之路。而乡村文化旅游业作为朝阳产业、绿色经济，则需要我们从对于文化的认知、实践理念以及文化形式、内容、

① 梁漱溟：《乡村建设运动》，上海人民出版社 2006 年版，第 53 页。

② 梁漱溟：《乡村建设运动》，上海人民出版社 2006 年版，第 366 页。

③ 梁漱溟：《东西文化及其哲学》，上海人民出版社 2006 年版，第 21 页。

体制机制等各方面进行全方位的变革，才能推动乡村中这些第三产业的稳步发展。在实现乡村生态宜居的生活品质时，也是需要把先进文化融入乡村民众的日常生活中，引导人们尊重自然、爱护自然及善待自然，才能建构人与自然和谐共生的宜居环境。而在实现乡村民众生活富裕的建设目标中，人民群众对于美好生活的向往，从本质意义上去看，则是属于文化视域下的价值追求，而不是属于事实的客观认定。因此，乡村振兴目标的实现，更是需要健康、积极、和谐、先进的文化去推动。

总之，文化不管是作为乡村振兴战略中的发展资源、还是作为指导乡村振兴战略实施的指导思想以及乡村振兴战略内部各环节和要素中一个因子，都需要通过创新，才能发挥其在乡村振兴战略中的灵魂作用。因此，乡村振兴战略需要文化创新，文化创新也会推动乡村振兴战略的顺利实施。

三、节日文化创新推进西部地区乡村振兴战略实施

对于广大的西部地区来说，在推进乡村振兴战略中，必须要转变观念、抓住重点、统筹兼顾、科学施政，才能实现产业兴旺、生态宜居、乡风文明、治理有效及生活富裕的乡村振兴战略总要求。而传统节日文化作为西部地区少数民族文化的重要组成部分，和其他文化一样，也要在乡村振兴战略中，一方面要强化自身的创新意识和创新实践，另一方面则要通过自身的文化创新去推进西部地区乡村振兴战略的顺利实施。

产业兴旺是乡村振兴战略实施的基石。由于受地理条件及科技水平的制约，长期以来，西部个别地区还是保留着传统的农耕畜牧经济为主的生产模式。同时，随着西部大开发的进行，很多东部企业进入西部地区，借助西部丰富的资源，进行资源开发及利用，使西部地区工业经济发展水平得到了一定程度的提升。但对于西部地区来说，高山、峡谷、草原及沙漠是其主要的地形地貌，同时作为全国生态脆弱区和屏障区，西部地区对于整个国家生态环境的保护起着十分重要的作用。基于此，在乡村振兴战略

过程中，必须结合西部地区气候、土壤，走特色农业发展之路。在对矿产资源等工业资源进行保护的基础上，适度开发。此外，要积极地利用西部地区最为丰富而又独具特色的民族文化，大搞以旅游业为主的第三产业，走绿色发展之路。西部地区少数民族众多，节日文化资源十分丰富多样，这对于西部少数民族地区开发以特色文化游和节日游提供了十分有利的资源基础。当前，西部很多少数民族地区节日文化在不断的文化创新中，很好地与旅游业有机结合起来，节日旅游产业开展得如火如荼，就是对传统节日文化能推进西部地区乡村振兴战略的顺利实施的最好证明。因此，要实现乡村振兴战略中的产业兴旺要求，离不开发挥西部地区少数民族传统节日文化对其的推进作用。

生态宜居是增强乡村发展质量的基本保证。生态宜居要求的是乡村生态理念强烈、环境设施齐备、生态环境优美。对于广大乡村来说，要保留住乡土气息、保护好乡村乡貌、维护住乡村生态系统、治理掉乡村环境污染，才能最终实现人与自然和谐共生，让乡村绿起来、美起来。而保护和发展好传统节日文化，则是保留住了乡村的民风民俗，对于乡村气息的留存是大有裨益的。每一次大型节日活动的展开之前，都要对村容村貌进行一次彻底的维护、整理和修复工作，促进乡村基础设施的完善。同时，传统节日活动的产生大都是与农耕文化有关，因此，节日文化内容里面渗透着诸多的关涉人与自然和谐的因素，这对于乡民的环保教育和环境引领起着一定的作用。此外，节日活动开展中所获得的一定经济效益，则可以用于对乡村基础设施的修复和完善。因此，传统节日文化与乡村生态宜居之间有着天然无缝的对接关系。

乡风文明是乡村振兴战略实施的灵魂。文化是一个社会中最为深沉、最为根本的部分。乡风文明建设涉及的内容十分广泛，但最为核心的是社会主义核心价值观的宣传与教育、传统文化的保护与传承、传统文化与现代文明的对接等相关方面。西部少数民族传统节日文化在文化创新中，能很好地把社会主义核心价值观融进节日文化中，起到为村民熟悉和接受社会主义核心价值观服务。传统节日文化创新的一个重大功能就在于对传统文化的保护与发展，让传统文化与人们的现实生活有机结合起来，充分发挥文化的社会作用。因此，文化创新视域下的西部少数民族传统节日文化，能进一步促进乡村乡风文明的形成，推动乡风文明的与时俱进。

治理有效是乡村善治的核心。乡村振兴战略的有效实施，需要村民和各级地方政府的通力合作。各级政府要充分发掘政府在组织、领导、管理及保障等方面的优势和特点，充分发挥民众主人翁的地位和作用，调动民众参与振兴实践的积极性和创造性。真正做到密切党群、干群关系，协调好群体内部关系及其利益，发挥乡村社会发展的内驱力，确保乡村社会充满活力、和谐有序。而传统节日文化创新实践活动，就是联系党政与人民之间联系的最好纽带。节日文化的组织、管理、领导及保障等一系列工作开展得如何，都与党和国家对于西部少数民族地区的重视和关心程度有关。同时，党和政府在尊重和帮扶民众传统节日文化复兴的过程中，也反过来得到了民众的认可与认同，这对于民族地区的治理效果的取得十分有益。

生活富裕是乡村振兴的目标。乡村振兴战略实施的最终考核标准就是要看人民的生活状况如何，这也是党和国家追求的最终目标和初心。但对于当前社会来说，老百姓生活富裕，则不仅仅是有饭吃、有衣穿这种温饱需求，还应表现在吃得好、吃得营养健康。此外，适当的精神文化需求得到满足也是人们生活富裕的表现。共产主义社会的一个基本特征是人的全面而自由的发展。人由于物质生产力发展了，劳动时间减少，闲暇时间增多，因此就需要大量的精神文化去满足人们在闲暇时间的兴趣爱好需求等。而对于西部地区来说，随着传统节日文化产业化的开展，一方面能为民众带去一定的经济利益，另一方面也能满足民众不断增长的文化生活需要，在一定程度上实现民众对于美好生活的追求。对于西部广大地区来说，实施乡村振兴战略迫在眉睫，而在战略实施中，需要通过文化创新，发挥出文化对于战略实施的灵魂作用。而传统节日文化作为西部少数民族地区文化的重要组成部分，其在创新实践中能很好地推进西部地区乡村振兴战略的顺利实施。

第九章　文化创新视域下西部少数民族传统节日的生态功能

生态文明建设作为中国社会改革发展和现代化建设的重要一环，党的十八大报告将生态文明建设纳入到中国特色社会主义“五位一体”总体布局中。这不仅展示了生态文明建设在中国社会发展中的地位和作用，也体现了以习近平同志为核心的党中央在推进生态文明建设上的决心、信心和恒心。而在党的十九大报告中提出的到本世纪中叶把我国建设成为富强民主文明和谐美丽的社会主义现代化强国的奋斗目标，以及十三届全国人大一次会议通过的宪法修正案，将这一奋斗目标纳入奋斗目标和载入宪法中，则是进一步彰显了生态文明建设在当前美丽中国建设中的重大理论意义和现实意义。正如党的十八大报告中指出：“必须树立尊重自然、顺应自然、保护自然的生态文明理念，把生态文明建设放在突出地位，融入经济建设、政治建设、文化建设、社会建设各方面和全过程，努力建设美丽中国，实现中华民族永续发展。”① 当前，生态文明建设已经深深熔铸于中国特色社会主义经济建设、政治建设、文化建设和社会建设之中，成为推进中国社会实现绿色经济、政治清明、生态文明、社会和谐的重大法宝。而对于西部少数民族传统节日文化来说，通过文化创新，其对于西部地区经济、政治、文化、社会及生态发展都会起到不可忽视的作用。

① 《十八大以来重要文献选编》上，中央文献出版社 2014 年版，第 30—31 页。

第一节　文化与生态的关系

马克思社会有机体理论告诉我们，整个人类社会是一个处于不断运动和发展的活的有机体，人对于自然环境的适应与改变、自然环境对于人的影响和形塑，始终是相伴相随的。但长期以来，由于过分强调经济利益和物质需求，人们在实践中往往把其凌驾于自然环境之上或之外，这就导致了人与自然环境之间关系发生了严重分离。而作为人的生存方式和活法的文化，也在这种分离关系的制约下，出现了与自然环境之间的背离。正如习近平总书记在2018年全国生态环境保护大会的重要讲话中指出："当前，生态文明建设正处于压力叠加、负重前行的关键期，已进入提供更多优质生态产品以满足人民日益增长的优美生态环境需要的攻坚期，也到了有条件有能力解决生态环境突出问题的窗口期。"① 生态环境问题上的"三期叠加"态势，对于生态文明建设来说，既是挑战，也是机遇。因此，要重建文化与生态之间的和谐辩证关系，发挥文化对于生态建构的指引作用和生态对于文化发展的促进作用，则需通过理顺文化与生态之间关系发展的历史与逻辑，才能进一步推动当前社会文化生态与生态文化的实践发展。

一、生态人类学视域下的文化生态

在前面的分析中，我们已经对于"文化"一词的多重内涵及外延进行了简单分析，得出了文化是人们在实践中创造出来的物质文明和精神文明的总和的认识。"生态"一词，最早源自"生态学"概念。1866年，德国学者恩施特·海克尔（Ernst Haeckel）首提"生态学"（Ecology）这一概念。这一概念最早的词源是由"Oikos"和"Logos"两个希腊字构

① 《习近平出席全国生态环境保护大会并发表重要讲话》，新华网，2018年5月19日。

成，“Oikos”具有“住所”“栖息地”之意，“Logos”意为“学问”“论述”“科学”等。生物的住所和栖息地主要是指生物居住的环境，也就是“生境”。由此，生态学就是研究生物与其环境之间互动关系的学问。“文化生态学”源自生态学，形成于人类学。“文化生态”作为“文化生态学”里面最为重要和核心的关键词，则是我们理解文化与生态关系的重要抓手。

迄今为止，我国学界对于“文化生态”的认识众多，但主要有以下五种。生态学的“文化生态”解读：主要是指文化所处的自然环境及相关自然因素；地理学的“文化生态”解读：基于人地关系大背景下去理解文化理论在人、地间的作用，但研究总体呈现极端倾向和含混其词态势；“生态文化”理论观点对“文化生态”的解读：此种观点照搬马克思唯物史观理论，对于文化与生态之间的复杂关系理解不够；“生态哲学”的“文化生态”解读：把“人—社会—自然”作为一个整体性的复合生态系统去宏观思考文化在其中的作用，但此种解读缺乏具体性和实证性；“文化生态学”的“文化生态”解读：此种理论对文化与自然环境之间的因果关系进行了系统论证，特别关注不同文化对于自然环境的适应以及文化生态系统的建构等相关问题。[①] 学科不同所导致出来的认识角度和方法上的差异，并没有说明中国学界在文化生态研究上的混乱和不足，则恰恰印证了此方面研究在中国社会的逐渐兴起。当前，生态人类学在中国文化研究中的异军突起，即是很好的证明。

当然，要了解中国生态人类学的发展现状，则首先应该对生态人类学的发展历程和基本理念有所把握。生态人类学集以上各种观点之长，结合大量的民族志田野调查，不断深化了人类对于“文化生态”概念的认识。1968 年，美国人类学家拉帕波特（Roy A. Rappaport）和维达（Andrew P. Vayda）第一次提出“生态人类学”这一说法，在这一说法中，“文化

① 翟慧敏：《生态人类学视阈下的“文化生态”及其在生态文明建设中的价值探究》，《中央民族大学学报》2017 年第 1 期。

生态”是核心概念之一。此外，谈到生态人类学，就不得不谈到文化生态学专家朱利安·斯图尔德（Julian Steward）和进化论人类学家赖斯理·怀特（Leslie White），他们作为生态人类学的鼻祖，对文化生态学的基本概念和进化原则、生态人类学的建立作出了重大贡献。因此，学界普遍认为斯图尔德在1955年出版的《文化变迁论》一书，是生态人类学诞生的标志。在书中，他认为，任何一个民族，在独特的进化历程中，其内在的文化与其所处的生态系统之间不断相互磨合，在这个过程中，民族文化与生态系统之间会逐渐形成一个个文化生态实体，这样的文化实体就是“文化生态”。[①] 而以文化实体为基本分析单元，进一步去对人类社会是如何通过文化去适应环境的过程的认识，则为“文化生态学”。[②] 在摩尔根（Thomas H. Morgan）单线进化论和怀特普遍进化论基础上，斯图尔特随之提出了多线进化论。多线进化论认为，不同的自然环境条件下产生不同的生产技术和社会组织，而不同的生产技术和社会组织就会形成每个民族文化的独特性。这样，各民族社会文化因为环境的不同而形成的社会文化是多线平行发展的。因此，文化生态学和多线进化论是其最为重要的主张。但总的来说，斯图尔特的文化生态学中的“文化生态”，主要是指人类的文化和行为与其所处的自然生态环境之间互相作用的关系，而较少涉及文化所属的社会文化生态环境。因此，此观点受到了后来学者的广泛质疑。但瑕不掩瑜，斯图尔德作为生态人类学的鼻祖，其在生态人类学上的基本观点为生态人类学的后期发展奠定了坚实的基础。比如，他开创性地提出文化与环境的互动关系四个取向，对今天生态人类学领域的研究影响深远。超越经济与地理的结合，而在文化实存的环境去解释文化；文化与环境的关系的形成是一种过程，而不仅仅只是一种联系；对

① ［美］朱利安·斯图尔德：《文化变迁论》，谭卫华、罗康隆译，贵州人民出版社2013年版，第56页。

② ［美］朱利安·斯图尔德：《文化变迁论》，谭卫华、罗康隆译，贵州人民出版社2013年版，第20页。

文化与环境关系的认识更适宜在小规模的环境中开展研究；生态变迁与文化多线发展有关。①

到了20世纪六七十年代，随着生态民族学和生态系统学派的兴起，生态人类学得到了进一步发展，学者们进一步强调要把社会、文化纳入生态系统之中，并认为它们都是人类与自然相互作用下的直接或间接的结果。文化唯物主义、动物生态学以及生态生计研究等流派或观点的出现，为生态系统整体性研究提供了契机。但令人遗憾的是，上述理论流派在总体观点上还是维持着环境决定论的主张。这种情形一直延续到20世纪末，生态人类学界出现了以批评为主导的研究趋向，学者们在把批评的矛头指向西方社会广泛存在的人造文化及其表演的同时，进而对资本主义经济、政治、文化等进行了深刻反思。在批判与反思中，生态人类学得到了不断发展。

总之，生态人类学是研究文化与环境之间关系的人类学分支，是从文化的视角去探析人与自然之间的关系。而生态人类学视域下的“文化生态”，本应是文化与环境之间的耦合物，而不应该是环境决定文化、文化反作用于环境的“单向度”关系。同时，文化生态不仅应该具有自然属性，也应该具有文化属性，是文化生态化与生态文化化的必然产物，也是人与自然之间交互作用下的产物。因此，从这个角度去看，对文化生态的保存与维护，就不单单是自然环境之事，还与人类理念和行为息息相关。“文化因生态的参与而不再空洞，生态因文化的‘指导’而不再‘盲目’，不是以往某些研究所理解的偏正或并列的关系，而是文化与生态有机结合的‘后代’，是一个新的实体。”② 于是，“文化与生态的制衡体系，是作为一个知识框架探索人类社会生态安全问题的创新模式”③。

---

① J. H. Steward, *Theory of Culture Change*. University of Illinois Press, Urbana, 1979, pp. 39-40.

② 翟慧敏：《生态人类学视阈下的“文化生态”及其在生态文明建设中的价值探究》，《中央民族大学学报》2017年第1期。

③ 杨庭硕：《生态人类学导论》，民族出版社2007年版，第4页。

二、“文化生态”在现代社会中的进一步拓展

随着生态人类学发展到现代，其对于文化与环境的双向重视，使得其在现代社会中不断得以拓展。但随着西方工业文明的兴起及其不断向外界扩张，传统的文化生态，特别是非工业文明国家的文化生态，则遭到了严重破坏，这极大地改变了以前长期存在的“文化生态”结构，使文化生态内部要素之间出现了严重的失衡。而对于这种现象的解释，很难再用斯图尔德《文化变迁论》的文化生态理论去解释，而要进一步加强对西方工业文明的批判与反思，这才有了来自美国人类学家克罗斯比（Alfred W. Crosby）《生态扩张主义》一书的出现。《文化变迁论》主要是通过诸多的文化变迁案例，去探寻多元文化背景下具体文化生态的自然属性及其演变趋势和规律，而《生态扩张主义》则探讨整个西方世界的繁荣史及其所引发出来的生态蜕变史。虽然两本书在研究文化与环境关系的路径不同，但他们都说明了同一个问题：那就是任何意义上的变化发展都会引起自然与生态系统的变化。在《生态扩张主义》一书中，克罗斯比虽然看到了西方工业文明的兴起与发展给广大发展中国家的文化生态带去了灾难，但却未对灾难产生的根本原因进行深入的分析。比如，克罗斯比认为，西方工业文明在现代社会的扩张，一方面为特定民族发展奠定了经济基础，但对于当地生态系统而言，却是灾难的源头。①

对西方工业文明及其现代化对广大发展中国家的文化生态所造成的危害的相关论述及其反思，大多是在发展中国家的学界来进行的。比如，中国学界对此的积极回应，则来自学者方李莉的倡导。她在 2001 年《北京大学学报》上发表了一篇题为《文化生态失衡问题的提出》的文章，在该文中，她明确提出其所指的文化生态和以斯图尔德为首的美国文化生态学派所指的文化生态，在意义上不完全一样。她所指的“文化生态”除

---

① 转引杨庭硕、彭兵：《生态文明建设与文化生态之间的区别与联系》，《云南师范大学学报》2015 年第 4 期。

了有指示人的文化与行为和外在自然环境之间的互动关系含义之外，还有强调人类文化是一个相互联系的整体，正是在文化部分交互作用下，人类文明才不断得到平衡及发展之意。在此定义下，她认为以人为中心的观念正使得生物圈的生物在急剧的递减，以西方文化为中心的观念也正使得文化圈内的文化种类在急剧的递减。因此，对于21世纪来说，我们关注的焦点除了自然生态平衡之外，更重要的是要去关注文化生态平衡相关问题。① 其后，孙卫卫、钟淑洁、邓先瑞、梁渭雄、叶金宝等学者，或对方李莉提出的“文化生态”观作进一步深化，或是对斯图尔德“文化生态”观进行拓展，不断推动着人们对于中国当前的文化生态及其平衡的关注。比如，梁渭雄、叶金宝认为：“文化生态学是研究文化与环境的互动关系的理论，这里所说环境包括影响文化生存发展的一切因素，大体上包括外环境和内环境。外环境如社会经济制度、政治制度和自然地理状况等；内环境则是指文化范围内的各种不同文化，如不同民族、不同宗教、不同学派和不同地域的文化等。”由此可见，“文化生态”的含义得以进一步拓展。

中国学者不仅拓展了“文化生态”的内涵与外延，还对当前文化生态失衡现象产生的原因进行了探析。周晓红、方李莉、高丙中等学者无一例外地都把西方工业文明的扩展及其现代化看成是造成当前人类文化失衡的根本原因。具体来说，周晓红、方李莉等学者主要是从西方文明或文化对文化多样性影响视角入手去探析文化生态失衡问题，而高丙中则更强调的是从人及其社会关系的重建角度去看待文化生态失衡及其重构的问题。比如，他指出，文化生态是社会关系的表现，文化生态失衡不单是文化的问题，也是一个重构社会的问题，因此，文化主体的文化自觉和社会整体的文化自觉是当前文化生态建设的有效路径。② 总之，文化与生态之间的

---

① 方李莉：《文化生态失衡问题的提出》，《北京大学学报》2001年第3期。

② 高丙中：《关于文化生态失衡与文化生态建设的思考》，《云南师范大学学报》2012年第1期。

关系在社会文化学上的解释，把学界对文化生态的认识再一次向前推进。

基于此，“文化生态”中的“生态”，不仅仅是指与文化发展相关的自然环境，也应该包括社会环境及文化自身所处的文化环境。这样，“文化生态”概念的提出，就超越了以往单纯的“自然生态环境”的说法，彰显了人与环境之间的互动关系。而对于当前文化生态失衡问题出现的原因，我们认为，这是生产力发展引起的问题，也是生产关系促发而成的产物，因而归根结底是受生产方式的变迁决定的。因此，当前我们要重建文化生态系统，实现人与自然、人与人、人与社会及人与自我的和谐统一，还是应该从宏观上去遵从马克思主义社会发展理论中的生产力和生产关系的辩证发展规律，在微观层面上要着重凸显人这个主体在文化生态重建中的主体地位。自然是客观的，科技是人创造出来的科技，文化也是人的文化，这一切都说明了当前的生态危机及文化危机，都是人自身所引发出来的危机。因此，只有从人这个源头入手去解决，才能彻底实现人在自然、社会、自我中的“全面而自由发展”。

三、从文化生态到生态文明

从辩证逻辑去看，文化与生态的关系不仅会涉及文化生态的问题，也会形成对生态文化的认识问题。在前面的分析中，我们着重探析了文化生态相关问题，接下来我们将重点分析生态文化及其在中国的当前实践所引发出来的相关问题。文化生态是文化与环境之间耦合而成的关系状态，生态文化则是在这种耦合关系中蕴含着的人类知识、价值取向和智慧结晶。当前，在文化生态和生态文化支撑下，人类社会正在不断尝试跨过工业文明阶段，进入生态文明这个全新的阶段。因此，生态文化和生态文明这两个概念，在内涵和外延上的使用则有所不同。简单地说，生态文明是由生态化的生产方式所决定的全新的文明类型，它强调的是从所有生态社会中人与自然相互作用关系中抽象出来的共同特征和达到的起码标准。生态文化则是指不同民族在特殊的生态环境中所形成的多样化生存方式，它更强调由具体生态环境形成的民族文化的个性特征。文化生态和生态文化一起，共同组成具体的文化生态实体。生态文明和具体的文化生态实体之间，既是个性和共性的关系，也是一对相互依存、不可分割的矛盾体。

生态文明作为人类全新的文明类型，从 2007 年我国政府首次把其列为国家发展的基本国策肇始，在其后党和国家的历次重大会议上，生态文明建设都得到了高度重视。在党的十七大、十八大、十九大及一些重大工作会议的报告中，特别是十八大以来，以习近平同志为核心的党中央，从对生态文明认识、制度保障及具体实施策略等方面，这就为当前中国社会生态文明建设实践奠定了坚实的基础。比如，在 2018 年 5 月召开的全国生态环境工作会议上，习近平总书记就对新时代推进生态文明建设指明了以下几个原则：坚持人与自然和谐共生、绿水青山就是金山银山、良好生态环境是最普惠的民生福祉、山水林田湖草是生命共同体、用最严格制度最严密法治保护生态环境、共谋全球生态文明建设。当然，生态文明作为区别于工业文明、信息文明的新型文明，和以上两个文明之间是一种共生共存的关系，只是生态文明更具人性化、综合性和高远性。生态文明是当前中国社会发展而追求的目标，生态文明建设是作为实现这一目标的手段。目标明确，手段和方法才会有效；手段和方法具体、丰富，目标才会尽快实现。

既然生态文明作为一种文明类型，其类型下面本应存有各种各样的具体民族文化，也就是具体的文化生态实体，且生态文明和这些具体的文化生态实体之间是共性和个性的关系。一般来说，文化生态实体需要生态文明理念和原则的指导，而生态文明的最终实现则是文化生态实体不断滋养的结果。对于我国社会来说，建设生态文明仅仅是一种理想和目标，其类型下面的具体文化生态实体还不存在。因此，必须在不断加强对理想和目标模式进行探究和制定的基础上，在现有的具体文化生态实体中去建构起实现生态文明的现实基础。也就是说，这就需要我们对现有的具体文化生态进行有针对性的批判与继承，在文化创新中去建立支撑生态文明的具体文化生态实体。当前，对于新时代的中国社会来说，时刻面临着诸多文化生态实体的消失和灭亡的危险，这就要求我们在科学的生态文明建设理念和原则指导下，通过创新模式，不断加强对现存的文化生态实体的摸底、保护、发展及研究工作，这是当前生态文明建设工作中的重中之重。只有这样，生态文明才会有广泛的建构基础，生态文明目标也才能早日实现。

总之，文化与生态的关系，是一种辩证统一关系。这种关系的主要内容，一方面表现为文化生态的耦合，另一方面则体现为生态文明的建设。在当前生态文明建设实践中，只有充分把握住其关系中的这种辩证关系，才能为当前中国社会的生态文明建设及其目标的实现奠定科学的理论基础。此外，生态文明是当前我国社会建设发展的目标之一，生态文明建设是实现生态文明这个目标的路径和手段，具体的文化生态实体则是生态文明建设的物质基础，它们一起共同组成了当前中国生态文明建设的三大基本要素。正如有的国外学者对中国当前生态文明建设进行总结的那样，"建设生态文明的目标内含于中国的马克思主义传统中，它是中国和世界马克思主义思想自然演进的一部分"①。因此，文化创新与当前我国社会开展的生态文明建设有机结合，能迸发出诸多的创新价值来。这对于西部少数民族传统节日文化创新来说，也不例外。

第二节　文化创新利于传统节日文化生态的修复与重建

习近平总书记指出："建设生态文明是关系人民福祉、关乎民族未来的千年大计，是实现中华民族伟大复兴的重要战略任务。"② 建设生态文

① ［美］菲利普·克莱顿、贾斯廷·海因泽克：《有机马克思主义——生态灾难与资本主义的替代选择》，孟献丽、于桂凤、张丽霞译，人民出版社 2015 年版，第 13 页。

② 《习近平新时代中国特色社会主义思想三十讲》，学习出版社 2018 年版，第 242 页。

明与保护文化生态是息息相关的，而保护文化生态则需从修复与重建文化生态系统开始。在前文的分析中，我们已经知晓了文化生态主要是指文化与其生存内外相关环境之间相互作用所形成的生态关系。那么，文化生态系统就是指特定文化与其生存的自然环境、人们的生产方式、政治结构、伦理道德、社会生活等诸要素一起构成的相互作用的完整体系，具有系统性、要素性、动态性、层次性、开放性、整体性等特点。当前，随着社会主义市场经济的不断深入、全球化的影响、消费主义的渗透以及信息化的冲击，传统文化赖以生存的自然环境和社会文化环境正在发生急速改变，这对传统文化生态的维护带来了一定程度的阻碍，使得传统文化生态在一定程度上受到了影响和破坏。社会的变迁必然引起文化的变迁。文化是灵动的，它会随着社会的变化而变化。因此，通过文化创新，去修复与重建文化生态，使传统文化在保持自身的情况下更好地适应现代社会，就成为当前文化建设工作中的一项重大事项。

一、西部少数民族传统节日文化生态的现代境遇

传统节日作为与传统社会中的自然和社会文化环境相适合的民俗事象，在传统社会中，由于没有受到外在环境的过多影响，其文化生态维持着相对平衡，文化生态系统保持着相对完整。但在现代社会中，由于受外在环境中各方面因素的影响和冲击，传统节日文化不可能还继续维持着自身传统的文化生态和生态系统，因而，创新发展成为传统节日适应新环境的最好方式。当然，在分析传统节日文化生态的现代性修复和重构之前，我们有必要对传统节日当前面临着的社会环境进行简单的描述。而对于这种社会环境，可以用一个文化人类学关键词“阈限”去说明，“阈限”寓意着当前的社会环境正处于传统与现代的交融阶段。

阈限（Liminality）一词源自拉丁文“limen”（英语 threshold，意思是极限），指“有间隙性的或者模棱两可的状态”。在文化人类学中，阈限性主要是指一种社会文化结构向待建立的社会文化结构过渡间的模棱两可

的状态或过程，是文化杂合的空间。它具有模糊性、开放性、非决定性和暂时性的特征。阈限开始为一个心理学术语，特指人处于意识和无意识之间的模糊状态。后来，维克多·特纳在《过渡仪式》中，把范·盖纳普（Van Gennep）的“通过仪式”概念提升为“阈限”概念，此后“阈限”这个词广泛运用于文化人类学中，其意义和范围也得到了大大拓展。比如，盖纳普的“通过仪式”主要是指个体的生活从一种状态过渡到另外一种状态，一个阶段过渡到另外一个阶段。特纳在此基础上，进一步把“通过仪式”细分为分离、阈限、结合三个阶段去分析恩丹布人的各种仪式。接着格拉克曼又在特纳仪式分析基础上，认为仪式不仅有过渡功能，仪式中还伴随着不规则的反抗和叛逆的行为，并以此来揭示表面上的“反抗仪式”或“叛逆”，这种观点集中体现在《非洲部落的秩序与反叛》中。利奇在《缅甸高地的政治制度》一书中，则认为阈限现象具有被拆分的两侧的特性，这两侧在动态平衡中保持了事物既联系又区别的特点。道格拉斯（Mary Douglas）则在《洁净与肮脏》一书中，从分类法的视角去说明阈限的东西和既不是这里又不是那里的东西都是肮脏的、危险的和有力量的。此后，特纳又把这一概念的关注范围从仪式拓展到各种各样的制度、实践、运动、人等领域，使阈限成为了研究社会转型、文化转型下的各色事物的经典理论。正如特纳所说：“与其说社会（societas）是一种事物，不如说社会是一种过程——一种辩证的过程，其中包含着结构和交融先后承继的各个阶段。在人类的生活中，似乎存在着一种‘需要’（need）——如果我们能够使用这个有争议的词汇的话——来使人们对这两种形式都进行参与。那些急迫地想使这一‘需要’在日常的活动之中得到满足的人，会在仪式的阈限中去寻求。”① 因此，对于传统节日文化生态的修复与重构这个创新实践来说，首先需对传统节日文化面临的社会结构和文化交融（communitas）有所了解，才能不断去解构节日文化创新

① ［美］维克多·特纳：《仪式过程——结构与反结构》，黄剑波、柳博赟译，中国人民大学出版社 2005 年版，第 206 页。

面临的社会阈限性以及这种社会阈限性下节日文化创新的交融性表现。因此，节日文化创新的社会阈限性和文化交融性就共同组成了这里所说的节日文化生态修复与重建的阈限性。

节日文化生态中的文化交融性。“物质生活的生产方式制约着整个社会生活、政治生活和精神生活的过程。不是人们的意识决定人们的存在，相反，是人们的社会存在决定人们的意识。……随着经济基础的变更，全部庞大的上层建筑也或慢或快地发生变革。”① 社会变迁决定着文化变迁，在节日文化生态中，文化交融性现象十分突出。

首先，文化的大众性与文化的族群性并存。今天，节日文化已经走出了自我欣赏的圈子而迈向了公众，成为大众消费品。但在这个转换过程中，存在着节日文化是迎合大众还是保留族群性的矛盾关系问题。因为文化是文化持有者的文化，但一旦旅游节日的开展，文化就变成了消费者的文化，“消费至上”的主张和族群特性的保留，始终存在于节日文化创新中。同时，为了促进基层公共文化和大众文化的建设，很多节日文化举办方和组织者也变成了政府，文化主体的作用和地位随之下降，文化的大众化和族群性矛盾更为突出。

其次，文化的经济性和价值性交融。对于传统节日文化来说，其文化本身很少带有现代经济利益的因素，其价值的文化功效始终是第一位的。但在现代节日发展中，“文化搭台、经济唱戏”的重要的因素就在于发挥其强大的经济作用。因此，节日文化的工具理性和价值理性反映出来的经济利益与文化功效之间的博弈，不得不说是当前节日文化创新中的热门话语。

再次，文化的整体性和文化的形象化碰撞。传统节日文化是与生活世界、日常生活有机结合在一起，充分发挥着传统节日文化整体性的结构特征。但在现代节日创新中，由于高科技的介入，拼凑、复制及“拟象”成为现代节日的结构特征，导致节日形象化、形式化及复制品盛行现象明显。

---

① 《马克思恩格斯选集》第 2 卷，人民出版社 1995 年版，第 33 页。

在文化创新场中，人们一方面想方设法在保留着文化的整体性，另一方面又在绞尽脑汁地渲染文化的形象化，文化整体性与碎片化的争斗还在持续。

最后，文化生产性和消费生产性共在。消费主义和理性视域下的文化再生产在生产理念、建构原则和生产目的等方面存在较大差异，导致两种生产矛盾冲突激烈。比如，在消费主义倡导下，节日文化形式化、碎片化及形象化的主要目的是为了消费，节日的文化生产性退而求其次。又如，消费性生产借助高科技，采取“拟象”方式进行；而文化生产性主要依靠文化主体的创造性和超越性，采取“原生性”方式进行。因此，节日文化外在机械化的再生产和内在有机化的再生产的主张，使得创新中的文化生产和消费生产主张之间的区隔越来越大。

二、西部少数民族传统节日文化生态的现代变迁

西部少数民族传统节日在新时代所面临的社会与文化境遇，每时每刻都在影响着节日文化生态，并使其在现代社会中不断发生变迁。当然，在分析这种变迁之前，我们有必要对节日民俗的文化系统进行一定的介绍。潘文焰、仲富兰两位学者在《文化遗产》上撰文指出，节日民俗自身内部的结构体系十分完整规范，其主要由四部分组成：节日民俗整体依存的载体、内容的表现客体、活动的行为主体以及运作的组织介体。其中，载体主要是指节日存在的文化生态、表现客体是指各种传统民俗事象、行为主体是指广大人民群众、组织介体是指各类组织机构。他们还在文章中进一步指出，但在社会现代化的进程中，传统节日民俗文化系统各个方面都发生了本质的变化。[①] 我们赞同他们对节日民俗文化系统要素的认定，但对其对文化系统要素发生了本质变化的认定则持质疑态度。正如上文所分析的那样，当前中国社会正处于传统与现代的交织交融状态中，但从长远去看，现代社会取代传统社会是迟早的事情。但现代社会取代传统社会的

---

① 潘文焰、仲富兰：《我国传统节日文化的生产性保护路径研究》，《文化遗传》2014年第1期。

这种趋势是正在进行时，而远不及完成时。因此，我们可以说，传统节日民俗在现代社会背景影响下，其文化生态发生了巨大变化。

西部少数民族传统节日文化生态的现代境遇，为传统节日文化生态的现代建构提供了发展契机；西部少数民族传统节日文化生态的现代变迁，则是传统节日文化生态现代建构的实践前提和基础。因此，我们在看到传统节日文化面临的自然环境和社会文化环境生境时，没有必要大声惊呼“狼来了”；在看到传统节日文化生态在现时代的变迁时，也无须感叹“要变天了”。节日文化是对人们现实生活的反映，是随着人类社会实践活动而不断发展的。因此，只有在不断地文化创新中，西部少数民族传统节日文化生态才能得以修复与重建。

三、文化创新有助于传统节日文化生态的修复与重建

英国社会学家安东尼·吉登斯说：“各种形式的社会行为不断地经由时空两个向度再生产出来，我们只是在这个意义上，才说社会系统存在着结构化特征，我们可以考察社会活动如何开始在时空的广袤范围内伸展出来，从这一角度出发，来理解制度的结构化。”① 时空关系本是学界分析社会现象的两个重要维度，但长期以来，学界更重视时间维度，而有些忽视空间视角。特别是对传统节日文化创新来说，这种情况更为严重。因为节日原本属于时间范畴，是反映人们时间维度的概念。但正如美国著名后现代地理学家苏贾（Edward W. Soja）所说：“遮蔽我们视线以致辨识不清诸种后果的，是空间而不是时间；表现最能发人深省而诡异多变的理论世界的，是地理学的创造，而不是历史的创造。”② 文化创新是传统节日流传至今的生命动力，也是增强传统节日在现代社会中生命活力的重要保

---

① ［英］安东尼·吉登斯：《社会的构成》，李康等译，生活·读书·新知三联书店1998年版，第518页。

② ［美］E. W. 苏贾：《后现代地理学：重申批判社会学理论中的空间》，王文斌译，商务印书馆2004年版，第1页。

证。因此，其关注传统节日文化生态的修复与重建，也应该从节日文化生态的关系本质入手去进行。

基于上述节日民俗文化系统的结构性特征、每个结构要素在传统与现代的变迁状况，笔者认为要修复与重建节日文化生态，就应该在文化创新中，把对节日文化系统的整体性分析与要素的部分性分析结合起来，才能找到修复与重建传统节日文化生态的有效路径。一般来说，当前在非物质遗产保护路径的探讨上，得到普遍认可的方式主要有抢救性保护、整体性保护、生产性保护以及立法保护四种，每一种保护方式都有自身的实施范围和特点。比如，整体性保护就侧重于对非物质文化遗产的项目性保护到对与遗产相关的自然和社会生态实施整体性保护，文化生态保护区和生态博物馆都是这种保护方式的具体表现。依据以上几种保护方式的特点和传统节日文化的属性，笔者认为，要使西部少数民族传统节日文化生态在现代社会保持平衡，应该对节日文化进行摸底调查，视其影响力和濒危程度进行分类整理，筛选出重点节日，借以法律和制度等规范措施，不断实现对重点节日生态系统的整体性保护。当然，在整体性保护的同时，还应对重点节日进行创意性保护，充分发挥生产性保护和开发性传承相结合的遗产保护理念的现时代作用。此外，针对很多节日文化仪式精髓掌握在节日文化传承人手里的现状，在对这些传统重点节日进行保护性开发的同时，还要对这些节日进行抢救性保护。这样，在四种保护方式综合运用基础上，西部少数民族传统节日文化生态修复与重建的创新机制就建立起来了。

而对于这个创新机制来说，整体性原则、创新性原则、主体性原则、生活性原则是维系其机制运转的基本原则。因此，在创新机制和原则的指导下，我们就可以对传统节日文化实体的运行系统进行分析调适。传统节日文化在现代社会中的实践生存，总是与节日民俗的四大要件在现代社会的变迁息息相关，因此，节日文化生态系统的修复与重建也应该从这四个要件分析入手去开展。

首先，对于节日文化自然生态来说，在文化创新中，要不断恢复和加强节日文化自然空间及支撑节日文化的核心实物。节日文化不仅是一个民俗事象，更是人们的民俗生活。因此，节日文化生态就是指与人们日常生活息息相关的环境和要素。比如，以社交为主的花腰傣花街节，其节日展示的农业文明的空间环境和秧箩饭、干黄鳝、咸鸭蛋、纹身、染齿、制陶等民俗要素，对于花街节的存续起着十分重要的作用。一旦它们消失，花街节节日文化生态将遭到严重破坏。又如，以庆祝丰收为主的哈尼族"苦扎扎节"，如果脱离梯田耕作、原始神灵崇拜、农事祭祀、打磨秋、喝街心酒等环境和要素，其节日的文化内涵就会大打折扣。由于节日文化生态一般具有不可再生性，一旦遭到破坏，将对节日文化保存产生巨大影响。再如，南宁"民歌节"走政府办节、公司经营、社会参与的模式，使得原生态民歌产生的原生土壤和环境发生了变异，甚至在节日上还出现了用爵士乐演唱传统民歌的荒唐现象。这种忽视文化生态的做法，是一种典型的"保护性"破坏行为。因此，在传统节日文化创新中，必须要对节日文化空间和节日仪式必要要素进行整体性保护，在保存节日文化生态的基础上进行创新。刘铁梁教授十年前就提出，民俗研究不能离开对于具体地方社会集体生活方式及其所处地理历史位置的认知，离不开对于节日文化地方性的考察。民俗研究要把民族性和地方性有机结合，两者不能偏废。[①] 因此，节日文化创新中，要对那些不顾节日时间、空间及文化要素的伪节日民俗或者泛节日民俗进行无情批判。

其次，在文化创新中要保持节日文化内容的完整性。从历时性来看，节日文化作为一种仪式，其文化内容不外乎由仪式前、仪式中、仪式后三个部分组成。从共时性去看，节日文化作为一个民俗事象和一种民俗生活的统一体，其文化内容主要涉及文化主体的政治、经济、文化、社会与生态等方方面面，其文化内涵是节日所反映出的精神和思想内容，是节日的灵魂。节日文化内涵主要有以下三个重要属性：自然文化、社会历史文化

---

① 刘铁梁：《节日文化的地方性》，《凯里学院学报》2008 年第 1 期。

和个人生活文化。因此，在节日文化创新中，一方面要突出“标志性文化”的引领作用，一方面也要顾及节日文化内容的完整性。“重点论”与“两点论”相结合，节日文化内容才会显得真实、完整、独一无二。因此，为了维护节日文化内容的完整性，我们在文化创新中不能以一些吸引人的噱头来招引游客，或是故意增加节日文化内容，两者都会削弱文化的完整性。比如，在一些社交类节日中，为了达到吸引游客的目的，一些地方媒体打着“最古老的情人节”“最浪漫的狂欢节”标语，在节日中，过度凸显“情、性、色”，使得节日文化受到歪曲。又如，2017 年 4 月，贵州省台江县苗族传统节日“姊妹节”，完全不顾节日的时空限度，节日持续一个月，节日中当地苗族文化和现代需求展现无遗。这些看似创新节日文化内容的做法，反而使得节日文化内容的主题淡薄，吸引力下降。因此，为了保存节日文化内容的完整性，我们对节日文化内容创新要做到防止“过度”或“不及”，客观真实地展现节日文化内容。当然，也要对那种靠拼凑、复制、程式化的节日复制品进行识别，准确估量其在节日文化发展中的作用和地位。总之，坚持节日内容的真、善、美属性，是节日内容完整性的最高表现，也是节日民俗追求的最终目标。

最后，在文化创新中，要充分利用好多样化的组织介体。在推动传统节日现代化的各种组织介体中，政府主导、学者指导、民众主体、公司介入的运作模式，无疑是最好的组织系统。但在当前传统节日文化生态中，政府和公司的作用则显得过大，这在一定程度上掩盖了学者和民众在文化发展中的智慧。在传统节日文化迈向现代化的过程中，政府、公司、学者，甚至是传播媒体的作用都是必不可少的，但我们也不要忘记，相对于文化主体来说，任何的组织和机构都是充当“路由人”的角色。并且，“对外在路由人的过度依赖导致对民间社会资源的忽视，地方自组织能力受到削弱，最终难以形成一个理想的良性发展循环”①。因此，在节日文

① 张涛：《生态博物馆、旅游与地方发展》，《西南民族大学学报》2011 年第 10 期。

化生态系统的修复与建构中，我们不可忽视各种组织介体的作用，但更要彰显节日文化主体的核心地位。

总之，由节日文化自然生态、节日民俗事象、民族主体及组织介体所构成的传统节日文化系统，在现代社会受到了不断冲击而正发生着急剧变化。但我们对于这种变化，不要悲观地唉声叹气，也不要听之任之、置若罔闻。我们有理由相信，在西部少数民族传统节日文化生态修复与重建的过程中，只要我们建构起完善的创新机制、遵循着机制运转的基本原则、依托节日文化系统，就能最终实现传统节日文化生态在现代社会的修复与重建。

第三节　文化创新促使传统节日文化生态价值的彰显

节日文化负载着民族情感、智慧、历史、道德、智识等诸多要素，具有十分丰富的文化意义，因而被称为“文化集约丛”。如今，节日文化创新与新时代文化建设相结合，与文化产业相伴随，成为我们民族独特的精神标识之一和文化自信的重要资源，这就使得传统节日文化创新价值不断得以彰显。比如，“中国传统节日的实质，是社会整体氛围趋向神圣化、仪式化的特殊时段，是民众生活中文化活跃、精神丰富的非常时期，国家神圣、民族认同的意识就是以这种文化体验、精神洗礼为基础而得到强化的”①。当然，传统节日文化创新不仅能增强国家神圣、民族认同的意识，还能促进传统节日文化生态价值的不断彰显。在党的十八大报告中，“生态价值”这一概念第一次在党的重大会议报告中出现。具体而言，生态价值主要具有三方面含义：第一，指任何物种和个体与其他物种和个体相互联系，彼此都在为对方的存在提供意义；第二，任何物种和个体的存在对于世界生态环境系统都起着积极的意义；第三，自然系统平衡对于人类

① 张士闪、李松：《中国民俗文化发展报告 2015》，山东大学出版社 2016 年版，第 9 页。

生存具有“环境价值”。因此，生态价值是自然价值，也是环境价值。[①]就本部分所说的西部少数民族传统节日文化在创新中所彰显出来的生态价值，则主要表现在节日文化对于生态知识的传播、生态伦理的建构以及生态美的展示上。也就是说，传统节日经过文化创新，能进一步促进人们形成求真、至善、唯美“三统一”的生态价值观。

一、节日文化创新有利于节日生态知识与文化的传播

中国岁时文化的核心概念是人与自然时序的对应，不逆天时，顺时而动，是中国人对待时间的基本态度。传统节日作为特定时间特定空间下的文化事象，其内部蕴含着众多如何处理人与自然关系的知识。通过这些知识，传统节日比较鲜明地展示出了中国人特有的时间观和生态观。比如，对于传统节日的起源问题，学界比较公认的说法是，我国最古老的节日当是与农业实践相关的农事节日，而这些农事节日最早却是源自中国传统的节气。中国最早的先民们在对自然变化现象的认识基础上，归纳出一年四季交替的周期规律，进行把一年分为四时八节二十四节气。在这些节气的影响下，人们不仅能很好地安排好自己的农业生产生活，也逐步形成了以休闲娱乐、祈求祭祀、社会交往、舒缓精神等为主题的传统农事节日，甚至有些节气直接就成为了节日的名称，如“清明”“冬至”“立春”等。具体来说，西部传统节日文化中的生态知识与文化，主要精神集中表现为尊重自然、顺应自然及保护自然。正如英国著名生态学家杰拉尔德·G. 马尔腾（Gerald G. Marten）所说：“人类在生产资料方面完全依赖自然。因此（人们）有理由对自然是如何运作的保持敏感，并力求人类活动与自然保持和谐。因此我们有理由与自然合作。让自然为我们服务，而不是

① 刘福森：《生态文明建设中的几个基本理论阐述》，《光明日报》2013 年 1 月 15 日。

与自然斗争。"① 而民俗学界刘魁立先生也说：我们传统节日的核心功能就在于"认识自然、亲近自然、协调与自然的关系"②。

在西南少数民族众多传统节日中，也蕴藏着各民族丰富的生态知识与文化。比如，云南省红河州元阳县哈尼族梯田作为世界文化遗产，被法国人类学家欧也纳称赞为是大地艺术和大地雕塑，而把哈尼族称为大地雕塑家。哈尼族作为滇南以农耕文明著称的民族，其丰富的生态文化知识与文化，无疑对哈尼梯田的形成、保护与发展起到了至关重要的作用。比如，在哈尼族农事节令歌谣《十二奴局》中，记述了哈尼族一年十二个月各项农事祭祀及节日，其内容之丰富，让人赞叹不已。一月换龙巴门，祭寨神。二月祭"红石天"，纪念死去的咪谷（龙头）；三月祭山，二三月间各村寨都要举行盛大的祭"竜树"（龙树）仪式。四月祭"鸟收扎"，也叫"黄饭节"，敬献布谷鸟。四五月间还要过载谷年，类似开秧门。六月祭水，过六月年。七月祭谷。八月祭"尼波泥"，捉虫拿蚂蚱，驱鬼出寨。九月饮新谷酒，吃新米，过"禾希杂"节。十月过十月年。十一月过冬节。十二月祭牛，叫牛魂。③ 此外，除了哈尼族，在滇南生活着的傣族、彝族、苗族、佤族及拉祜族等众多少数民族传统节日中，都有着如何处理好人与自然关系的知识与文化。比如，面对着全球性淡水资源的缺乏和被污染的形势，主要生活于云南临沧地区的佤族群众，在传统节日新水节上，形成了佤族人民独特的重水、敬水、惜水的水文化，这和当前各国专家呼吁的保护生态环境和倡导对水资源的合理利用的理念是十分吻合的。

虽然西部少数民族传统节日文化中有着丰富的生态知识与文化，但在现实生活中，人们直接从生态层面去记述或描述这些知识与文化的文字则

① ［英］杰拉尔德·G. 马尔腾：《人类生态学——可持续发展的基本概念》，顾朝林等译，商务印书馆 2012 年版，第 134 页。

② 刘魁立：《中国节典》，安徽教育出版社 2008 年版，序言第 3 页。

③ 黄泽：《西南民族节日文化》，云南教育出版社 1995 年版，第 260 页。

较少，更不说去对这些生态知识与文化进行积极的宣传与传播。比如，在“诺鲁孜节”的相关描述文字中，基本看不到直接描述其生态文化知识层面上的文字，这就需要学者们在各种文献和节日活动仪式中去系统梳理和整理。又如，这种对传统节日生态知识与文化研究和宣传上的不足也可以通过学界对传统节日的社会意义的分析中可以看出。在党的十八大提出生态文明建设之前，学界对于传统节日文化意义的研究中很少能看到有关其生态价值的分析，而在生态文明建设提出之后，节日文化的生态价值才慢慢得到了学界的关注。针对西部少数民族传统节日生态知识与文化研究及活动上存在的这些不足，我们认为，在传统节日文化创新中，要把节日中的生态知识与文化作为一个重要领域去不断挖掘、整理；节日形式要为展现节日内在的生态内容和价值服务；节日生态理念要不断彰显；节日举办的生态指向和目标要十分明确。让人欣慰的是，在当前的很多节日文化活动中，以上这些创新要素都得到了很好的体现。从这个意义上去说，文化创新有助于西部地区少数民族传统节日生态知识与文化的传播与教育。

二、节日文化创新有利于西部地区生态伦理的建立

伦理作为人对客观世界应然性的认识，主要处理的是人与自然、人与人、人与社会之间的各种关系。生态伦理作为伦理的分支，则侧重于对人与自然关系的应然性认识，是特定民族在处理人与自然长期相处中所形成的价值观念、道德规范与行为准则的总和。西部诸多的传统节日文化中存续着的丰富生态知识与文化，在我们平时的节日研究和节日里表现得不太明显，但这正是我们传统节日未来发展所应该加以重视的。因此，在节日文化创新中，我们要充分利用节日文化中的生态知识与文化，不断挖掘和凝结这些生态知识与文化中蕴含着的生态伦理思想，推动西部地区生态伦理的最终形成。

众所周知，西部地区少数民族普遍有着信仰宗教的习惯。从区域分布去看，西北少数民族大多信仰伊斯兰教，西南少数民族则普遍信奉原始宗

教及原始崇拜。因此，在文化创新中，我们可以充分利用西部地区民众信教的习惯和习俗，因势利导，充分利用宗教节日中的生态知识与文化，不断推动西部地区生态伦理的建立。比如，地处青海省民和县三川地区的土族庆祝丰收的农事节日那顿节，节日活动在三川地区各村轮流依次进行，历时两个多月，号称“世界上最长的狂欢节”。但那顿节其实也是各村举行的庙会，其活动的主要目的是为了酬神祈福、庆祝丰收。在那顿节上，祭祀神祇和装脏仪式显得格外庄重，节日祭祀神祇的神主要是土族人普遍信仰的二郎神和各个村庄庙里的村落神，装脏仪式主要是对村庄庙中的村神脏腑定期进行更新。二郎神是民间信仰和道教中的神祇人物，民间大都认为他是一位与水利、农耕、防止水灾有关的水神，而土族先民把二郎神作为他们的最高神灵，使其和他们的农业生产有机结合起来，其实质则是对大自然的祈求和感恩。因为“传统节日常常有向天地万物神灵祈福的内容，这些神灵其实就是自然的化身，人们对神灵的礼敬，也就是对自然的尊重”①。因此，那顿节文化创新中，我们可以把神与人有机结合起来，提倡人们养成尊重自然、敬畏自然、感恩自然、保护自然，与自然和谐相处的伦理意识。

而在西南的纳西族、景颇族、独龙族、哈尼族、彝族、白族等诸多民族中，人们对于祭天祭祖的习俗尤为热衷，由此产生出来的与祭天祭祖相关的节日也十分众多。比如，独龙族的卡雀哇、景颇族的目瑙纵歌、纳西族的祭天节、佤族的拉木鼓、土家族的太阳祝生节、布依族的六月六节等。节日研究专家黄泽认为，各个民族意识中的天，主要有人格化的天神、太阳神崇拜以及自然形态的天空观念。祭天的共同文化要素主要有：在时间选择上，与各民族先民使用的历法有关；祭天和祭祖有机结合；沟通天人的神物一般都是牛、磨秋、神树等自然物质；祭天具有整合人与自然、人与人的社会功能。② 西南各少数民族主要是农业民族，其祭天祭祖

① 萧放：《传统节日与非物质文化遗产》，学苑出版社2011年版，第18页。

② 黄泽：《西南民族节日文化》，云南教育出版社1995年版，第196页。

的一个最大目的就是想通过“礼尚往来”的方式去建构天与人之间的和谐关系，最终实现风调雨顺、五谷丰登，这就说明西南各民族祭天祭祖的实质还是为了尊重自然，造福人类。比如，有学者在说到滇南拉祜族传统节日时，这样总结道：“尽管在节日中有大量看似是宗教祭祀的活动，似乎主要是敬神灵，而事实上他们心中的神灵就是自然，无论是大神厄沙还是祭水、祭火、祭谷和祭沙马斯赕，都在表达着拉祜人对自然的敬仰和感恩，并且从他们丰富的祭祀自然的活动中，也能看出拉祜族善于保护自然、利用自然的特点。”① 因此，在节日文化创新中，我们要在尊重各民族祭天祭祖习俗的基础上，抓住民众祭天祭祖背后的利益需求，引导民众对人与自然关系的进一步思考，逐步让民众在生态观上形成互惠意识、感恩意识、敬畏意识、规范意识、整体意识等。同时，注重把民众的祭祀热情引入到对当地自然与环境的保护和对党和国家生态文明建设的拥护上去，让祭天祭祖和自然生态观有机结合起来，推动当地生态伦理的建立。

总之，西部少数民族传统节日中蕴含着丰富的生态知识和文化，在节日文化创新中，我们要充分利用这些知识和文化去唤起人们的生态意识，培养人们对自然的尊重、敬畏、感恩以及人与自然和谐共处的情感，制定出相应的生态环境保护法律法规。假以时日，生态意识、情感与规范一旦完美结合，就能推动西部地区生态伦理的完整建立。“丰富多彩的节日文化，不仅记载了我们祖先对自然运动规律的认识和把握；也显示了各个不同历史阶段的社会、经济、科技发展的水平；同时，也反映了我国民众那种张弛有度、应时而作的自然生活规律。”② 因此，从这个意义上去说，节日文化创新有助于西部地区生态伦理的建立。

三、节日文化创新能满足人们对生态美的需求

党的十九大报告指出，当前我国社会的主要矛盾已由过去的人民群众

① 朱力平：《拉祜族传统节日中的生态利用》，《沧桑》2011 年第 6 期。

② 钟敬文：《民俗学概论》，上海文艺出版社 1998 年版，第 131 页。

日益增长的物质文化生活需要与落后生产力之间的矛盾，转变为人民群众对美好生活的向往与不平衡不充分的发展之间的矛盾。在人民群众对美好生活的需要和追求之中，其中一个重要部分就是对于高层次和高品位的文化需要，但当前文化市场上出现的文化“鱼龙混珠”现象，确实难以满足人民群众渴求，这直接造成文化市场的结构性失衡。在供给侧和需求侧矛盾下，这样的情形时有发生：“当审美幻象已经变成像货币一样不仅是欲望的一般对象，而是对成为一般的欲望对象时，美进入了一般性的文化交流，甚至商品流通的领域，美和审美变形也会发生异化。”[①] 为了对这种美和审美变形异化进行扶正，解决文化市场结构性失衡矛盾，让老百姓真正享受到精致的文化“大餐”，传统节日文化责无旁贷。传统节日文化，特别是西部少数民族传统节日，除了其节日自带“光晕”（特指节日文化珍贵、特殊、权威、永恒的独一无二性质）之外，加上在创新中融入先进思想和科学理念、用人民群众喜闻乐见的方式展现出来，定能满足人民群众对于文化稀奇性、原生性、神圣性的需求。因此，节日文化创新有满足人民群众对高品质文化生活需求的功用。

20 世纪中期以来，随着现代工业文明对生态环境的破坏日益加重，引发出了人们对于生态环境危机的种种忧思，在此背景下，生态美学随之产生。具体就中国的生态美学来说，它是由鲁枢元、曾繁仁等学者在 20 世纪 90 年代首先提出并建立起来的一个美学分支学科。经过 20 多年的发展，生态美学得到了长足进步，日益成为学界的一门显学。生态美学以研究人与自然审美关系为基础，同时兼及人与社会以及人自身的生态审美关系。而作为生态美学研究的核心概念生态美，则是指自然—人—社会之间所形成的和谐状态，是自然美、社会美以及人性美的有机统一。西部地区作为中国社会欠发达地区，由于受自身地理条件的影响，其境内还保留着大量原生态的少数民族文化。而传统节日文化作为少数民族文化的重要组

① 王杰：《审美幻象研究——现代美学导论》，广西师范大学出版社 1995 年版，第 227 页。

成部分，在其仪式活动中，西部地区的生态美展现无遗。

民俗学家邢莉教授在《中国少数民族重大节日调查研究》一书中，在对蒙古族东乌珠穆沁旗50周年那达慕大会开幕式进行调查描述中有这么一段话：“8名身着戎装的武警战士，护卫着五星红旗进入会场；接着8名身着乌珠穆沁服装的女青年，手托本届大会的会旗走入会场，会旗上，骏马奔驰，寓意‘跨越50年历程的东乌珠穆沁旗’；随后，巨大的圆形会徽在56名男女青年的簇拥下进入了会场。会徽是一匹奔驰的、插着雄鹰翅膀的骏马……其后，在解放军进行曲中，解放军武警战士进入会场。”① 这仅仅是对当地那达慕大会开幕式上精彩内容的一部分的描述，但通过这个描述，一幅反映当地蒙古族民族风采、自然环境、社会和谐安定的生态图景，早已映入我们的头脑中。由此可见，经过创新发展后的那达慕大会，充分地呈现出了蒙古地区自然美、社会美及人性美。

对于西南地区来说，其生态美的展现不是以西北及北方地区的粗犷美而闻名，而是以西南地区特有的类似女性的阴柔美而著称。比如，地处哀牢山区、红河谷中的新平花腰傣，有着“古滇国王室后裔”的传说，其传统节日花街节，是当地傣族青年男女谈情说爱的社交节日。节日当天，“小卜少”（少女）穿着母亲亲手准备好的漂亮服装，头戴鸡枞帽，身上背着盛满干黄鳝、咸鸭蛋、糯米饭的“秧箩饭”，一排排、一对对地在花街上的走来走去，惹得“小卜冒”们（少男）目不转睛、心潮澎湃。赶完花街之后，有意的男女相约去林间地头，相互喂食“秧箩饭”，田园风光与美人相映衬，充满着无限的浪漫情调。20世纪90年代，新平花腰傣小卜少们穿着节日盛装首次登上巴黎时装周，就让世界为之惊叹。此后，新平县抓住这一契机，在花腰傣三大聚居地漠沙、腰街、戛洒，大力开展以花腰傣文化为主的旅游节日，获得了经济、社会及文化等方面的全面丰收。

---

① 邢莉：《中国少数民族重大节日调查研究》，民族出版社2011年版，第410—411页。

当前，随着中国社会的不断发展，人们对于生态游的需求越来越强烈。而民族文化与生态文化作为西部少数民族地区最具独特性和引以为自豪的文化资源，通过节日文化创新，不断地展示向外界展示着西部地区独特的自然风貌、人文景观、风土人情等物质遗产和非物质遗产，使广大游客在享受西部地区生态美的同时，也受到了美的熏陶和教育。因此，西部少数民族节日在文化创新中，能满足人们对生态美的需求。

总之，西部少数民族文化创新，不仅能把节日文化中蕴含着的生态知识与文化传播出去，也能促进西部地区生态伦理的建立，更在一定程度上能满足人们对于生态美的需求。传播生态知识与文化是节日文化创新的求真诉求，建构人与自然和谐相处的生态伦理是节日文化创新的至善原则，全面展示民族地区自然、社会及人性美是节日文化创新的最终目标。求真、至善、唯美在节日文化创新中的“三位一体”，不仅能使西部少数民族传统节日文化生态价值得到全面彰显，也能加速西部地区生态文明的建设步伐。

第四节　节日文化创新推进西部地区生态文明建设

生态文明是相对于原始文明、农业文明和工业文明而言的新的文明类型，也是人类社会发展以来最为完美完善的文明类型。具体而言，生态文明是对以往文明类型的继承与发展，特别是在超越当代社会的主要文明类型——工业文明基础上的产物。工业文明本质上是科技文明，是由近现代社会科技革命推动而成，并随科技革命发展而得以不断发展的文明。在人与自然关系处理上，工业文明是“以机械的征服论自然观为出发点、以科技理性主义为特征、以满足人类需要的人类中心主义为核心的”①。生态文明实质上是和谐文明、绿色文明，它以和谐自然观为基础，把自然拟

① 王凤才：《生态文明：生态治理与绿色发展》，《学习与探索》2018 年第 6 期。

人化，崇尚人与自然和谐共生的科学自然观和绿色发展观。

就中国社会生态文明建设而言，其是中国智慧与中国特色社会主义建设有机结合的产物。在2012年党的十八大报告中，党中央把生态文明建设纳入中国特色社会主义现代化建设之中，制定了“五位一体”的总体布局。在2017年党的十九大报告中，党中央又提出要统筹推进“五位一体”总体布局，决胜全面建成小康社会，夺取新时代中国特色社会主义伟大胜利。由此可见，生态文明建设在中国特色社会主义建设基本方略中的重要地位和在实践操作上的重要性和紧迫性。

与此同时，学术界对于中国生态文明建设的研究也开展得如火如荼。自2012年党的十八大召开以来，在知网学术平台上，以“生态文明”为主题词进行搜索，每年发表的相关学术论文高达6000篇左右，其中核心期刊1000余篇。但令人遗憾的是，在所有研究中，很少出现有关文化创新在推动生态文明建设方面的相关成果，而把传统节日文化创新与生态文明建设相结合来进行论述的文章则几乎没有。因此，分析西部少数民族传统节日文化创新对生态文明建设的作用，就只有回到党和国家对生态文明建设的建构思路和总体规划中去，才能真实地把握两者之间的相互关系。具体来说，从党的十八大以来，以习近平同志为核心的党中央对生态文明建设提出了一系列的新理念、新思想、新要求。但归纳起来，主要从四个方面入手对生态文明建设进行了系统论述：发展生态经济，这是生态文明建设的物质基础；建设生态政治，这是生态文明建设的政治导向；厚植生态文化，这是生态文明建设的文化底蕴；培育生态公民，这是生态文明建设的主体力量。① 这种认识和习近平总书记提出的要把生态建设融入经济建设、政治建设、文化建设及社会建设中去的主张是十分契合的，也和我们提出的西部少数民族传统节日文化创新的几个方面社会功能相一致。基于此，这部分我们也主要是从这四个方面入手去对节日文化创新在推进西

① 吴江华、杨玲：《习近平生态文明思想的四重维度》，《四川师范大学学报》2018年第4期。

部地区生态文明的建设中的作用进行探析，以此作为对西部少数民族传统节日文化创新的社会功能的一个简单总结。

一、节日文化创新有利于西部地区节日生态经济的建立

生态经济不同于传统经济，其要求经济发展与生态环境保护之间达到协调一致。因此，传统经济主要是以消费物质资源为前提，走的是粗放型经济发展模式；而生态经济则是以资源的可再生循环为基础，走的是集约型和谐发展模式。当然，尽管两种经济类型在诸多方面存在不一致，但不可否认的是，两者经济都是依靠生产力发展而推动起来的。而生产力作为马克思主义政治经济学的核心概念和基础理论，主要包括劳动资料、劳动对象及劳动者三大实体要素，也就是人的因素和物的因素。因此，马克思依据这两大要素的不同，将生产力分为自然生产力与社会生产力两大类。自然生产力主要是指自然界的自然力和人自身自然所具有的生产力两种，前者主要是指阳光、水、空气等自然物质，后者主要是人在自然中长期形成的风俗习惯、生活方式、伦理道德等文化形态。社会生产力是人的生产力，其定义为："生产力是人类利用自然和改造自然、进行物质资料生产的能力。"① 自然生产力是社会生产力的前提和基础，社会生产力制约着自然生产力，两者共同组成了马克思的劳动生产理论。也就是说，自然的人化和人的自然化作为人的实践活动的两个侧面，两者是相互统一的关系。"人类的伟大任务在于对自然界不停顿地认识，这可以说是人的自然化的过程。同时，人类又把自然化的结果，用来作为自然的人化的规范，而人类又在实现自然的人化过程中，加深了人的自然化程度。"② 但令人遗憾的是，长期以来，人们在实践中往往忽视了自然生产力的作用，而过分强调社会生产力的作用，导致了一定的生态危机。"后人对马克思恩格斯经典著作的解读，只注重了阐发他们的社会经济生产力思想，很多人不

---

① 本书编写组：《马克思主义政治经济学概论》，人民出版社 2011 年版，第 2 页。

② 滕福星：《自然的人化与人的自然化》，《工业技术经济》1995 年第 5 期。

重视，甚至忽视了对其自然生态生产力的阐释，好像马克思主义的创始人不关心自然生态，没有自然生态生产力的相关论述。其实，在他们的经典著作中包含大量的、系统的、精辟的论述，蕴藏着丰富的自然生产力思想。”①

节日文化经济的出现，则一改过去那种单纯注重社会生产力的做法，充分地把自然生产力和社会生产力有机结合，走出了一条绿色生态发展之路。而对西部少数民族传统节日进行文化产业化开发，促使其走上产业化道路，是西部少数民族传统节日文化创新的一个重要方面。节日文化经济作为绿色经济、生态经济，是建立在人与自然环境相互协调基础上的产物，是人—自然—社会三者的有机统一。节日文化生态系统的修复与建立，很好地把节日文化事象与节日文化赖以生存的自然空间和社会文化空间有机结合，实现了人与自然、人与人及人与社会的和谐相处。“蓝天白云、青山绿水是长远发展的最大本钱。良好的生态环境本身就是生产力，就是发展后劲，也是一个地区的核心竞争力。”② 因此，把节日文化与西部地区绿水青山融为一体，不仅展示出了“绿水青山就是金山银山”的“两山论”发展理念与科学实践，也实现了经济的绿色发展和文化的经济发展双丰收。当前，在西部少数民族传统节日文化创新中，节日文化经济在文化产业、文化商品以及节日文化市场上的独特性和特殊性，使得其对于西部地区经济结构的调整、经济效益的提升等方面显示出了强大的文化力量，发挥出了极强的价值作用。

总之，在西部地区节日生态经济的发展中，文化创新作为重要的推动力，不仅起到了把生态绿色发展理念融进节日文化中去的作用，也发挥出了把节日文化推向产业化的功能，更是成为连接自然、文化与经济的重要纽带。传统节日的创造性转化与创新性发展，是西部地区节日生态经济发

---

① 钱俊生、余谋昌：《生态哲学》，中共中央党校出版社 2004 年版，第 120 页。

② 本书编写组：《新思想 新观点 新论断 新要求》，中央党校出版社 2014 年版，第 88 页。

展的必由之路。因此，文化创新有利于西部地区节日生态经济的建立。

二、节日文化创新有助于西部地区生态政治的建构

习近平总书记在 2013 年 1 月十八届中央纪委二次全会上第一次提出“政治生态”这一概念，用来指示良好执政环境的建立，是解决党内各种问题的重要条件。具体来说，政治生态主要是指各类政治主体生存发展所面临的政治环境和状态。政治生态不仅是政治制度、政治文化、政治生活等多方面要素相互作用的结果，也是党风、政风、社会风气的综合反映。而“生态政治”有别于“政治生态”，它主要反映的是要从政治的视角去看到生态环境和生态文明建设，把对生态环境的保护与生态文明建设提高到政治文明建设的高度。这一思想的直接来源是习近平总书记在 2013 年 4 月 25 日在中央政治局常委会会议上的讲话：“我们不能把加强生态文明建设、加强生态环境保护、提倡绿色低碳生活方式等仅仅作为经济问题。这里面有很大的政治。”① 生态政治的提出，不仅拓宽了政治哲学研究的领域，也加深了人们对生态环境保护和生态文明建设战略决策的认识。

节日文化创新参与进生态政治的建设中，并成为推动生态政治建设的重要抓手，其作用主要是把文化创新各环节中所表现出来的生态文化性，用来作为检验和反映当地政府理解和实施生态政治的“试金石”。在当前西部少数民族传统节日文化保护与发展中，囿于西部地区民众经济上的落后和文化自觉程度不高等现状，各级政府理所当然地成为节日文化创新的主要发起者、领导者，甚至在一些政府举办的旅游节日上，政府成为整个节日活动的直接举办者，而当地民众则成为节日文化的消费者和旁观者的现象也屡见不鲜。因此，节日文化作为了解一个地区和民族的窗口，在其节日活动中，我们就能清楚地知晓当地政府对于生态政治的理解及落实情况。

---

① 《习近平关于全面深化改革论述摘编》，中央文献出版社 2014 年版，第 103 页。

具体来说，各级政府对于生态政治的理解及落实情况，可以从以下几个方面可以看出。首先，节日活动举办的理念和目标。对于非物质文化遗产的保护与开发工作来说，保护始终是第一位的，适当开发是第二位的。但在当前很多旅游节日上，这两者的地位恰恰相反。在“文化搭台、经济唱戏”与“经济搭台、文化唱戏”之间的博弈中，谁胜谁负的最终结局就是当地生态政治的最大表征。

其次，节日活动中人们的举止与行为。各级政府作为节日活动的管理者，其对生态理念的宣传教育和管理工作开展得如何，则可以通过节日中节日主体及游客们的言谈举止可以看出。各级政府在节日文化前、节日文化中和节日文化后，都要承担对民众进行生态知识及其文化的宣传、教育及管理工作，而这种工作的成效则可以在节日这个特定时空下得到检验。

再次，节日内容和形式的状况。不管是什么类型的节日活动的表演和展演，都对节日内容和形式的真、善、美的要求极高。如果节日活动和形式违背了节日活动这一最为重要和基本的原则，则预示着节日活动早已脱离了自然环境和自然状态，离开了民众的日常生活和生态世界，这对于节日文化生态的保护是十分不利的。

最后，节日开展后自然空间的保护状况。节日是特定时间和空间范围内的民俗事象，在传统节日中，时间和空间的选定是固定的，但在现代节日上，时间和空间的选择往往要考虑交通、人群、影响力等各种因素，因而就出现把传统节日放在有一定知名度的旅游胜地或景区的情形出现。因此，节日开展后，这些节日空间的保存状况及空间中的环境卫生等都可以作为检验当地生态政治的一个重要指标。

总之，在节日文化创新中，政府相关部门保护好节日文化的自然生态和处理好人与自然关系的作为，一方面是政府发挥其在公共事务活动中的管理职能的表现，另一方面则是尊重民众及其生活方式、调解地方政府与民众之间关系的一种有效行为。节日文化作为一定民众所属的公共性活动，政府对其发挥出自身的公共管理职能，两者有机结合起来，充分展现了节日文化创新工作的政治性。因此，节日文化创新对于生态政治的建构是有一定的促进作用。

三、节日文化创新有助于西部地区生态文化的形成

通过节日文化创新，在一定程度上，节日文化活动中的生态知识与具体文化能得到的传播、生态伦理能得以建构、生态美学能得到彰显，但要使这些节日文化要素组合起来，去帮助西部地区生态文化的形成，则是一个系统而又长期的事情。在前面的分析中，我们已经对文化的多重含义进行了探讨，我们除了认同文化是人们在长期实践中所形成的物质文明与精神文明的总和这一宏观概念之外，还赞同文化是人们的生活样态和生活方式之说。特别是对于传统节日来说，其更是对特定民众生活方式和生活世界的集中展示。因此，文化的形成不是一朝一夕的事情，而是长期不断涵化和融合的产物。一般来说，学界对于生态文化的定义已经得到了共识。生态文化是指超越过去那种人统治自然的文化而实现的人与自然和谐的文化。这是人们在处理人与自然关系上的根本性价值观念转变，是跳出人类中心主义价值取向到建构人与自然和谐发展的价值取向的重要飞跃。生态文化的本质内容是生态价值观，生态价值观对于生态文化具有决定性意义。正如习近平同志所说：“加强生态文化建设，在全社会确立起追求人与自然和谐相处的生态价值观。”① 而生态文化要在现实中实现，我们认为则需要从以下几个方面入手去建构：生态价值观成为文化的核心价值观、生态价值观已经深入社会心理，尤其是成为民众认同的共同理想和信念、生态价值观已经被制度化以及生态价值观成为社会制定政策措施而进入管理决策的体制机制，并转化为社会风尚和民众普遍奉行的行为模式。

在西部少数民族传统节日文化创新中，尊重自然、顺应自然、保护自然，实现人与自然和谐相处的核心价值观，一方面通过文化创新理念不断

① 习近平：《之江新语》，浙江人民出版社 2007 年版，第 48 页。

融入节日活动中而得以不断被宣传和教育，另一方面则通过传统节日文化中的生态知识与文化去不断印证这种理念的先进性。自上而下和自下而上的方式，齐头并进，不断推进生态文化价值观在西部地区的传播。而西部地区诸多的生态旅游节日的开展，优秀的传统节日文化与良好的生态环境有机结合，不断地给西部地区民众带来了较大的节日生态文化价值，这对于民众在内心形成生态价值观起着直接的刺激、引导及促进作用。国家专门针对传统节日文化保护与发展、节日休假制度等出台的一系列文件，为民众接受、认识、珍视及实践节日生态价值观提供了制度保证。而这些制度和政策一旦进入节日文化创新的体制机制中，就能规范和引导民众维护生态环境、创造人与自然和谐相处的实践行为，这种把党风、政风转化为民风的方式，对于民众形成良好的生态行为模式是十分有帮助的。

总之，对于广大的西部地区来说，虽然拥有众多的文化生态实体、与生态文化相关的知识和具体文化，但生态文化作为一种先进的文化发展理念、类型及模式，要达到在当地民众中间生根发芽，则是一个生态文化价值观“入脑入心”的过程。而这个过程的形成不是一蹴而就的，需要一个长期实践的产物。

四、节日文化创新是培育生态公民的重要途径

生态文化追求的是真善美和谐统一的整体理念，是尊重客观规律与发挥人的主观能动性的有机统一，物的因素和人的因素的相互融合。但不可否认的是，在生态文化建设中，作为主体的人无疑是起着决定性的作用。因此，在西部地区培育生态公民，则成为生态文化及文化文明建设中最为重要的事项。生态公民是指具有一定生态意识、价值观念、心理及行为的文化主体。一个主体要成为一个知晓生态、保护生态及践行生态文化的生态公民，最好最有效的途径则是通过生态文化知识教育、生态环境熏陶及节日生态氛围感染等方式去达到。而对于传统节日文化在传统文化的传承、节日氛围感染以及节日环境熏陶上的文化功能分析，我们已经在传统

节日的文化功能中已有涉及。因此，本部分主要以此为基础，着重对于节日文化创新对培育生态公民上所起作用进行分析。

节日文化作为行为文化，主要是指人们通过特定的节日仪式和相关活动，去反映人们内心的价值取向、伦理道德及审美情趣等一种民俗事象。当前，随着党和国家对于生态环境的重视，幸福中国和美丽乡村建设工程的深入开展，西部地区民众的生态意识、观念及行为已经取得了长足进步，但西部地区的生态文明建设在广度和深度上还稍显不足。总体去看，这些不足主要表现在以下几个方面：公民整体生态意识有待加强，这表现在日常生活中民众的生态养成习惯和行为较差、环保组织的作用未能充分发挥出来、个别地方政府环保政策和措施还存在于理念层面上，缺乏具体的操作措施等。因此，对于西部地区生态文明建设和生态公民的培育来说，借助创新了的节日文化这个平台，对民众进行相关生态知识、伦理及行为的教育就显得十分必要。

具体来说，节日文化创新能起到培育生态公民的作用，主要有几个方面的原因。首先，节日文化在民族文化中的地位及功能决定。节日文化是西部传统文化的重要组成部分，是推动西部地区经济社会文化发展的"推进器"，是聚合民族文化的"文化丛"，是展示西部地区民族文化的"窗口"，是民族核心精神的"标志物"。因此，节日文化这个最大的教育平台，就为培育生态公民奠定了环境基础。

其次，节日文化创新是一个群体性的系统工程，能调动众多人员参与。节日文化创新作为一个系统工程，会涉及文化主体、政府相关人员、游客、学者及运营公司人员，而对这些人员进行生态环境知识的教育和宣传，无疑会为培育生态公民奠定主体条件。

再次，生态文化融入节日文化创新，能增加节日文化的生态性特征。节日文化的生态性特征作为节日文化与生态环境相结合的产物，集中体现出了节日文化内在的生态本质属性，而这种生态本质性，就能为培育生态公民奠定思想基础。

此外，政府对于节日文化创新实践的引导、规范，特别是对于节日文化生态功能的引导及规范，则为节日文化创新培育生态公民做了制度上的保证。诚然，当前的西部地区传统节日文化创新，是在实现富强民主文明和谐美丽的现代化建设总目标下的具体行为，因此，其是幸福中国、美丽乡村建设中的重要一环，能对西部地区生态文明建设起到一定的作用。

总之，在“西部大开发”和社会主义现代化建设的大背景下，传统节日文化生态正在发生着急剧变化，传统与现代、经济与人文、主体与客体、全球化与地域化、民族化与大众化等各种矛盾交织在其中。因此，只有通过文化创新的方式，西部少数民族传统节日文化生态才能恢复和重建，节日文化的生态功能才能最大限度地彰显，节日文化才能为推动西部地区生态文明建设发挥出自身的文化力量。当前，生态文明建设已经融入经济建设、政治建设、文化建设及社会建设始终。因此，生态兴则文明兴，生态衰则文明衰，这就不仅是对西部少数民族传统节日文化创新的生态功能的最好诠释，也是对现代社会中西部少数民族传统节日文化“为什么要创新、如何创新及创新功用”的最完美总结。

结　　语

当前，人类社会正经历着空前的文化焦虑，但也正展示着高度的文化自觉，在文化焦虑与文化自觉的矛盾碰撞中，文化及其文化研究得到了不断发展，受到了人们的广泛关注。文化在社会发展中的地位和作用的彰显、文化研究的方兴未艾，都在预示了一个以文化为中心的时代已经到来。在今天，“我们所有的科学（除自然科学外）都已经成为文化的科学”①。“文化研究有了复兴，正接近于明确提出一个新的以文化为中心的发展范式，或人类进步范式。”② 因此，“一种注重文化和文化变革的重要而且令人抱有希望的思潮正涌动于世界各地，它关系到穷国，也关系到富国中的贫穷少数民族群体”③。对西部少数民族传统节日文化创新及其社会功能的研究，就是在这样的文化背景和文化发展逻辑下的产物。我们关注和要回答的主要问题是：文化及文化创新因素对经济、政治、文化、社会及生态等社会各方面发展究竟能起到何种作用？如果存有负面影响，又该如何消除或改变文化对于经济和政治等社会各方面发展所带去的障碍，以此推进社会的发展和进步？

“传统节日不仅仅是‘传统’，同时也是一种活生生的生产力。它是

① ［德］卡尔·曼海姆：《文化社会学论要》，刘继同、左芙蓉译，中国城市出版社2002年版，第11页。

② ［美］塞缪尔·亨廷顿、劳伦斯·哈里森：《文化的重要作用——价值观如何影响人类进步》，程克雄译，新华出版社2010年版，第30页。

③ ［美］塞缪尔·亨廷顿、劳伦斯·哈里森：《文化的重要作用——价值观如何影响人类进步》，程克雄译，新华出版社2010年版，第368页。

一种文化理念和加深寄托的‘再生产’，潜移默化地推动着人们的文化自觉，唤醒沉睡的集体记忆和民族精神的认同。”① 具体对西部少数民族传统节日文化而言，其在新时代新形势新要求下的创新，是受全球化的文化逻辑影响、中国社会文化发展驱动、西部大开发战略带动以及西部地区广大民众实践等多方面因素联合制动下的产物。作为特殊时代特殊环境下产生的新事物之一的文化创新，必将负有特殊的文化使命。也只有履行好这种使命，其才能在弘扬西部少数民族传统节日文化价值、推动西部地区文化建设、维系中华民族认同、实现中华民族伟大复兴等方面发挥出巨大的社会作用。

首先，用文化创新去推动节日社会功能的实现。在过去，传统节日与社会之间的关系是疏离的，这就使得传统节日的“内价值”较为突出，而“外价值”则较为薄弱；在如今，传统节日与社会之间的联系是越来越密切，这不仅使节日文化的“内价值”得以保存，还不断拓展了节日文化的“外价值”。但毫无疑问的是，在传统节日与社会的这种关系转换、价值变迁之中，文化创新的动力作用得到了最大限度的彰显。文化创新作为一种新的文化发展观，不仅提出了一系列新思想、新观点、新论断，也充分体现了以人为本、科学发展、全面发展及可持续发展的发展战略和目标，其在文化保护与发展中起着十分重要的作用。在文化创新战略和思想的指引下，传统节日文化的传承与发展理念得到了更新，以爱国主义为核心的民族精神和以改革创新为核心的时代精神的融入，催生了传统节日新的“生长细胞”，不断促使着传统节日文化“旧貌换新颜”；文化创新内容要求上的“三贴近”，即贴近生活、贴近实际、贴近群众，使得传统节日文化内容的保存和延展有了历久弥新的“发展之源”；政府职能的转变、一系列创新制度的颁布以及创新机制的顺利运转，使得传统节日创新体制机制变得灵动起来，传统节日文化保护与发展有了接续不断的推

① 刘大先：《重新发现传统节日》，《人民日报》2015 年 2 月 17 日。

动力；新媒体工具介入传统节日文化保护与发展之中，使得传统节日具有了现代气息，展现了现代风貌。因此，文化创新成为推动传统节日文化大繁荣大发展的不竭动力。随着传统节日文化与现代社会的不断融合，传统节日自身内蕴着的文化价值得到了全面展示。一旦这种价值与社会相结合，则会发挥出巨大的社会功能来。当前，传统节日对经济制度的拉动、对政治制度的维护、对文化遗产的保护、对社会和谐的促进以及对生态文明的建构等多层次多向度的功能已经彰显。实践无止境，创新不停止，假以时日，传统节日文化创新的社会功能将会更为巨大。因此，用文化创新去推动传统节日社会功能的实现是一次正确而有效的实践行为。

其次，用节日文化的社会功能去推进中国梦的实现。党的十八大以来，以习近平同志为核心的党中央把实现中华民族伟大复兴的中国梦，作为重要指导思想和重要执政理念正式提出，并随之成为党和人民一定能实现的现实目标。具体而言，中国梦的实现可以分成为“两个一百年”目标任务来完成，即到 2021 年，中国共产党成立 100 周年时，全面建成小康社会；到 2049 年，中华人民共和国成立 100 周年之际，最终实现中华民族的伟大复兴。中国梦的本质含义是国家富强、民族振兴、人民幸福、社会和谐。实现中国梦的现实途径则是坚定不移地走中国特色的社会主义道路、坚持中国特色社会主义理论体系、弘扬民族精神、凝聚中国力量。实现中国梦的具体手段是全面实施经济建设、政治建设、文化建设、社会建设、生态文明建设“五位一体”总体布局。因此，中华民族伟大复兴的中国梦的实现，是中国各民族人民不懈追求的共同理想和目标。在前面的分析中，我们已经对在传统节日文化创新中，如何融进中国梦的实现所要求的中国道路、制度、理论及文化等要素，进行了较为详细的分析与探讨。当前，中国梦的实现已经深深熔铸于传统节日文化创新中，成为推动传统节日文化创新的动力和目标之一。但反过来，我们也可以看到，传统节日文化创新对于推进中国梦的实现也起着不可忽视的作用。比如，传统节日文化创新对于民族精神的凝聚、民族文化的认同、爱国主义精神的培育、生态文明的实现等方面都发挥着重要作用。特别是在对传统节日文化的社会功能的分析中，我们把节日的社会功能与中国特色社会主义建设总体布局有机结合起来，凸显了传统节日文化创新对于中国梦的实现的巨大价值。因此，传统节日文化的社会功能的发挥和实现有利于推进中国梦的实现。

最后，用中国梦去引领中国人民幸福生活的实现。习近平总书记在多个场合都谈道，中国梦是国家的梦、民族的梦，但归根到底是人民的梦。人民作为推动社会历史发展的决定力量，在促进社会物质文明、精神文明及变革社会中都起到了重要作用，因而人民群众才是历史的真正主人。因此，中国梦的实现要靠人民群众的努力和奋斗去完成，而中国梦所带来的福祉也要分享给人民群众。党的十九大报告中指出："中国共产党人的初心和使命，就是为中国人民谋幸福，为中华民族谋复兴。这个初心和使命是激励中国共产党人不断前进的根本动力。"① 当前，随着中国社会的主要矛盾由过去的人民群众日益增长的物质文化生活需要和落后的生产力之间的矛盾，转变为人民群众对美好生活的向往和不平衡不充分的发展之间的矛盾。社会主要矛盾的转化与转变，表达了人民群众在需求层次和要求上的进步和发展。具体来说，人民群众不仅对物质生活提出了更高要求，而且对文化精神方面的要求也日益增长。"美好生活"一词，更是彰显了人民群众高层次和高品位的文化需要。当前，在中国梦引领中国人民幸福生活的实现过程中，传统节日经过文化创新，能为人民群众提供丰富多彩的节日文化产品。特别是对于西部地区来说，在其丰富多彩、独具特色的传统节日文化中，丰富的节日应节物品、和谐稳定的生态环境以及纯朴善良的民族个性，都能满足广大人民群众对于真的追求、善的感染、美的向往。因此，中国梦不仅能引领中国人民对于幸福生活的追求，也能增进中国人民的福祉，促进中国人民幸福生活的实现。

---

① 《习近平谈治国理政》第三卷，人民出版社 2020 年版，第 1 页。

总之，文化创新有利于节日社会功能的实现，节日功能的实现有利于中国梦的实现，中国梦的实现有利于中国人民幸福生活的实现。“单一的世界文化将是乏味而令人担忧的，它缺乏多样文化中所具有的丰富性和多样性。一种标准化文化会导致适应能力的丧失，因而将来必定会产生危机。”① 文化创新作为传统节日文化保护与发展的动力，不仅能推动传统节日文化价值的完整实现，也能推进中国梦的实现进程，还能满足人们对于美好生活的需要，更能促进世界文化多样性的保存和发展。而世界文化多样性的保存与发展，其最大的功能在于当人类面临危机和困境时，能为人类提供诸多的选择机会，促使人类尽快摆脱危机，实现人类社会的生生不息。因此，在全球化的今天，对于走在中国特色社会主义康庄大道上的中国人民来说，在怀揣着中国梦的同时，保护、热爱、尊重、珍视、发展我们的传统节日，不仅是一种社会使命，也是一种人生追求，更是对于人类和自我的一种感恩。“传统节日是普天之下普遍共享的生命感恩，这是节日最深刻的人类学意义。”② 带着这些使命、追求、感恩和信仰的西部少数民族传统节日文化创新，定将发挥出令人瞩目的社会功能，定会对中华民族伟大复兴的中国梦的实现作出重大的贡献。

---

① ［美］威廉·A. 哈维兰：《当代人类学》，王铭铭等译，上海人民出版社 1987 年版，第 589 页。

② 韩雷：《彰显与重塑》，浙江古籍出版社 2012 年版，第 270 页。

参考文献

一、著作

1.《马克思恩格斯文集》第 1 卷，人民出版社 2009 年版。

2.《马克思恩格斯文集》第 2 卷，人民出版社 2009 年版。

3.《马克思恩格斯文集》第 4 卷，人民出版社 2009 年版。

4.《马克思恩格斯文集》第 10 卷，人民出版社 2009 年版。

5.《马克思恩格斯全集》第 42 卷，人民出版社 1979 年版。

6.《马克思恩格斯全集》第 46 卷上册，人民出版社 1979 年版。

7. 马克思：《资本论》第 3 卷，人民出版社 1975 年版。

8. 马克思：《1844 年版经济学哲学手稿》，人民出版社 1985 年版。

9.《列宁选集》第 3 卷，人民出版社 1995 年版。

10. 习近平：《之江新语》，浙江人民出版社 2007 年版。

11. 习近平：《在文艺工作座谈会上的讲话》，人民出版社 2015 年版。

12.《习近平谈治国理政》，外文出版社 2020 年版。

13. 中共中央宣传部：《习近平总书记系列重要讲话读本》，学习出版社、人民出版社 2014 年版。

14. 中央文献研究室：《习近平关于全面深化改革论述摘编》，中央文献出版社 2014 年版。

15.《新思想 新观点 新论断 新要求》，中共中央党校出版社 2014

年版。

16．中共中央宣传部：《习近平总书记系列重要讲话读本（2016 年版）》，学习出版社、人民出版社 2016 年版。

17．中共中央文献研究室：《习近平关于社会主义文化建设论述摘编》，中央文献出版社 2017 年版。

18．中共中央宣传部：《习近平新时代中国特色社会主义思想三十讲》，学习出版社 2018 年版。

19．孙本文：《社会的文化基础》，世界书局 1932 年版。

20．乌丙安：《中国民俗学》，辽宁大学出版社 1985 年版。

21．王思斌：《社会学教程》，北京大学出版社 1987 年版。

22．陈永龄：《贵州节日文化》，中央民族学院出版社 1988 年版。

23．高占祥：《论节日文化》，文化艺术出版社 1991 年版。

24．贵州省文化厅群文处、贵州省群众文化学会：《贵州少数民族节日大观》，贵州民族出版社 1991 年版。

25．郑晓云：《文化认同与文化变迁》，中国社会科学出版社 1992 年版。

26．高占祥：《中国民族节日大全》，知识出版社 1993 年版。

27．高丙中：《民俗文化与民俗生活》，中国社会科学出版社 1994 年版。

28．李鹏程：《当代文化哲学沉思》，人民出版社 1994 年版。

29．黄泽：《西南民族节日文化》，云南教育出版社 1995 年版。

30．李燕：《文化释义》，人民出版社 1996 年版。

31．徐万邦、祁庆富：《中国少数民族文化通论》，中央民族大学出版社 1996 年版。

32．夏建中：《文化人类学理论学派》，中国人民大学出版社 1997 年版。

33．林耀华：《民族学通论》，中央民族大学出版社 1997 年版。

34．钟敬文：《民俗学概论》，上海文艺出版社 1998 年版。

35．张静：《国家与社会》，浙江人民出版社 1998 年版。

36．阿合都热木·热合曼：《丝路民族文化视野》，新疆大学出版社 1999 年版。

37．萧放：《岁时传统——中国民众的时间生活》，中华书局 2002 年版。

38．联合国教科文组织：《世界文化报告：文化的多样性、冲突与多元并存》，关世杰等译，北京大学出版社 2002 年版。

39．钱俊生、余谋昌：《生态哲学》，中共中央党校出版社 2004 年版。

40．高宣扬：《当代社会理论》，中国人民大学出版社 2005 年版。

41．庄孔韶：《人类学通论》，中国人民大学出版社 2006 年版。

42．俞思念：《社会主义现代化与文化创新》，人民出版社 2006 年版。

43．魏恩政：《中国特色社会主义文化建设》，中共中央党校出版社 2006 年版。

44．陶东风：《文化研究精粹读本》，中国人民大学出版社 2006 年版。

45．文军：《西方社会学理论：经典传统与当代转向》，上海人民出版社 2006 年版。

46．杨庭硕：《生态人类学导论》，民族出版社 2007 年版。

47．彭兆荣：《人类学仪式的理论与实践》，民族出版社 2007 年版。

48．田丰、肖海鹏等：《文化竞争力研究》，中国社会科学出版社 2007 年版。

49．刘魁立：《中国节典》，安徽教育出版社 2008 年版。

50．祁述裕：《中国文化产业发展战略研究》，社会科学文献出版社 2008 年版。

51．沈壮海：《软文化 真实力——为什么要提高国家文化软实力》，人民出版社 2008 年版。

52．杨昌儒、陈玉平：《贵州世居民族节日民俗研究》，民族出版社 2009 年版。

53．高丙中：《中国人的生活世界——民俗学的路径》，北京大学出版社 2010 年版。

54．张骥：《中国文化安全与意识形态战略》，人民出版社 2010 年版。

55．俞思念、魏明：《当代中国文化发展战略》，华中师范大学出版社 2010 年版。

56．王春雷、赵中华：《2009 中国节庆产业发展年版度报告》，天津大学出版社 2010 年版。

57．萧放：《传统节日与非物质文化遗产》，学苑出版社 2011 年版。

58．周星：《国家与民俗》，中国社会科学出版社 2011 年版。

59．邢莉：《中国少数民族重大节日调查研究》，民族出版社 2011 年版。

60．杜刚：《全球化视域下文化创造力研究》，人民出版社 2012 年版。

61．李春华：《新时期中国共产党文化创新研究》，中国社会科学出版社 2012 年版。

62．王文章：《弘扬传统节日文化现状与对策》，文化艺术出版社 2012 年版。

63．张士闪：《中国民俗文化发展报告 2012》，北京大学出版社 2013 年版。

64．费孝通：《中国文化的重建》，华东师范大学出版社 2014 年版。

65．费孝通：《乡土中国 生育制度》，北京大学出版社 1998 年版。

66．费孝通：《江村经济》，内蒙古人民出版社 2010 年版。

67．李银兵：《云南少数民族传统节日文化创新研究》，云南大学出版社 2015 年版。

68．王剑：《乌江流域少数民族传统节日文化传承与保护体系研究》，人民出版社 2015 年版。

69．张士闪、李松：《中国民俗文化发展报告 2015》，山东大学出版社 2016 年版。

70．昝胜锋：《文化经济学》，中国人民大学出版社 2016 年版。

71．林慧：《文化记忆的追寻与重建——中国传统节日保护对策研究》，中国人民大学出版社 2017 年版。

72．［美］弗雷德里希·杰姆逊：《后现代主义与文化理论》，唐小兵译，陕西师范大学出版社 1986 年版。

73．［德］米切尔·兰德曼：《哲学人类学》，彭富春译，工人出版社 1988 年版。

74．［法］维克多·埃尔：《文化概念》，康新文、晓文译，上海人民出版社 1988 年版。

75．［法］杜尔克姆：《社会学研究方法论》，胡伟译，华夏出版社 1988 年版。

76．［英］爱德华·泰勒：《原始文化》，连树声译，上海文艺出版社 1992 年版。

77．［匈］卢卡奇：《历史与阶级意识》，杜章智译，商务印书馆 1992 年版。

78．［德］W. 本雅明：《机械复制时代的艺术作品》，王才勇译，浙江摄影出版社 1993 年版。

79．［美］詹姆逊：《晚期资本主义的文化逻辑》，陈清侨等译，生活·读书·新知三联书店 1997 年版。

80．［法］皮埃尔·布迪厄、华康德：《实践与反思：反思社会学导论》，李猛、李康译，中央编译出版社 1998 年版。

81.［英］安东尼·吉登斯：《社会的构成》，李康等译，生活·读书·新知三联书店 1998 年版。

82.［英］安东尼·吉登斯：《现代性的后果》，田禾译，译林出版社 2000 年版。

83.［美］C. 赖特·米尔斯：《社会学的想象力》，陈强、张永强译，生活·读书·新知三联书店 2001 年版。

84.［美］约翰·费斯特：《理解大众文化》，王晓珏、宋伟杰译，中央编译出版社 2001 年版。

85.［德］卡尔·曼海姆：《文化社会学论要》，刘继同、左芙蓉译，中国城市出版社 2002 年版。

86.［英］安东尼·吉登斯：《社会学》，赵旭东等译，北京大学出版社 2003 年版。

87.［美］戴维·哈维：《后现代的状况——对文化变迁之缘起的探究》，阎嘉译，商务印书馆 2003 年版。

88.［美］约翰·R. 霍尔、玛丽·乔·尼兹：《文化：社会学的视野》，周晓虹、徐彬译，商务印书馆 2004 年版。

89.［美］罗伯特·斯滕博格：《创造力手册》，施建农等译，北京理工大学出版社 2005 年版。

90.［美］维克多·特纳：《仪式过程——结构与反结构》，黄剑波、柳博赟译，中国人民大学出版社 2005 年版。

91.［美］约瑟夫·S. 奈：《软力量：世界政坛成功之道》，吴晓辉、钱程译，东方出版社 2005 年版。

92.［美］戴维·斯沃茨：《文化与权力 布尔迪厄的社会学》，陶东风译，上海译文出版社 2006 年版。

93.［美］Nelson Graburn：《旅游与人类学》，赵红梅等译，广西师范大学出版社 2009 年版。

94.［美］塞缪尔·亨廷顿、劳伦斯·哈里森：《文化的重要作用——价值观如何影响人类进步》，程克雄译，新华出版社 2010 年版。

95．［美］朱利安·斯图尔德：《文化变迁论》，谭卫华、罗康隆译，贵州人民出版社 2013 年版。

二、期刊论文

96．黄楠森：《论文化的内涵与外延》，《北京社会科学》1997 年第 4 期。

97．高丙中：《民间的仪式与国家的在场》，《北京大学学报》2001 年第 1 期。

98．费孝通：《西部人文资源的保护与开发》，《文艺研究》2001 年第 2 期。

99．董晓萍：《民俗文化遗产保护三阶段论要》，《文史知识》2004 年第 1 期。

100．吴宗友、曹荣：《论节日的文化功能》，《云南民族大学学报》2004 年第 6 期。

101．高丙中：《民族国家的管理——中国节假日制度的问题及其解决之道》，《开放时代》2005 年第 1 期。

102．张勃：《传统节日与当代社会》，《民间文化论坛》2005 年第 3 期。

103．刘铁梁：《"标志性文化统领式"民俗志的理论与实践》，《北京师范大学学报》2005 年第 6 期。

104．田丰：《论文化竞争力》，《马克思主义研究》2006 年第 2 期。

105．邵志忠、袁丽红、吴伟镔：《壮族传统节日文化传承与乡村社会发展——以广西南丹县那地村壮族蛙婆节为例》，《广西民族研究》2006 年第 2 期。

106．黄涛：《保护传统节日文化遗产与构建和谐社会》，《中国人民大学学报》2007 年第 1 期。

107. 萧放：《全球化语境下的民族节日走向——以当代中国节日为例》，《民俗研究》2007年第4期。

108. 刘铁梁：《节日文化的地方性》，《凯里学院学报》2008年第1期。

109. 王树祥：《论当代中国文化创新的评判尺度》，《求实》2009年第2期。

110. 魏华仙：《官方节日：唐宋节日文化的新特点》，《四川师范大学学报》2009年第2期。

111. 高丙中：《节日传承与假日制度中的国家角色》，《绍兴文理学院学报》2009年第5期。

112. 齐卫平：《文化功能及其在国家发展和民族进步中的意义》，《思想理论教育》2009年第13期。

113. 户晓辉：《中国传统节日与现代性的时间观》，《安徽大学学报》2010年第3期。

114. 薛晓芳：《论传统节日文化的重续对社会主义核心价值体系的构成性意义》，《湖北社会科学》2010年第7期。

115. 张勃：《当前语境下传统节日的困境与出路——兼及建构新兴节庆活动的一点思考》，《山东社会科学》2011年第3期。

116. 刘铁梁：《民族文化的内价值与外价值》，《民俗研究》2011年第4期。

117. 何志鹏：《文化创新的必要条件》，《吉林大学社会科学学报》2012年第1期。

118. 王学文：《春节"回家"传统的现代困境及对策分析》，《山东社会科学》2012年第1期。

119. 高丙中：《关于文化生态失衡与文化生态建设的思考》，《云南师范大学学报》2012年第1期。

120. 何志鹏：《文化创新与民族复兴》，《江西社会科学》2012年第

3 期。

121．刘东英：《维吾尔族节日文化中蕴含的生态伦理思想初探》，《南京林业大学学报》2012 年第 4 期。

122．王岳川：《在文化创新中建立强国文化战略》，《探索与争鸣》2012 年第 6 期。

123．陈新汉：《哲学视阈中的文化、文化功能及文化自觉》，《哲学译丛》2012 年第 8 期。

124．韩喜平、杨威：《文化功能的经济学解析》，《理论月刊》2013 年第 2 期。

125．刘锡诚：《传统节日文化的继承与发展》，《徐州工程学院学报》2013 年第 4 期。

126．耿波：《洋节现状及其对中国传统节日的影响与对策调查报告》，《艺术百家》2013 年第 4 期。

127．马翀炜、戴琳：《民族文化遗产的国家认同价值》，《云南社会科学》2013 年第 4 期。

128．何星亮：《文化功能及其变迁》，《中南民族大学学报》2013 年第 5 期。

129．潘文焰、仲富兰：《我国传统节日文化的生产性保护路径研究》，《文化遗传》2014 年第 1 期。

130．马翀伟、张雨龙：《民族节日的拟仿与政治意义的表达——中、缅、老边境地区“嘎汤帕”节的人类学考察》，《开放时代》2015 年第 2 期。

131．熊少波、周平：《我国传统节庆的文化功能流变》，《河南社会科学》2015 年第 8 期。

132．关昕：《国家治理视域下的传统节日发展》，《文化遗传》2016 年第 1 期。

133．苗瑞丹：《传统节日的文化价值与功能探究》，《中国特色社会主义研究》2016 年第 2 期。

134．马伟华：《都市回族流动人口节日文化的价值：开斋节、古尔邦节观察》，《北方民族大学学报》2016 年第 4 期。

135．邹广文：《现代文化创新的四个尺度》，《山东社会科学》2016 年第 5 期。

136．李银兵：《旅游节日的感性化趋势与理性建构》，《湖北民族学院学报》2017 年第 3 期。

137．高丙中：《〈保护非物质文化遗产公约〉的精神构成与中国实践》，《中南民族大学学报》2017 年第 4 期。

138．杨军：《壮族节日文化的教育功能探究》，《民族教育研究》2017 年第 4 期。

139．邢莉：《我们传统节日是我们再创造的源泉》，《西北民族研究》2018 年第 2 期。

140．黄治国：《传统节日的现代性危机与日常生活批判》，《文化遗产》2018 年第 3 期。

141．马翀炜：《论文化商品的价值》，《云南社会科学》2018 年第 4 期。

142．黄润柏：《壮族传统节日的社会功能及其变迁研究》，《广西民族研究》2018 年第 6 期。

143．李松：《弘扬节日文化 传承中华文明——记〈中国节日志〉》，《光明日报》2010 年 7 月 7 日。

144．刘大先：《重新发现传统节日》，《人民日报》2015 年 2 月 17 日。

145．黄承瑜：《当代文化创新的哲学思考》，苏州大学硕士论文 2008 年。

146．王洪勇：《全球化背景下的中国文化创新研究》，山东省委党校硕士论文 2015 年。

147．胡义清：《马克思恩格斯文化的社会功能思想研究》，上海社会科学院博士2017年学位论文。

148．Firth，Raymond. *Manand Culture：An Evaluation of the Work of Bronislaw Malinowski*. London：Routledge and Kegan Paul，1957.

149．Malinowski，Bronislaw. *Argonauts of the Western Pacific*. New York：Dutton，1961.

150．Turner，Victor. *the Ritual Process：Structure and Anti-structure*. New York：Ithaca，Cornell University Press，1966.

151．Geertz，Clifford. *the Interpretation of Culture*. New York：Basic Books，1973.

152．Bourdieu，P.. *Outline of A Theory of Practice*. Cambridge：Cambridge University Press，1977.

153．J. H. Steward. *Theory of Culture Change*. University of Illinois Press，Urbana，1979.

154．Geertz，Clifford. *Local Knowledge：Further Essays in Interpretive Anthropology*. New York：Basic Books，1983.

155．Banton，Michael. *Racial and Ethnic competition*. Cambridge：Cambridge University Press，1983.

156．Giddens，A.. The Constitution of Society. Berkeley：University of California Press，1984.

157．L. D. Wacquant. *Towards a Reflexive Sociology：A Workshop With Pierre Bourdieu*. Sociological Theory，Vol. 7，1989.

158．Bourdieu，P. *The Logic of Practice*. Stanford：Stanford University Press，1990.

后　记

本书是国家社科基金项目《文化创新视域下西部少数民族传统节日的社会功能研究》的最终成果。

十四年前，我被中央民族大学民族学专业录取为博士研究生，从此以后就与文化研究开始结缘，并持续至今。伴随着文化研究在学术界由冷变热的发展过程，我也在文化研究中不断成长，摇身一变为以研究文化见长的大学教授。十几年文化研究经历告诉我，文化研究很重要，但也十分困难。个中缘由，一是文化从根本上从未与经济、政治等社会基本要素相分离，文化始终是社会政治经济中不可分割的一部分。特别是文化里面最核心的价值观，不仅直接与人及社会的发展息息相关，更是能充分体现人及社会制度的发展层次及水平。二是学术界一直以来对于文化的内涵和外延众说纷纭，难以得到相对固定的共识。这些都足以说明文化涉及的领域和范围十分广泛，文化研究的价值十分巨大。正如有的学者所说，在今天，我们所有的科学（除自然科学外）都已经成为文化的科学。今生注定与文化研究有缘，唯有埋头继续前行。

申请和完成一项国家项目，成为中国人文社科研究领域“国家队”的一员，不仅是对人智力和体力的考验，也是对人的承受力的全面考核。由于西部所涉及的区域范围巨大、民族众多，相应地，西部少数民族的传统节日也很多。因此，如何找到可靠的田野点和个案，是项目组面临的难题；如何对研究所需的理论和基本概念做到全面、科学的把握，也是项目组面临的阻碍；如何把节日创新和社会功能有机结合起来分析，更是项目组面临的挑战。感谢项目组的各位成员和参与调查过的学生们，正是有了大家的付出，项目才得以最终完成！

感谢这个伟大的时代，让我们这些农家子弟通过读书这条光明大道而走上了一条光明的人生之路。感谢长期以来给予我无私帮助的朋友们，一句问候、一声安慰，拉近了我们之间的心理距离。感谢我在不同时期不同单位的同事们和学生们，互帮互助、教学相长，激励我不断前行。感谢田野点的诸多父老乡亲们，无私付出和慷慨解囊，让我收获满满。当然，要把特别的感谢之情赋予长期以来给我众多帮助的家人们，手足情，给我温暖、伴我一生。

总之，要感谢的人实在是太多太多，唯以心中铭记。但我相信，在你们成就我的同时，你们也同样得到了成就，并且在将来的日子里，我会用我的善良、智慧、正直不断去成就你们。

李银兵

2020. 8. 12

责任编辑:赵圣涛
封面设计:王欢欢
责任校对:吕　飞

图书在版编目(CIP)数据

民族传统节日社会功能研究:文化创新的视角/李银兵 著. —北京:
人民出版社,2020.10
ISBN 978-7-01-022686-6

Ⅰ.①民…　Ⅱ.①李…　Ⅲ.①民族节日-社会功能-研究-中国
Ⅳ.①K892.1

中国版本图书馆 CIP 数据核字(2020)第 232474 号

民族传统节日社会功能研究
MINZU CHUANTONG JIERI SHEHUI GONGNENG YANJIU
——文化创新的视角

李银兵　著

人民出版社 出版发行
(100706　北京市东城区隆福寺街 99 号)

北京盛通印刷股份有限公司印刷　新华书店经销

2020 年 10 月第 1 版　2020 年 10 月北京第 1 次印刷
开本:710 毫米×1000 毫米 1/16　印张:20.5
字数:340 千字

ISBN 978-7-01-022686-6　定价:89.00 元

邮购地址 100706　北京市东城区隆福寺街 99 号
人民东方图书销售中心　电话 (010)65250042　65289539